纪录片中乡土文化的呈现与传播研究

冯菊香 ◎ 著

西南交通大学出版社
·成都·

图书在版编目（CIP）数据

纪录片中乡土文化的呈现与传播研究 / 冯菊香著.
成都：西南交通大学出版社，2025.5. -- ISBN 978-7-5774-0456-1

Ⅰ.G12

中国国家版本馆 CIP 数据核字第 20251MM460 号

Jilupian zhong Xiangtu Wenhua de Chengxian yu Chuanbo Yanjiu
纪录片中乡土文化的呈现与传播研究

冯菊香　著

策划编辑	罗小红
责任编辑	周媛媛
封面设计	成都三三九广告有限公司
出版发行	西南交通大学出版社
	（四川省成都市金牛区二环路北一段 111 号
	西南交通大学创新大厦 21 楼）
营销部电话	028-87600564　028-87600533
邮政编码	610031
网　　址	https://www.xnjdcbs.com
印　　刷	四川煤田地质制图印务有限责任公司
成品尺寸	170 mm × 230 mm
印　　张	16.25
字　　数	241 千
版　　次	2025 年 5 月第 1 版
印　　次	2025 年 5 月第 1 次
书　　号	ISBN 978-7-5774-0456-1
定　　价	90.00 元

图书如有印装质量问题　本社负责退换
版权所有　盗版必究　举报电话：028-87600562

自 序 Preface

本人涉足乡村传播研究至今已十余载,在此期间,媒介环境、政策环境与社会文化环境的变化以及传播技术的变革,对乡村传播提出了新的要求,乡村传播的业态和范式随之也发生了深刻的变化,特别是新媒体传播技术的发展推动了社会结构的变迁,反之,社会结构的变化也在推进传播结构与功能的重塑。

经过多年的农村调研,我发现,即便在当下中国偏僻闭塞的村庄,也能看到老年人捧着手机,神情专注地盯着不大的竖屏。随着手机屏幕画面的不断切换,他们脸上的表情也随之变化,坐姿或躺姿也在不自觉中同频调整。其他公共场合抬眼看去几乎都是"低头族"。"无视频不传播"成了当下绕不开的现实,这也被中国互联网络信息中心(China Internet Network Information Center, CNNIC)统计的短视频用户量逐次递增的数据所证实。换个角度看,现代影像对包括农民用户在内的社会大众的影响之大可见一斑。这是引发我关注视频影像传播的外部动因;而基于长期对乡村传播研究的关注,从纪录媒介传播视角拓展乡村传播研究,则是我写作本书的内部动因。

在快速城镇化的驱使下进入城市寻求工作的新一代农民工群体,以及进入城市求学的青年大学生群体、退伍军人、陪读女性等,这些离乡入城群体普遍存在一种情节——"乡愁",观赏"三农"题材纪录片或短视频成为他们缓释乡愁的一种重要途径。国家广播电视总局(简称"国家广电总局")的年度节目生产统计报告显示,纪录片的生产和需求呈现出逐年增长的趋势。乡村振兴战略的持续深入推进,使中国乡村社会正在发生深刻的变化,但是无论怎样变化,中华优秀传统文化应该得到积极的弘扬与传承,而乡土文化作为中华优秀传统文化的底色，人们应该毫不动摇地坚守。在新型城镇化与乡村振兴两股力量作用下的乡土文化在纪录媒介中如何呈现与传播，以及其对年轻离乡入城群体的影响如何，成为本书关注的重点。

纪实性是纪录片的根本属性。纪录片作为对历史与现实纪录的重要媒介，以视听语言符号的形式对历史与现实进行叙述，对受众产生直接或间接的影响。"三农"题材纪录片中乡土文化的影像呈现和再现，成为离乡入城群体影像消费的偏好和重要选择。为此，本书选择了独立制作人创作的"三农"题材纪录片、央视纪录片频道及其他频道播出的"三农"题材纪录片，以及抖音平台中泛纪实类的"三农"短视频等为研究对象，对这些"三农"题材纪录片中乡土文化的呈现、传播及其效果进行研究，以此检视"三农"题材纪录片及短视频对青年农民群体的实际影响，为改进和优化"三农"题材纪录片及短视频的生产制作和传播提供积极的参考和建议。

由于样本选择和研究方法等方面还有若干可改进之处，有些观点或有主观片面之嫌，恳请阅者和方家不吝指教，以便我在后续研究中避短扬长。

是为序。

目录 Contents

绪 论 ……………………………………………………………… 001

第一章 相关概念与基础理论 ……………………………………… 023

第一节 相关概念 ………………………………………………… 023
第二节 基础理论 ………………………………………………… 028

第二章 纪录片中乡土文化呈现的表征、维度与选择 …………… 036

第一节 纪录片中乡土文化呈现的历史分期 …………………… 036
第二节 纪录片中乡土文化呈现的表征 ………………………… 046
第三节 纪录片中乡土文化呈现的维度 ………………………… 064
第四节 纪录片中乡土文化遮蔽的选择 ………………………… 094
第五节 纪录片中乡土文化呈现的优化之策 …………………… 108

第三章 纪录片中乡土文化传播的乡愁呈现 ……………………… 123

第一节 专业纪录频道中乡愁的建构 …………………………… 123
第二节 专业纪录频道乡愁传播的语境 ………………………… 130
第三节 专业纪录频道中乡愁的符号传播 ……………………… 137
第四节 专业纪录频道乡愁传播的困境 ………………………… 160
第五节 专业纪录频道乡愁传播的路径 ………………………… 165

第四章　纪录片中乡土文化认同的传播实证 …………………… 173

第一节　"三农"短视频中乡土文化的传播 ………………… 173
第二节　农村青年对短视频中乡土文化传播认同的现状 ……… 187
第三节　农村青年对短视频中乡土文化传播认同的问题 ……… 207
第四节　优化农村青年对短视频中乡土文化传播认同的策略 …… 215

第五章　研究结论与展望 ………………………………………… 233

第一节　研究结论 …………………………………………… 233
第二节　研究展望 …………………………………………… 237

参考文献 …………………………………………………………… 238

附　录 ……………………………………………………………… 244

后　记 ……………………………………………………………… 253

绪　论

一、研究背景

（一）纪录片是乡土文化传播的重要载体

纪录片作为历史记忆的重要媒介，常以视听语言的方式展开对历史与现实的纪录和叙述。记忆成为形成和维系历史意识的重要纽带，并积极参与历史意识的建构，而历史意识在人类社会发展过程中扮演着重要角色。用纪录片来呈现当下中国乡村的美好，讲好乡村故事，振兴乡村文化，弘扬并积极传播乡土文化，是纪录片创作者的历史使命与责任担当。

处于社会极速变动和发展转型期的当下中国，既有的文化按照不同的分类标准可以分为不同类型，如根据社会形态分为乡土文化和城市文化，根据经济模式分为农耕文化、工业文化、游牧文化等。这些文化正在经历不断被动筛选的过程，尤其是乡土文化，深深根植于我国悠长的农耕文明，对中国传统的乡村文化传承与发展有着很强的现实意义，既是缓释"乡愁"的重要途径，又是护佑中华文化的根脉所在。乡土文化不仅承载着公众对乡村社会的文化记忆，而且是我国培养文化自信及乡村文化振兴的重要推手。在社会转型的关键时期，乡土文化在当下的重构与传播显得尤为重要，既可以满足人民群众对美好生活的向往，又可以提振居于百年未有之大变局下的中华民族的文化自信。

纪录片是当下乡土文化传播的重要渠道，比起其他类型和形式的影像作品，"三农"题材纪录片更贴近被拍摄对象，可以依靠其独特的纪实性呈现乡土文化的现实风貌，更具说服力和感染力。"三农"题材纪录片作为一种文化传播的介质，本身具有文化的属性，兼具承载文化的功能，拥有生成文化认同的可能性。

也就是说，纪录片作为一种兼具纪录和宣传功能的媒介，不仅可以帮助增强中华民族的凝聚力和国家认同的向心力，而且也是构建"想象共同体"的重要媒介。我国纪录片诞生初期具有鲜明的宣教功能和意识形态底色，乡土文化在社会历史发展过程中不断演变，这要求我们利用好纪录片这种媒介去推动乡土文化在当下青年群体中的广泛传播。可以这样说，"三农"题材纪录片中乡土文化的呈现发挥着穿针引线的作用，作为一种具有流动性且相对复杂的文化现象，其时代价值包含了激发广泛而深厚的家国情怀、促进社会和谐稳定、推动主流核心价值观的认同与传承创新，以及提升个体与群体精神认知的多种功能实践。

（二）乡村文化振兴引发纪录片创作热潮

文化体现了一个民族的精神气质，也是引领国家和社会发展的精神力量。乡村文化振兴是全面推进乡村振兴的重要一维，承担着为乡村振兴铸魂的重任，是党和政府推进中国式现代化建设的重要举措。重塑乡村文化自信，是促进城乡文化融合发展、推进乡村文化产业、发掘乡村文化资源、推进乡村文化复兴与乡村治理现代化的决策部署。

纪录片，常被称为"国家相册""时代影像志"等，具有独特的影像文本价值，在促进文化传播的同时蕴含着丰富的思想艺术价值和强大的社会传播价值。一直以来，纪录片的持续发展与繁荣都离不开国家政策的激励与支持。21世纪以来，有关部门出台了多部鼓励纪录片产业发展的政策文件，其中，2010年10月国家广电总局出台的《关于加快纪录片产业发展的若干意见》，标志着我国纪录片进入产业化发展的新时期。2022年2月又出台了《关于推动新时代纪录片高质量发展的意见》，这为进一步推动中国纪录片创作发展提供了方向引领和政策支持。随着我国脱贫攻坚战取得全面胜利，"美丽乡村建设"取得了丰硕的成果，取材真实、关注现实的"三农"题材纪录片得到社会大众的广泛认可，其影像化表达方式也深受广大受众喜爱。纪录片创作者们积极响应时代的要求，以新的视角和不同的方式讲述新时期的乡村故事，展现当下中国乡村的自然风貌和乡土文化魅力，引起了受众广泛的情感共鸣，让受众感受到浓郁的乡土文化熏染，有利于文化自信的积极建构。近年来，

《记住乡愁》《出山记》《土地 我们的故事》《2020 我们的脱贫故事》等优秀"三农"题材纪录片相继问世,在传统媒体和社交平台上广泛传播。"三农"题材纪录片不仅是一种客观真实的艺术呈现方式,而且为学者们的研究提供了丰富的素材和具有代表性的样本。

(三) 乡愁成为农村入城群体的共同情感纽带

中国城镇化建设的持续发展,加剧了城乡之间的人口流动,传统的"熟人社会"逐渐向"半熟人社会"过渡,并继续朝着"陌生人社会"转变。人口流动速度的加快改变了传统的城乡社会结构,中国人的"身份"固化状况随之改变,城市中出现了大量农民工和其他新进城群体。城乡之间发展的不平衡仍然是亟待解决的一大现实问题,它反映了不同利益主体间的矛盾与冲突,也关系着社会的和谐稳定与发展。经济全球化程度的不断加深和我国高水平对外开放的持续推进,都给中华优秀传统文化的传承与发展带来巨大的挑战。"乡愁"的传播也面临着新困境,传统乡土文化的衰退导致文化载体内容需求的减少,让入城群体的"乡愁"无安放之所。因此,我们应牢记习近平总书记"城市建设,让居民望得见山、看得见水、记得住乡愁"①的殷殷嘱托,这也为乡愁内涵的扩展打下了基础。

作为乡土文化重要组成的"乡愁",不仅承载着公众对乡村社会的文化记忆,而且是我国培养公众文化自信及乡村文化振兴的重要组成部分。在社会转型和时代变迁的关键时期,乡土文化在当下的传承和发展显得尤为重要,是农村入城群体承载"乡愁"的共同情感纽带。"乡愁"内容作为重要的创作题材,不断被呈现于纪录片作品中,成为乡土文化传播的重要形式。但如果仅依赖传统方式陈述"乡愁",难以适应数字化、多元化的时代需求。因此,乡土文化急需创新表达形式,比如借助短视频、互动式纪录片等新媒体,将传统民俗、方言、手工艺等元素进行现代化转译,从而更好地连接入城群体与故土文化,为"乡愁"情感找到新的寄托载体。

---

① 中共中央文献研究室. 十八大以来重要文献选编(上)[C]. 北京:中央文献出版社,2014: 603.

二、研究意义

（一）理论意义

纪录片的真实性要求其采用的创作素材来源于现实生活，叙事逻辑符合人们的常规认知。纪录片的情感表达只有做到真实感人，受众才能产生情感共鸣，纪录片存在的意义才能得以凸显。"乡愁"是当下众多纪录片创作者的情感主题，通过对纪录片中"乡愁"的溯源，对其中的"乡愁"传播进行深入挖掘，有利于拓展乡村传播研究的新领域。

此外，探索纪录片中呈现的乡土文化是乡村传播研究本土化的进一步深化，可为转型期乡村传播研究的媒介转向提供学术支持。在乡村振兴背景下关切纪录片中乡村文化的呈现和传播，是实施乡村文化振兴的内容基础，纵向梳理乡土文化在纪录片中的呈现及传播，结合现实创作总结当下纪录片中乡土文化的呈现及其遮蔽，是乡村传播研究的新路径。

（二）实践意义

为了有效扭转传统文化传承后劲乏力的趋势，化解乡土文化传承危机，在经济全球化浪潮中坚定文化自信，传播和弘扬乡土文化是化解危机的方法之一。纪录片作为一种传播广泛的纪实影像媒介，具有传承和传播乡土文化的使命和任务。乡愁纪录片的创作旨在探索乡愁与历史、文化和社会之间的关系，通过纪录片反映出时代背景，因此央视纪录频道的"乡愁"传播具有现实意义和史料价值。纪录片中的"乡愁"是指对家乡的亲人的思念、对家乡传统文化传承的担忧和对乡村发展的焦虑等。通过对央视纪录片频道中的乡愁纪录片进行研究，能唤起更多人对故土家园的回忆，而对乡土文化进行追忆，有利于缓解公众在社会转型期的焦虑。

此外，在乡村振兴大背景下，纪录片助力乡土文化传播的实践，为乡村文化振兴拓宽思路，寻找切实可行的优化路径。例如，通过农村青年对抖音平台"三农"短视频中乡土文化的认同实证分析，考察青年农民群体在媒介场域中的地位和作用，探讨"数智"时代如何更好地保护和传承乡土文化。对此问题的研究有利于增强受众对本土文化的认同感与归属感，为乡村振兴战略目标的实现和建成有中国特色的现代化乡村提供精神动力和现实参照。

三、文献综述

（一）关于纪录片的研究

1. 从纪实影像到纪录片

"纪实"（documentary）一词源于拉丁文 docere，为"教导"之意。[①]奥夫德海德（Patricia Aufderheide）认为，"纪实"行为不仅帮助个体认识身处其中的世界，而且让我们理解其所扮演的角色[②]；格里尔逊（John Grierson）于1926年首次使用"纪录片"来界定"取材于事实的、真实可信"的非虚构影像叙事文本，并认为纪实本质上是一种内容生产的理念与模式[③]；安德烈·巴赞（André Bazin）认为摄影术可以再现原物[④]；多萝西娅·兰格（Dorothea Lange）认为，纪实摄影应该反映当下，为将来作影像实证[⑤]；本雅明（Walter Benjamin）认为，机械复制的影像艺术（纪实影像）可以促进"民主文化"发展[⑥]。国内学者顾铮认为，纪实包含"真实"与"公共性"两大要素，前者指向一种理念及其带来的话语权力，后者指向纪实文化致力于参与社会公共议题。[⑦]

"影像"作为一种非语言符号系统，是使用符号来表征其他事物的，分为广义和狭义两种，广义影像通常包括摄影影像、数字影像和扫描影像等不同类型，狭义影像主要指摄影影像。无论是广义影像还是狭义影像，都与摄影技术的发展密不可分，将人类从文字传播时代推进到图像传播时代，使"视觉

---

① 庞理科，蒲鹏举，马丁丁. 摄影基础[M]. 2版. 北京：中国纺织出版社有限公司，2021：164.
② AUFDERHEIDE P. Documentary film: A very short introduction[M]. Oxford: Oxford University Press, 2007: 26.
③ PRONAY N. John Grierson and the documentary-60 years on[J]. Historical Journal of Film, Radio and Television, 1989, 9(3): 227-246.
④ BAZIN A. What is Cinema? Vol. I. Vol. 20[M]. Berkeley: University of California press, 2005: 86.
⑤ GORDON L. Dorothea Lange: A life beyond limits[M]. New York: WW Norton & Company, 2010.
⑥ BENJAMIN W. The work of art in the age of mechanical reproduction[M]. New York: Belknap Press, 2008:18.
⑦ 顾铮. 在现实与想象之间：中国城市化进程的视觉表述[J]. 社会科学，2004（8）：114-120.

化"与"图像化"成为当今人们接收信息的最主要形态。按照技术来划分，影像可以分为纪实影像与非纪实影像；按照艺术性来划分，影像可以分为艺术影像与非艺术影像，这里仅讨论前者。纪实影像是以记录生活现实为主要目的的摄影方式，素材来源于生活。它作为独一无二的社会见证者，具有记录和保存历史的价值。非纪实影像是指用虚构、导演、摆布、拍摄特技制作、暗室特技制作、电脑特技制作等方法获得的用于艺术或娱乐目的的摄影影像。[①]

纪实影像是一种叙事语言，主要通过蒙太奇的手法形成自己独特的叙事结构与方式，通过摄像机的在场来纪录"现场"，或通过艺术手法来重现历史的"现场"。在此基础上纪录记忆、保存记忆并衍生出新的内涵。当下纪实影像在内容与形式上都发生了极大变化，电视频道、各类视频平台、短视频等不同形态与乡土文化深度融合，推动了"三农"题材纪录片的发展。纪录片与新媒介融合传播成为新业态，迎合了当下主流受众群体的收视习惯，能够带来较好的观看体验。传统媒介垂直细分下的频道支持，以及跨屏融合的新趋势，为纪实影像的创作与传播提供了新契机。

国内纪实影像研究肇始于 20 世纪 90 年代前后的新纪录片运动，国内的纪实影像研究主要指向纪录片研究，以"独立"精神为其主要特征。数字化技术发展带来一场深刻的视觉变革，纪录片将大众带入"视频化生存"的内容生产和消费常态。[②]随着纪实影像与视觉传播的深度融合，社会组织和普通个体在借助纪实影像传播乡土文化时有了更多选择的渠道，尤其是纪录片中乡土文化的呈现与传播对农村青年用户的影响越来越大。

2. 关于"三农"题材纪录片的研究

随着乡村振兴战略的稳步推进与国家政策的大力支持，国内有关"三农"题材纪录片的创作和研究成果日渐丰富，但总体上仍处于发展阶段。对"三农"题材纪录片的研究主要集中在戏剧影视、新闻与传媒两个领域，学界主要从"三农"题材纪录片的发展历程、传播功能、美学风格这三个方面进行研究。

---

① 张健. 沟通理论与实务[M]. 北京：同心出版社，2014：99.
② 王艳华. 以"记录"之名：数字时代的泛纪实影像生产及其公共实践[D]. 武汉：华中科技大学，2022.

第一,基于"三农"题材纪录片发展历程的研究。何苏六分析了五十年间的中国电视纪录片的发展,提出了关于中国电视纪录片历史"四期说",把中国纪录片的发展历史分为四个阶段:以政治化为主导的纪录片时期、以人文化为主导的纪录片时期、以平民化为主导的纪录片时期,以及以社会化为主导的纪录片时期,归纳出纪录片发展与时代发展趋势的特点①;朱景和将我国纪录片发展分为影院时期、初期的电视纪录片、改革开放时期、世纪之交的"低谷期"以及现当代纪录片②;耿小博系统性地梳理了改革开放四十年间的纪录片发展,探讨了现阶段文艺思想中"三农"题材纪录片讲述"乡土中国故事"在现代性语境中的时代价值③;韩飞研究了中国纪录片的话语变迁和功能,提出了中国纪录片发展的功能驱动特质,将纪录片发展总结为"五期说",即革命化时期、宣传化时期、人文化时期、市场化时期以及产业化时期,认为中国纪录片产业正步入一个新旧动能转换、产业结构性调整的新阶段④。

第二,基于"三农"题材纪录片文化传播与功能的研究。欧阳宏生等探讨了"三农"题材纪录片在新农村建设中所起的意义与功能,提出"三农"题材纪录片应彰显时代价值,担负起认知传播使命⑤;彭翠提出"三农"题材纪录片题材的选取应当更加注重其精神内核,展示人文关怀,关注人物的内心世界,担负起历史职能⑥;随着乡村振兴战略的深入推进,伏阳子提出纪录片可以承担起助力乡村振兴的使命,通过对农村现实风貌的呈现,弘扬乡土文化⑦;刘忠波认为"三农"题材纪录片创作的内容应当面向文化使命和文化自觉,提出文化使命中最重要的是建构文化自信,提振失落的乡村文化⑧;宋彬等从共

---

① 何苏六. 中国电视纪录片史论[M]. 北京:中国传媒大学出版社,2005:1.
② 朱景和. 纪录片创作[M]. 4版. 北京:中国人民大学出版社,2019:36-59.
③ 耿小博,史晓丹. 新时代文艺观下的乡土纪录片模态嬗变(1978—2018)[J]. 电影评介,2019(18):74-79.
④ 韩飞. 中国纪录片的话语变迁与功能演进[M]. 北京:社会科学文献出版社,2021:267.
⑤ 欧阳宏生,湖畔. 乡土历史与现实的传播使命——论当下乡土纪录片的认知传播作用与缺失[J]. 现代传播,2016(1):110-113.
⑥ 彭翠. 传播与传承:中国乡村纪录片的精神向度——以《俺爹俺娘》和《乡村里的中国》为例[J]. 井冈山大学学报(社会科学版),2017(5):121-126.
⑦ 伏阳子. 关于乡村实影像本土化表达的思考[J]. 传媒论坛,201(9):47,49.
⑧ 刘忠波. 乡村振兴视角下乡村纪录片的文化使命和审美观照[J]. 中国电视,2020(7):6-11.

情传播视角探讨了融媒时代"三农"题材纪录片的功能，认为其可以帮助提振乡村经济，助力乡村振兴①。

第三，基于影视文本分析"三农"题材纪录片的美学价值及其叙事手段的研究。夏清泉以地方文化为切入点，对"三农"类纪录片进行美学价值与文化特征研究。②在影视叙事层面，刘丹等对《黄河流过的村庄》进行了个案分析，提出"三农"题材纪录片创造了一种"乡村国情调研式"风格，实现了美学和文化的下沉。③也有研究者以影视叙事为视角分析乡村振兴题材纪录片中所展现的叙事主题、美学风格，提出现阶段创作的"三农"题材纪录片描摹了真实可循的乡村图景。④

随着社会不断发展，"三农"题材纪录片的时代功能正逐渐成为学界研究的重点，其中，运用影视文本分析的方法以及对时代发展过程中功能变化的探讨，对乡土文化传播研究起到了一定的借鉴作用。

3. 纪录片中的文化呈现及文化认同研究

1）纪录片中的文化呈现研究

纪录片中的文化呈现研究自 2009 年始受到国内学界的关注⑤，主要是侧重文化的差异性呈现与文化传播过程中形象的优化。

纪录片中的文化差异性呈现主要包括两方面，其一是基于文化分类差异。曲岩将视角对准了非物质文化遗产，分析了近年来纪录片作品如何完成其形象呈现和价值传播⑥；周韧等聚焦中国传统文化的电视纪录片呈现，通过分析电视纪录片样本，提出可以通过纪录片产出高质量的内容，或扩展新媒体传

---

① 宋彬，邱琳. 新时代乡村题材纪录片的共情传播[J]. 北方传媒研究，2022（4）：14-18.
② 夏清泉. 广东纪录片创作中的岭南乡土情结[J]. 新闻爱好者，2011（14）：93-94.
③ 刘丹，常世江. 论纪录片《黄河流过的村庄》的影像文化与美学风格[J]. 中国电视，2020（12）：76-80.
④ 张昭. 历史到电影的再创作：党史题材电影"史学"与"美学"的平衡[J]. 电影评介，2021（11）：66-69.
⑤ 虞吉. 渝派纪录片：历史文化支点与现实建构呈现[J]. 现代传播-中国传媒大学学报，2009（5）：86-89. 这是国内较早讨论纪录片文化呈现的学术论文，直至 2012 年后相关研究才逐渐增多.
⑥ 曲岩. 浅析电视纪录片对非物质文化遗产的形象呈现和价值传递[J]. 电视研究，2013（10）：46-48.

播渠道以助力中国传统文化未来的发展①。其二是基于地域分布差异。虞吉分析了渝派纪录片的三个特色：符合时代、真实而富有理性的呈现方式以及对社会底层的聚焦②；钱路劼分析了《八大藏戏》如何完成从广场剧到银幕呈现的"三级跳"③；袁源洁整体分析了电视纪录片中呈现地域文化的影像，提出这种呈现对纪录片艺术多元化的推动作用，以及纪录片作为地方文化呈现的创新渠道的意义，通过分析《中国影像方志》个案后她指出，纪录片运用现代化影像技术和新兴的传播手段，传承与弘扬了传统文化和地方文化，是一种讲述中国故事的成功尝试④。

　　纪录片中的文化呈现更注重其形象的塑造和优化。高贵武等分析了中国电视纪录片中以风土、风物、人物为代表的本土文化三要素的呈现，认为以此为主导的叙事模式是一种更好地呈现本土文化的叙事策略。⑤周世林通过研究《China·瓷》提出，中国文化走出去要有国际化视野，要吸收和借鉴外来的文化，并且依据时代需要和受众需求不断创新。⑥徐放鸣等分析了纪录片《当卢浮宫遇见紫禁城》在跨文化视野下如何呈现和传播中国形象，从形象诗学的视角进行研究，提出应该在跨文化视野和世界文明的艺术格局中整体把握文化中国形象。⑦针对中国传统文化的跨文化传播研究，李琦等研究了纪录片中茶文化的呈现，提出此类纪录片有效消解了低语境文化范畴中他者的解码障碍，更好地向世界展示了悠远深广的中国文化。⑧金鑫等分析了丝路题材纪录片中的空间价值呈现，认为其在不断发展中满足了公众对于"丝绸之路"景观

---

① 周韧，李鑫斓. 他者视角的自我呈现：《四季中国》对中国传统文化传播的启示[J]. 当代电视，2020（6）：80-83.
② 虞吉. 渝派纪录片：历史文化支点与现实建构呈现[J]. 现代传播（中国传媒大学学报），2009（5）：86-88.
③ 钱路劼. 藏民族传统文化瑰宝的银幕呈现 舞台纪录片《八大藏戏》的价值确认和审美定位[J]. 中国戏剧，2013（8）：65-67.
④ 袁源洁. 地域文化对电视纪录片视听呈现的影响[J]. 当代电视，2017（2）：40-41.
⑤ 高贵武，寸洋. 跨文化与本土化：中国电视纪录片本土文化呈现的叙事策略[J]. 国际新闻界，2012（10）：75-83.
⑥ 周世林.《China·瓷》：文化呈现的新视角[J]. 电视研究，2013（3）：57-58.
⑦ 徐放鸣，陈洁.《当卢浮宫遇见紫禁城》：跨文化视野下的文化中国形象呈现[J]. 艺术百家，2017（5）：1-5，110.
⑧ 李琦，闫志成. 茶文化纪录片的影像呈现与文化功能[J]. 中国电视，2022（5）：87-91.

和民俗的文化想象。①杨本明从影像叙事视角分析了《走进大凉山》在跨文化传播方面的创新,提出他者视角、语言祛魅及异域呈现三种方式可以让纪录片在跨文化传播的过程中发挥重要作用。②

总之,研究纪录片如何更好地呈现不同文化之间的差异性和特色,并优化文化形象的塑造和传播是学界关注的焦点。相关研究也提到纪录片进行文化呈现时也需要考虑受众的需求和跨文化传播的背景,以更好地传递文化价值和文化信息,其中对于地方特色文化和传统文化的研究与本书研究内容有一定的交叉,目前尚未见有从乡土文化呈现的视角进行纪录片研究的著作。

2）纪录片中的文化认同研究

每个国家都有独特的风俗习惯、文化活动和生活方式。为保持本国文化的统一性与连续性,任何一个国家或者民族都希望通过对本国文化的继承达到这一目的。因此,公众对自己国家的文化认同非常关键,我国当前学界在文化认同研究方面已经产出了一大批研究成果,大致可分为主动认同和被动认同两个视角。

第一,从主动认同角度来理解文化认同。刘振怡解释了文化认同的概念,他认为文化认同是指在一个民族国家的共同体中长时间生活并逐渐接受该国文化价值观的过程,这种文化认同被看作一种固定的结果,表现为对民族核心价值的认同,是提高一个国家民族凝聚力和创造力的标准要求。③崔榕等指出,文化认同与中华民族共同体的发展存在密切关系,中华文化认同是整合、凝聚中华民族共同体意识的强大力量。在中华民族共同体建设过程中,各民族共同守望和传承中华文化,中华文化的认同得到了巩固和增强,并成为中华民族共同体建设的思想基础、精神动力和整合机制。④

第二,从被动认同的角度来理解文化认同。文化认同并非永恒地定格于某种被本质化的过去认知,而是在历史语境与社会权力结构的影响下不断建构

---

① 金鑫,唐巧. 我国丝路题材纪录片的空间价值呈现与文化想象[J]. 传媒,2022（12）：94-96.
② 杨本明. 他者视角、语言祛魅与异域呈现——论《走近大凉山》的跨文化传播策略[J]. 电视研究,2022（2）：90-92.
③ 刘振怡. 文化记忆与文化认同的微观研究[J]. 学术交流,2017（10）：23-27.
④ 崔榕,赵智娜. 文化认同与中华民族共同体建设[J]. 民族学刊,2021（8）：1-8,120.

的过程。在此过程中，文化认同是人们确认自我、反观自身、找寻共同体的过程。针对经济全球化时代不同地区之间日益频繁的交流，研究者从全球视野来审视文化认同，对如何建构文化认同进行了分析。位迎苏等认为，文化认同是一个动态的被建构过程，而不是固定不变的，他们认为，在全球化背景下，学者们需要关注不同地区之间日益频繁的文化交流，以便更好地理解文化认同的动态变化。[1]董丽云认为，文化认同具有强烈的意识形态色彩，是文化场域权力博弈的结果。[2]国外学界对文化认同的研究要早于国内同行。约翰·汤林森（John Tomlinson），文化认同影响着国家及民族的兴衰存亡。[3]斯图尔特·霍尔（Stuart Hall）认为，文化认同不仅是建立在承认与其他个体的共同起源、共享特征和共同理想的基础上，而且应该尝试打破这些对自己的文化认同的障碍，积极与全球文化进行交流。这表明文化认同的形成是一个动态的过程，需要不断适应不同的环境和文化。[4]关于文化认同的形成过程，心理咨询家吉恩·菲尼（Jean Phinney）提出了民族认同三阶段论，即未验证的民族认同阶段、民族认同的探索阶段和民族认同的形成阶段[5]，这表明民族认同的形成是一个逐步发展的过程。塞缪尔·亨廷顿（Samuel P. Huntington）指出，文化认同对大多数人来说是最有意义的东西。[6]

本书聚焦乡土文化视角，将文化认同限定为对乡土物态文化和乡土精神文化的肯定性体认，包含认知、情感、行为三个层面。

（二）关于乡土文化的研究

最早的乡土文化研究成果是德国人芬格（Friedrich August Finger）1844 年

---

[1] 位迎苏，李新蕾. 全球化视野下我国饮食类纪录片的文化认同建构——以《风味人间》为例[J]. 中国电视，2019（9）：45-50.
[2] 董丽云. 建构与博弈：海外华裔新生代文化认同的场域化形塑[J]. 世界民族，2016（2）：74-83.
[3] 汤林森（John Tomlinson）. 文化帝国主义[M]. 冯建三，译. 上海：上海人民出版社，1999：9.
[4] 斯图亚特·霍尔. 文化身份与族裔散居[C]//罗钢，刘象愚. 文化研究读本. 北京：中国社会科学出版社，2000：212.
[5] 王守刚，王铭，李珍. 美国少数民族大学生民族认同研究进展及启示[J]. 淮阴工学院学报，2019（6）：20-25.
[6] 塞缪尔·亨廷顿. 文明的冲突与世界秩序的重建[M]. 周琪，刘绯，张立平，等，译. 北京：新华出版社，2010：15.

所著的《乡土教学指引》(Anwei sung Zum Unterricht in der Heimatskunde)。书名中，德语中 Heimat 一词被译成"乡土"，有"故乡、本土"之意。国外学界对于乡土文化的研究主要关注乡土文化的产生及其传承，美国学者施坚雅（G. William Skinner）提出"乡土"是一种在中国语境下特定文化的集合概念，是由地理区域、道德礼俗、文化传统三者共同建构而成的一种社会形态层级，并由此提出作为对乡村的一种想象性建构，"乡民社会"在乡村中心主义观念的支配下，使"乡土"被进一步建构为中国传统社会的本质特征。瑞典农业科学大学的环境心理学教授帕特里克·格兰（Patrik Grahn）认为，国家应出台政策以缓解地方乡村衰败现象的出现，加大力度保护现存的乡村文化，并通过旅游业带动乡村文化的发展以保护地域文化及其居民的特色文化形式。[①]

国内学界对乡土文化的研究成果丰富，涵盖文学、经济学、社会学、建筑学等诸多学科，传播学视角的研究主要聚焦于以下方面：

1. 关于乡土文化概念界定的研究

费孝通对中国的乡土社会人文环境、道德体系、血缘与地缘等方面作了全面而深刻的剖析，为当下乡土文化研究提供了深厚的理论基础。艾莲从物质、制度、行为、精神四个角度对乡土文化进行了划分。[②]谢治菊认为，狭义的乡土文化主要包括地方特色的物质文明、生态文明以及精神文明。[③]胡映兰将乡土文化定义为"在乡村中的长期共同生活里所形成的、相对稳定的生活方式与观念体系的总称"[④]。有研究者将落脚点放在乡土文化的外在表现元素上，认为乡土文化主要包括有形的乡土文化景观及无形的乡土文化习俗。[⑤]

2. 关于乡土文化发展变化的研究

王国胜提出，现代化、工业化和城市化给乡村文化带来了巨大的冲击，认

[①] GRAHN P. Using tourism to protect existing culture: A project in Swedish Lapland[J]. Leisure Studies, 1991, 10(1): 33-47.
[②] 艾莲. 乡土文化：内涵与价值——传统文化在乡村论略[J]. 中华文化论坛, 2010（3）: 160-165.
[③] 谢治菊. 转型期我国乡土文化的断裂与乡土教育的复兴[J]. 福建师范大学学报（哲学社会科学版）, 2012（4）: 156-161.
[④] 胡映兰. 论乡土文化的变迁[J]. 中国社会科学院研究生院学报, 2013（6）: 94-101.
[⑤] 冯娇艳. 中国乡土文化传承与发展中的问题及对策研究[D]. 长春：吉林大学, 2018.

为乡村文化目前面临着危机。①季中扬认为，当代农民仍对乡土文化存在深层次的认同，但在社会现代化转型语境中，其文化整一性面临着瓦解的危险，尤其是出生于乡村且受到现代化教育的知识分子很难在情感上真正认同乡土文化，并且认为乡土文化变迁应当尽可能运用自发的社会力量。②胡映兰指出，近代中国社会的剧变导致了乡村内生的乡土文化关系发生了变化，农村改革与现代化进程推动了传统乡土文化的"乡、土、人"的关系逐渐分裂，让背井离乡的现实取代了传统思想的安土重迁，也导致乡土文化本身产生了新的变化。③贺雪峰更是从现代性对于农村文化的全面渗透、乡村的社会结构解体和宗族价值丧失三个层面提出乡土文化危机四伏。④

3. 关于乡土文化传播价值的研究

国内学界对于乡土文化的振兴普遍持肯定态度，有学者提出乡土文化在新的社会发展环境下的新变化。李佳提出了乡村文化的现代性重构，指出其路径主要通过精神性和制度性重构两种方式进行。⑤赵旭东针对文化认同危机对乡土文化的作用进行研究，指出改革开放后乡土文化存在着一种矛盾的结合体，即传统的复兴和改革与再造，二者看似矛盾却相互交融，认为我们应当通过增强"乡村文化自觉"推动乡土文化的传承和创造性再生。⑥谢毅男认为，乡土文化作为先导和基础，有助于乡村振兴战略的开展，对优秀的乡土文化进行传承并加以创新能为乡村振兴注入精神动力。⑦沙垚提出乡土文化传播是一个双重名词，包含乡村文化的传播实践以及乡村传播研究的分支，乡土文化传播的概念随时代发展正在不断丰富自己的内涵。⑧匡文波研究了乡村短视频中的乡土文化，提出乡土文化具有缓解受众精神压力、满足对乡村生活美

---

① 王国胜. 现代化过程中的乡村文化变迁探微[J]. 理论探索，2006（5）：12-14.
② 季中扬. 乡土文化认同危机与现代性焦虑[J]. 求索，2012（4）：162-164.
③ 胡映兰. 论乡土文化的变迁[J]. 中国社会科学院研究生院学报，2013（6）：94-101.
④ 贺雪峰. 当代中国乡村的价值之变[J]. 文化纵横，2010（6）：87-92.
⑤ 李佳. 从资源到产业：乡村文化的现代性重构[J]. 学术论坛，2012（1）：77-81.
⑥ 赵旭东，孙笑非. 中国乡村文化的再生产——基于一种文化转型观念的再思考[J]. 南京农业大学学报（社会科学版），2017（1）：119-127，148.
⑦ 谢毅男. 论乡土文化在乡村振兴中的动力与传承创新[J]. 乡村科技，2019（30）：18-20.
⑧ 沙垚. 乡村文化传播[J]. 新闻与传播研究，2015（12）：101-108.

好向往的积极作用。①袁靖华等提出电视节目可以通过文化传递、情感共振、价值重塑的过程展现优秀的乡土文化，开辟乡土文化价值传播的新路径。②

由上可知，城市化的快速发展会对乡土文化产生不可忽略的影响。当前中国新型城镇化建设对乡村的影响是不可逆的，青壮年农民的大量外流加剧了乡土文化传承的式微。随着社会发展，乡土文化本身会展现出不同的时代价值，不论学界对乡土文化的未来发展持何种看法，对其所内蕴的中华优秀传统文化保护和传承的观点都是一致的。因此，不论纪录片是作为一种纪实影像资料的留存进行文化保护，还是充当大众传播媒介，在当下乡村文化振兴浪潮中都能够起到积极的助推作用。

（三）关于乡愁的研究

中国人的"乡愁"形式上是对乡土文化的情感依恋，本质上是对中国传统文化的认同。关于"乡愁"的研究成果丰富，涵盖文学、哲学、地理学、建筑学、民俗学等领域，而在新闻传播学领域的研究相对薄弱。以下对"乡愁"研究的概况进行简要梳理。

1. 关于"乡愁"内涵及其变迁的研究

从词源学来看，"乡愁"主要有两种表述，一是 homesickness，二是 nostalgia。homesickness 是由 home（家）和 sickness（病）这两个词根组成的，表达"思乡成疾"之意；nostalgia 是由 nostos（返乡）和 algia（怀想）这两个词根组成的，包含怀旧的含义。美国学者乔治·纳吉（Gregory Nagy）认为，希腊词 nostos 和印欧语词根 nes- 有关联，从词源上看，nostalgia 蕴含了希腊文明对生命意义的独特思考，如"本源""回归"等概念。③瑞士学者约翰内斯·霍芬（Johannes Hofer）发现，瑞士的远征兵远离祖国和亲人时患上了严重的"思乡病"（homesickness），出现如想家、哭泣、焦虑、忧郁等情绪反应和生理状况。此

---

① 匡文波. 短视频中的乡土文化呈现及其发展局面的开拓[J]. 人民论坛, 2020（27）: 137-139.
② 袁靖华, 李文玉. 乡土文化节目：开辟乡土文化价值传播的创新路径[J]. 中国电视, 2022（3）: 55-60.
③ NAGY G. The best of the Achaeans[M]. Baltimore: Johns Hopkins University Press, 1998: 5.

外，一些患者甚至选择拒绝治疗，放任自己继续消沉，直至死亡。当时没有任何医学理论能够证明和解释这种新的病症。后来，霍芬用古希腊语 nostalgia 来命名这种病症。①当时，霍芬认为这种"思乡病"可以用鸦片、水蛭、远足等疗法来治愈。但是，当战争不断扩散，士兵的"思乡病"症状几乎覆盖整个欧洲时，人们却发现"思乡病"的根源并不在生理方面，因为只要士兵回到家乡即可治愈。从精神层面分析，"思乡病"实际上是由于个体对记忆的处理机制发生变化，大脑保存的记忆因此变得碎片化。人们在回忆往事时，大脑会唤起不连续的记忆片段，只能重构某一具体的过去场景而非连续的故事。个体大脑的这种反应即为记忆的断裂，导致个体在面对空无他人的场景时感到无所适从。因此，患者倾向于追溯往昔在家乡的记忆和回想过去发生的事，以此来缓解当下的不良情绪。极度排斥当下的病人，若没能合理地管理好自己的情绪问题，则会变得憔悴、无精打采，忘记了过去与现在的联系，忽略了想象可以弥补真实的缺席，忽视了不在场可以通过各种手段虚拟在场。也就是说，思乡病并不是生理上的疾病，而是心理上的疾病，它间接导致人们的生理失常，使人的精神与肉体产生不协调的情况。人们怀念家乡（hometown），事实上是在怀念那段无忧无虑的时光，怀念身边都是亲人和朋友的那个熟人空间，所以这个家乡并不是一个简单的地域空间，而是一个具有特定时间限制的特定空间，是一个时空综合体。1770 年前后，临床精神医学专家开始将"思乡病"作为研究对象，对其研究的方向也逐渐从人们的生理反应研究过渡到心理反应研究。研究发现，人们因为身处他乡而产生痛苦的感觉，其原因是远离了自己的家乡，丧失了家乡亲人的关怀，从而产生了绝望的精神状况。如今，nostalgia 已成为经济社会快速发展的现代生活的产物，由于人长期生活在城市，远离亲情的滋润，许多人因此变得懒散，做事效率低下，这在较大程度上妨碍了个人的生活和发展。

乡愁是远离家乡的人对于故土的思念，包含了因空间距离而产生的思乡情感和因时间流逝而产生的怀旧情感。乡愁首先是"对家乡与故土的思念"，

---

① ANSPACH C K. Medical dissertation on nostalgia by Johannes Hofer, 1688[J]. Bulletin of the Institute of the History of Medicine, 1934, 2(6): 376-91.

接着是"寻根溯源"的文化乡愁，然后是对"山水田园"的农耕生活的向往，还有对象征美好的家乡美食的眷恋。正如德国哲学家赫尔德（Johann Gottfried Herder）所言，乡愁是所有痛苦中最高尚的一种痛苦。①美国心理学者费希尔（Shirley Fisher）曾对乡愁的成因进行过阐释，他把"乡愁"的成因归纳为5种：第一种是与亲人朋友分离产生的乡愁；第二种是无法适应新环境而产生的焦虑；第三种是对新环境中的事物无法掌控而生发的郁闷之情；第四种是在新环境中无法获得自我认同；第五种是想要在新环境中发展，但又无法割舍对故土的思念之情。②维尔德舒特（Tim Wildschut）等通过对英美两国大学生的"乡愁"研究发现，他们的乡愁主要来源于对亲人朋友的思念、对重大事件和过往生活的回忆。③但国外对于"乡愁"的研究，需要对其语境进行区分，否则会产生误用。

"乡愁"自古至今一直流淌在中华民族的血脉之中，"万里乡为梦，三边月作愁"就是一种自然情感的流露。韩凝玉等通过对体现吉祥文化的吉兆、吉图和吉字的分析，挖掘出中国传统农耕文化中对美好生活祈盼的内涵，阐释以"乡愁"为情感纽带的吉祥文化有促进人与自然和谐共生的作用。④万可歆以都市人和乡村人为研究对象，从他们的饮食、语言、生活方式、传播方式等切入，探索都市"乡愁"与村落"乡愁"表达的不同。⑤

"乡愁"的表达一直随着时代的变迁而不断发生变化。杨吉华对乡愁的表达进行了整体梳理，他认为乡愁在中国不同历史时期的文学作品中表现的审美意蕴不同，古代中国以血缘亲情为基础的宗法社会和安土重迁的传统生活模式，使古代的"乡愁"表现为一种情怀的坚守。近代中国的"乡愁"伴随着中华民族争取国家和民族的独立与解放的抗争而表现出一种启蒙探索精神。

---

① HERDER H G. Another philosophy of history and selected political writings[M]. Indianapolis: Hackett Publishing, 2004: 25.
② FISHER S, et al. Homesickness in a school in the Australian bush[J]. Children's Environments Quarterly, 1990, 7(3): 15-22.
③ WILDSCHUT T, et al. Nostalgia: content, triggers, functions[J]. Journal of Personality and Social Psychology, 2006(91): 975.
④ 韩凝玉, 胡燕. 基于吉祥文化的乡愁表达：以吉兆、吉图和吉字为例[J]. 贵州社会科学, 2020（11）: 101-106
⑤ 万可歆. 现代乡愁的文化表达——村落乡愁与都市乡愁的对比研究[J]. 中国民族博览, 2018（5）: 19-20.

现代中国的"乡愁"成为城市异乡人与移民群体精神漂泊困境的情感表达方式。随着经济全球化的发展,当代中国的"乡愁"在中西方文化交融下发生了中国传统文化建构性生产和形象再塑造的改变。①金大伟、史学云指出,乡土情结的文化内涵发生了变化:一是表现视域发生了变化;二是乡土情结发生了移植。②安德明介绍了民俗志中的乡愁记录,这些记录大都是作者对家乡生活的回忆。这些保留下来的民俗志不仅能展现当时珍贵的生活文化,而且能从中体会到作者对家乡的思念。③

"乡愁"内涵随着时代的发展不断变化。党的十九大提出了"乡村振兴战略",党的十九届五中全会将"实施乡村建设行动"作为"十四五"时期全面推进乡村振兴的重要任务。从城乡两个部分来看中国的现代化,不难发现,乡村现代化与城市现代化是失衡的。也正是这样的不均衡现代化,才导致了"乡村病"和"城市病",同时催生出城乡一体两面的乡愁。特别是习近平总书记关于乡愁的重要论述传承于中华民族深厚悠久的乡土文化,根源于中国共产党人固有的农村情怀,凝练于中国城乡现代化的伟大实践,将乡愁从情感维度上升为国计民生的维度,使乡愁不再局限于乡村,让"城愁"唤醒人们的城市记忆,从而使"乡愁"的功能出现了新延展。④党的二十大报告明确指出,"全面建设社会主义现代化国家,最艰巨最繁重的任务仍然在农村",强调"民族要复兴,乡村必振兴",并提出产业、人才、文化、生态、组织振兴缺一不可,实现乡村全面升级,再次强调乡村文化振兴的重要性。

王欣、陈竹认为,现阶段乡愁是一种随现代全球化运动而产生的对传统文化的失落感和追忆情绪,是指人们将对家乡在空间要素上的"恋地"和在时间要素上的"怀旧",转化为对文化习俗的情感依恋、精神需求,以及对现实生活的反思和诉求,进而形成社会记忆,以进一步满足自身生活需要的一种文

---

① 杨吉华. "乡愁"的审美表达与"中国"历史流变的文学书写[J]. 深圳大学学报(人文社会科学版), 2018(6): 141-148.
② 金大伟, 施学云. 乡土想象困境下乡土情结的变化与表达——世纪之初乡土叙事转型的表征[J]. 安徽农业大学学报(社会科学版), 2018(6): 95-101.
③ 安德明. 对象化的乡愁:中国传统民俗志中的"家乡"观念与表达策略[J]. 民间文化论坛, 2015(2): 5-10.
④ 李华胤. 习近平关于乡愁重要论述的核心要义与现实价值[J]. 中国农村观察, 2022(3): 2-18.

化范畴。①夏咏梅认为，现阶段的乡愁首先具有强烈的家国情怀，乡愁的家国情怀是在中华民族历史演进过程中逐渐形成并渗透进民族的血液中，并融入国人的精神世界，成为一种文化基因和民族情感的。其次，现阶段的乡愁表现为人们对中华优秀传统的集体怀念。对每一位中华儿女而言，乡愁是人们对时代急剧消失的传统记忆载体的深度眷恋，是抗拒遗忘，是对传统文化的珍惜。现阶段的乡愁还表现为对乡土、乡音、乡情的深情眷恋。对个人而言，乡愁是个人自发的朴素情感，是每个人成长过程中留下的精神烙印，是对曾经的山水、景物、人文自发产生的念想，是对过去经历的回忆。②昝雪梅指出，现阶段的乡愁是中国人对故土的悠长眷恋，在乡村振兴战略背景下，乡愁可作为一种乡村治理资源，不仅仅表达了对于过去美好记忆的留念，更重要的是基于过去的美好回忆展望未来的美好生活。③邱星、董帅兵认为，现阶段的乡愁是激励人才返回家乡、建设家乡、回报家乡的情感动力，这种情感动力不仅是个体对家乡的思念或怀旧，而且具有浓厚的家国情怀，是个体与集体、小家与大家、个人与国家的价值关联，是传统乡愁文化与时代价值相结合的产物。④

2. 关于纪录片中的"乡愁"研究

国内学界对纪录片中乡愁的研究主要集中于叙事、文化、影视视听和情感表达等方面。纪录片中的乡愁叙事在某种程度上反映了人们对于发生在周围世界和历史世界的种种事件和事实，创作者渴望得到一种既有艺术感染力又真实的情绪。⑤对于乡愁纪录片的叙事分析，王晖认为央视纪录片乡愁叙事特点有三：一是从中华优秀传统文化视角切入，表现中国式的乡愁；二是呈现内容与中国元素相结合；三是将自然地理与人文要素结合。央视近年播出的乡愁叙事纪录片不仅满足中国人的情感依恋和身份认同，而且具有更深远的世

---

① 王欣，陈竹. 突围现阶段乡愁困境的美丽乡村建设理念[J]. 中学政治教学参考, 2018 (33)：89-90.
② 夏咏梅. 乡愁与社会主义核心价值观培育和践行研究[J]. 成都大学学报（社会科学版）, 2019 (6)：1-6.
③ 昝雪梅. 多维联结：乡愁与乡村治理共同体的形塑机制研究[D]. 武汉：华中师范大学, 2022.
④ 邱星，董帅兵. 现阶段的乡愁与乡村振兴[J]. 西北农林科技大学学报（社会科学版）, 2022 (3)：11-22.
⑤ 谭君强. 叙事学导论[M]. 北京：高等教育出版社, 2008：67.

绪 论

界意义和更大的人类价值。①陈月异分析了我国纪录片乡愁叙事的叙述语境和叙述策略,重点探究了我国纪录片乡愁叙事的意义赋予,并对乡愁纪录片的传播困境及现代性问题进行了反思。②吴雁、林燕琳对南派纪录片的乡愁叙事进行研究,对于南派纪录片乡愁叙事的重要社会意义进行了阐释,尤其是对南派纪录片中乡愁叙事的传播困境的揭示,但对纪录片中乡愁叙事的特色没能明确指出,实属一大遗憾。③薛烨尧从叙事学的视角,分析我国纪录片乡愁叙事的结构模式,通过对纪录片的乡愁叙事方式的梳理,为进行乡愁叙事的纪录片提供借鉴。④目前对于纪录片的乡愁叙事的研究主要从时间和空间两个维度进行,这些研究对乡愁叙事的传播困境都作了深入的分析,为纪录片乡愁叙事的研究作出了重要贡献。

研究者还对纪录片的乡愁视听语言表达和乡土影像的表达进行了研究。刘丹阳以四部纪录片为研究对象,对具有时代记忆的素材和日常的生活素材进行了重组,让受众认同这些记忆符号,从而产生共鸣,使受众的乡愁记忆重现。从他的分析中可以看出,纪录片以多种表现方法,用人们对传统文化的认同重构了他们的乡愁记忆。⑤还有研究者试图探究纪录片中乡村影像的本土化表达,如宋颖对《记住乡愁》进行了研究,该纪录片主要反映当下中国农村的现实生活,表现的是普通民众所面临的生存挑战和命运安排。有研究者高度赞扬了纪录片《记住乡愁》,认为它是对当下时代背景的群像勾勒。⑥此外,赵雅馨通过对2012年至2019年的乡村纪录片的"乡愁记忆"进行研究,对纪录片中"乡愁记忆"的发展意义进行了深入探索和反思。⑦以上研究通过建构乡村图景让人们看到了真实的乡村生活以及乡村所面临的种种困难,同时也有从记忆符号切入来探究纪录片中乡愁表达

---

① 王晖. 独具特色的"乡愁叙事"——以央视近期播出的纪录片为例[J]. 中国电视, 2017(1): 53-56.
② 陈月异. 新时期以来我国纪录片的乡愁叙事研究[D]. 武汉: 华中师范大学, 2018.
③ 吴雁, 林燕琳. 南派纪录片的乡愁叙事研究[J]. 东南传播, 2019(12): 134-136.
④ 薛烨尧. 现阶段乡愁纪录片叙事研究[D]. 武汉: 中南民族大学, 2019.
⑤ 刘丹阳. 集体记忆的激活与重构: 纪录片中的"乡愁"研究[D]. 苏州: 苏州大学, 2017.
⑥ 宋颖. 从纪录片《记住乡愁》看乡村影像的本土化表达[J]. 河南教育学院学报(哲学社会科学版), 2018(1): 36-42.
⑦ 赵雅馨. "三农"题材纪录片中的"乡愁记忆"研究(2012-2019)[D]. 保定: 河北大学, 2020.

的现实意义的。

学者们从纪录片的情感表达角度探究了乡愁表达的意义，突出乡愁是一种文化载体，是值得我们去弘扬和赞美的。张宗伟、高美通过对现阶段"三农"题材的纪录片进行梳理和分析，清晰地阐述了现阶段乡村纪录片对乡村图景的构建、乡土故事的叙述和乡愁情感的表达，得出乡村承载着民族文化符码，乡愁不仅是对家乡的怀念，而且是一种文化自信的结论。①任彦函以"三农"题材纪录片为文本探究其情感表达，不仅从理论视角证明"三农"题材纪录片的情感表达是具有一定意义的，而且从纪录片创作的角度对乡村现实的展现方式进行了叙述。②

"乡愁"是一种家国情怀，是对中华优秀传统文化的需要，是对故乡风土人情的眷恋。当代"乡愁"是在乡村振兴这一特定历史条件下诞生的，它不仅是现代社会中人们对传统文化、乡土记忆、自然风光的怀念，而且是对现代化进程中一系列问题的回应。

四、研究对象与研究方法

（一）研究对象

本书主要对纪录片中乡土文化的呈现、传播及认同等问题进行研究，具体以三类纪实影像中的乡土文化为研究对象：

其一，以2017—2022年间由专业媒体及独立导演制作的77部"三农"题材纪录片为研究对象，对其中乡土文化的呈现形态进行研究，研究其创作方法及创作内容，分析其呈现策略及存在的遮蔽，并提出可行性的优化策略。

其二，以央视纪录片频道为主的乡土题材纪录片为研究对象，以《记住乡愁》《美丽乡村》《故乡的风景》和《故乡的一年》等纪录片为分析文本。

其三，以抖音平台中的"三农"短视频为研究对象，以18~35岁青年农民工对"三农"题材短视频中乡土文化的认同为研究问题，分析其原因，从而

---

① 张宗伟，高美. 现阶段中国"三农"题材纪录片创作观察[J]. 中国电视，2019（12）：83-87.
② 任彦函. 乡村纪录片情感表达研究[D]. 济南：山东师范大学，2021.

提出相应建议和对策。

（二）研究方法

1. 文本分析法

文本分析法是指从文本的表层深入文本的深层。文本分析包含多种方法：符号学分析法、叙述学分析法、解构主义法、文本社会学分析法、文化研究法等。选取的研究视角不同，所选用的具体研究方法也会有所区别。本书以 2017 至 2022 年五年间的 77 部"三农"题材纪录片为样本，以央视纪录频道和其他专业纪录频道中的纪录片为考察对象，还对抖音平台中具有纪实性的"三农"短视频文本进行深入的内容分析。

2. 案例分析法

案例分析法是对有代表性的事物或现象进行深入、周密且仔细的研究，进而获得总体认识的一种科学分析方法。本书以央视纪录频道和其他专业纪录频道的《记住乡愁》《故乡的风景》《故乡的一年》等纪录片、"三农"题材纪录片中的 77 个典型代表作品和抖音平台中具有纪实性的"三农"短视频中具有代表性的作品为案例，对这些纪实影像的创作者背景、视频主题、视觉表现、音乐、文字等进行有针对性的内容分析。此外，还将通过案例的横向对比，分析不同案例在传播过程中采取的不同策略，如话题设置、标签使用、粉丝互动等方面的异同，评估这些策略在农村青年的"三农"短视频消费中对乡土文化认同的效果，并提出优化认同效果的建议。

3. 问卷调查法

问卷调查法是研究者将设计好的问卷发给调查对象，让其在规定的时间内回答完毕，然后收回并进行汇总统计，以取得其所需要的内容信息的一种调查方法。问卷调查法是国内外社会调查中广泛使用的一种方法。本书主要用该方法调查农村青年对抖音平台上纪实类"三农"短视频所呈现的乡土文化的认同现状。

4. 比较分析法

比较分析法是将两个及以上的客观事物加以比较,以达到认识事物的本质和规律并作出正确评价的方法。本书运用该方法研究"三农"题材纪录片中的乡土文化认同,通过对比乡土文化表征,并对多部"三农"纪录片的影像文本中建构乡土文化的手法进行对比分析,发现其中的共性及未来创作中对于乡土文化呈现的优化路径。

五、研究特色

(一)研究对象的特色

本书以纪录片中的乡土文化文本为研究对象,具体包括"三农"题材纪录片、"乡愁"纪录片和抖音平台中的"三农"短视频三大类纪实影像作品的文本。目前,学界针对当代"三农"题材纪录片的研究还比较薄弱,因此,本书设计这种"一套三"式的研究对象有一定新意。

(二)研究方法的特色

本书综合运用问卷调查法、文本分析法、案例分析法等多种研究方法,以更加全面和科学的分析角度,让"乡愁"文化成为串起纪实影像中乡土文化呈现、传播与认同的中间变量,这种定性与定量相结合的研究方法有一定的特色。

(三)研究视角的特色

本书从自上到下、从体制内到体制外的视角,以专业媒体和独立制作人创作的"三农"题材纪录片、央视纪录频道和其他纪录频道中播出的"乡愁"纪录片、社会化媒体中的"三农"短视频等不同纪实影像文本为研究对象,探讨乡土文化的呈现、传播与认同等问题,考察乡土文化发展及传播演进的路径,以期从传播学视域为乡村文化振兴探寻新路径。对于乡土文化的研究,过去多以主流媒体为主,少有从纪实和泛纪实类影像作品的综合视角切入的,这有助于打破受众对乡土文化认知的刻板印象,提升受众对乡土文化的亲密感和归属感,这是研究视角的特色之处。

第一章
相关概念与基础理论

第一节 相关概念

一、纪实影像、纪录片与泛纪实短视频

"纪实影像"是由"纪实+影像"两部分组成的。最先把"纪实"一词用在摄影中的是 20 世纪初法国摄影师欧仁·阿特热（Eugène Atget），但它不是摄影方面的专业术语。① "影像"可分为广义和狭义两个方面。狭义的影像，即摄影影像；广义的影像通常可分为摄影影像、数字影像和扫描影像三大类，这三大类符号在传播过程中通常是结合在一起的，无论是摄影影像、数字影像还是扫描影像，在人类社会传播中都起到沟通和交流的作用。影像按照性质可以分为纪实影像和非纪实影像两大类。1984 年，国内学者王慧敏最早提出"纪实摄影"（document photography），后由此逐渐形成了"纪实影像"这一概念。

纪实影像的"特权"指的就是纪实，也即指纪实影像与"实在"之间的关系。本书中的纪实影像类似纪实型纪录片，强调以客观纪录拍摄对象的自然状态为创作理念，主张对社会生活作客观真实的反映，反对创作者的主观介

---

① 庞理科，蒲鹏举，马丁丁. 摄影基础[M]. 2 版. 北京：中国纺织出版社有限公司，2021：164.

入，创作者的思想倾向和观点只能隐藏于其对拍摄对象及事件的记录中。这种类型的纪录片无论是对自然风光、民俗民情的呈现，还是对历史事实、社会问题的展现，都注重通过原生态的画面与声音为受众再现拍摄对象本真的状态。[①]纪实影像至今没有统一的定义，本书中的纪实影像既包括主流媒体平台传播的由机构生产创作的"三农"题材的纪实型纪录片，又包括独立制作人以及普通个体生产制作的供社会化媒体平台传播的泛纪实影像的"三农"短视频。

"纪录片"概念最早是由格里尔逊提出的，他认为纪录片是以现实主义为创作原则的影片，并将其定义为"对真实事物的创意性处理"。中国传媒大学中国纪录片研究中心（China Documentary Research Center，CDRC）将纪录片界定为"以真实为原则，从社会和自然中获取基本素材，表现作者对事物认知的非虚构活动影像"。此定义阐明了纪录片具有真实非虚构的特点，也是本书遵从的学术定义。

"三农"纪录片即是以"三农"内容为题材的纪录片，有时被狭义地称为乡村题材纪录片。《现代汉语词典》中"乡村"被释义为主要从事农业、人口分布相对城市较分散的地方。国外学者认为，乡村是以农业生产为主，人口稀少，相对隔绝，人们的生活状况基本相似，与城市地区存在明显差异的地区。[②]"三农"题材纪录片将镜头对准现实中的普通人和事，从平民化的视角，纪录普通人的发展状况及其情感变化，并以此来反映社会的变迁。从功能角度来看，此类纪录片以真实生活为素材，有引发受众认知和思考的现实功能。也就是说，"三农"题材纪录片运用真实记录的影像创作手法，将乡村中的人、事、情、景等进行非虚构的纪录或再现，以展现在乡村地区生活的人们的生活状态、风俗习惯及精神追求，凝结成独特的乡土文化，继而引发受众的广泛认同及情感共鸣。本书所言的纪录片是指"三农"题材纪录片，为了行文方便，有时也称其为乡村题材纪录片，特此说明。

短视频自 2014 年诞生以来逐渐成为受众获取信息的新途径和生产传播信息的新渠道，以"抖音""快手"等为代表的平台占据了短视频市场的

---

① 赵鑫，刘峰，冯春燕. 纪录片创作实用教程[M]. 北京：中国传媒大学出版社，2019：14.
② R.D. 罗德菲尔德，等. 美国的农业和农村[M]. 安子平，等，译. 北京：农业出版社，1983：80.

主导地位，由于高流量和低门槛等特点，它们成为"三农"短视频的重要传播渠道。同时，乡村题材是短视频平台的热门垂直分类之一，乡村题材特有的话题度和新鲜感成为大量农村网民走红网络的基石。创作者出于记录乡村生活、提高乡土文化知名度、挖掘乡土经济、实现电商带货等目的，利用平台展现以乡土景观、日常生活、文化习俗为主要内容的短视频。本书将"三农"短视频定义为，发布在短视频类媒介平台，由具有农村居住或生活背景的创作者，以其自身经历的农村、农业、农民素材为题材脚本，创作的以生活、生产、生态为内容，能够展现地域特色和乡土文化的总时长在 20 分钟以内的垂直类短视频。

这些"三农"短视频创作者的资质和水平，相较于专业的纪录片生产者、机构类纪录片制作者和独立制作人等偏弱，但是他们与乡村生活、生产等关联度高，制作的"三农"短视频具有较强的纪实性，因此，我们将其视为"泛纪实类纪录片"。这些"三农"题材短视频也可以被称为广义纪录片，这也是本书把抖音、快手等平台中用户原创生产（User Generated Content，UGC）上传"三农"短视频作为研究对象的逻辑依据和理论依据。此处的"泛纪实"是相较于"纪实"的内涵而言，"泛纪实"是一种在传统纪实基础上的内容创作方式，意在通过纪实手法展现多样化的主题和内容，除了传统的纪实手法外，还包括访谈、微综艺、文化漫谈等形式。泛纪实近年来得到了快速发展，尤其是在文化产业内容方面，短视频创作就是其重要领域。

"记录真实、真实记录"是以上不同主体纪实影像生产的共同原则，也是本书研究对象"纪录片"的基本内涵。

二、乡土文化

"乡土"一词在我国最早的文字记载可以追溯到战国时期的《列子·天瑞》，其中提到"有人去乡土、离六亲、废家业、游于四方而不归者"。因为我国以农耕为主要生产方式，所以"乡土"一词历代多用于表述生活的自然地理区域，主要代指家乡。《辞海》中的"乡土"被释义为"家乡、故乡"，亦泛指"地方"。到了现代社会，城市文化的发展让乡土文化有了比较对象。乡土文化需要满足两个前提条件：一是要确定"乡土"是明确存在的区域社区，在该区域生活着拥有共同文化属性的群体；二是要明白乡土文化是同城市社区文化相区别甚至存在反向关系的文化类型。乡土文化扎根于农村，独特性在于其所蕴含的"乡土性"。费孝通先生认为中国的社会是乡土性的，"文化"是指一个民族和群体所共有的生活方式与观念体系的总称。[①]胡映兰在此概念的基础上进一步提出，乡土文化是在农村长期的共同生活中形成的独特、相对稳定的生活方式和观念体系。[②]本书认同胡映兰关于"乡土文化"内涵的界定，"乡土文化"意义在本书中近似于后文所述的"传统的乡村文化"，其核心是"乡、土、人"之间的关系，根据行文的需要，后文关于"乡土文化"与"传统的乡村文化"的表述未作严谨的区分，依据正是基于此，特此说明。

对于乡土文化的内涵及分类，学界并无统一的标准。综合既有的研究，基于对纪录片中乡土文化呈现的可视性，本书认为，乡土文化是指生活在乡村区域的人群在生产和生活实践中所创造的、在农村广泛流传的文化形式，是一种体现农村居民生活方式及精神意识的文化形态，应包含有形的乡土文化景观和无形的乡土文化精神两大类。其中，有形的乡土文化景观可分为三种类型，即乡村生产景观、乡村生活景观和乡村生态景观。[③]无形的乡土文化精神，主要包括展示地方特色的民俗文化、承载礼制规训的家风文化以及反映乡村社会时代精神的乡贤文化等，具体涵盖乡风俚俗、礼仪交往、节日庆典、传统手工艺技能、民间信仰、宗教文化等诸多方面，这是乡土文化中最为重要的组成部分，是乡土文化横向传播及纵向传承过程中最活跃的文化因子，具有极强的感染力和表现力。现阶段以红色文化为代表的新乡土文化内涵也开始融入其中，进一步拓展了乡土文化的内涵。

---

① 费孝通. 乡土中国[M]. 上海：上海人民出版社，2006：23.
② 胡映兰. 论乡土文化的变迁[J]. 中国社会科学院研究生院学报，2013（6）：94-101.
③ 吴玉洁，胡希军，但新球. 复合系统视角下的乡村景观类型研究[J]. 中南林业科技大学学报（社会科学版），2010（2）：80-82，128.

三、乡 愁

"乡愁"一般被认为是"远离家乡的游子对家乡深切的思念之情"。从汉字的起源、含义的流变等多个方面进行分析,可以将"乡愁"中的"乡"字和"愁"字进行拆解,由"乡"字衍生出"原乡"的含义,再由"乡愁"背后的情感理论衍生出"文化乡愁""村落乡愁"和"城市乡愁"等多种不同的"乡愁"。

乡愁在不同时代有着不同的内涵。传统社会的乡愁主要是指因为个体的向外流动,离开了长期生活的家乡而产生的一种思乡之情。现代社会的乡愁既包含对传统社会形成的历史文化记忆、对过去的乡村生活场景记忆,以及现代化进程所导致的乡村衰败的忧愁之情,又具有市场化要素对乡愁赋予的新的时代内涵,如工业乡愁、时尚乡愁、美食乡愁等,也即在时间维度下,乡愁既有历史性,又有现代性。所以,乡愁既古老,又很新鲜。[1]当代的乡愁还被赋予了一些政治内涵,表达出对乡村振兴的希望和对现代化发展的反思。因此,当下的乡愁已经不再只具有过去人们所了解、所熟知的文学含义,还能作为对现代社会发展具有重要作用的政治指向。

现代乡愁的内涵逐渐演变为人们对乡村风光的向往、对乡土文化的追忆以及对乡村发展的渴望。从整体上看,乡愁的含义可以分为四种:一是情感意义上的乡愁,这种乡愁表达的是一种抽象的情感,如对亲人的想念、对故乡的怀念等;二是文化意义上的乡愁,这种乡愁是对传统乡土文化的追忆与继承;三是生活意义上的乡愁,这种乡愁与人们过去的生活方式、生活环境与饮食习惯等密切相关;四是发展意义上的乡愁,这种乡愁是国家对城市与乡村共同发展的期盼和对全国人民都过上美好生活的希冀。正如弗雷德·戴维斯(Fred Davis)所言"乡愁的兴盛基于转变,基于引发我们怀恋连续性的那种主体性的断裂性体验"[2],这也是本书所讨论的"乡愁"的立意之基。

---

[1] 李华胤. 理解中国现代乡愁:理论与方法[M]. 南京:江苏人民出版社,2023:28.
[2] DAVIS F. Yearning for yesterday: Sociology of nostalgia[M]. New York: Free Press, 1979: 16.

第二节 基础理论

一、符号学理论

符号学理论重点研究在交流过程中如何使用符号来创造和传递意义，其研究和发展受到语言学、哲学、文学等多方面的影响。20 世纪初期，在瑞士语言学家索绪尔（Ferdinand de Saussure）和美国哲学家皮尔斯（Charles S. Peirce）的共同推动下，符号学的科学理论体系初见雏形。但他们研究符号学理论的视角存在一定的差异。索绪尔更加侧重语言符号的研究，提出"语言符号连接的不是事物和名称，而是概念和音响形象"[1]，这是一种二元关系的符号学结构，其中的音响形象就是"能指"，所代表的是语言中的声音形象，概念则是"所指"，代表着所反映事物的概念，二者之间的联系是任意相关的，并不存在自然和内在的联系，其整体称为符号。皮尔斯提出的符号范畴则尽可能地囊括所有的事物[2]，他认为"符号是对于某人而言在某一方面或某一特性上代表某物的某种东西"[3]，他试图找寻符号的普遍性范式，并提出以像似符号（icon）、指示符号（index）、规约符号（symbol）组成的三元符号范式。

20 世纪 50 年代，罗兰·巴特（Roland Barthes）为符号学研究带来了新思路，他提出"符号是音响、视象等的一块（双面）切片。意指（signification）被理解为一个过程，它是将能指与所指结成一体的行为，该行为的产物便是符号"[4]，认为符号的意义来自其中意志"编码"的过程。巴特的学生克里斯蒂安·麦茨（C. Metz）1964 年发表的《电影：语言系统或是语言？》将电影与符号进行联系，借用结构主义语言学，分析索绪尔研究的语言学与符号学的联系，并提出

---

[1] 费尔迪南·德·索绪尔. 普通语言学教程[M]. 高名凯, 译. 北京: 商务印书馆, 2009: 94.
[2] 季海宏. 皮尔斯符号学思想探索[D]. 南京: 南京师范大学, 2011.
[3] PEIRCE C S. Collected papers of Charles Sanders Peirce. Vol. 6[M]. Arthur W. Burks (ed). Cambridge: Harvard University Press, 1958: 228.
[4] 罗兰·巴尔特. 符号学原理[M]. 王东亮, 等, 译. 上海: 三联书店, 1999: 39.

"'电影语言学'的创举是完全合理的"①。麦茨后来受到精神分析学说的影响，于1975年完成了《精神分析与电影》，主要研究电影符号的意义生成机制，借助镜像理论分析受众对电影中符号的认同机制及感知原理。

在"三农"题材纪录片中，无论是画面还是声音都有其指代性的内涵，无论是乡土文化的符号呈现、仪式的选取、其中人物状态的变化还是空镜头的展示都有其独特的意蕴，运用符号学理论来剖解纪录片中的景观符号和仪式符号对于乡土文化记忆的建构很有意义，如娴静的村庄、飘落的树叶、石阶上的青苔、田地里的稻谷，这些视像本身并不承载过多的内涵，但通过符号的"编码"被赋予了新的含义。

美国社会学家米德（G. H. Mead）是符号互动论的集大成者，他认为，人类社会行为是通过符号互动形成的，人们通过互动和沟通来建立共同的意义和认识。后来，托马斯（W. I. Thomas）、库利（C. H. Cooley）等学者进一步发展了符号互动理论，将其应用于社会学、心理学、传播学等不同领域。符号互动论的主要内容包含符号、互动、自我和角色四大元素。符号互动论认为，符号是人类社会行为的基础，它包括语言、手势、表情等各种形式。人们通过符号表达自己的想法和感受，同时解释他人的行为和意图。互动是符号互动论的核心概念，它包括人与人之间的沟通、交流和协作。在互动过程中，人们互相影响、调整自己的行为和认知，从而形成共同的意义和认识。此外，符号互动论强调自我是一个社会构建的过程，人们通过与他人互动，逐渐建立和发展自己的身份和角色。自我包括两个方面：一是社会自我，即他人对个体的期望和评价；二是个体自我，即个体对自己的认识和评价。在符号互动论中，角色同样是社会行为的重要组成部分。在互动过程中，人们扮演着不同的角色，通过角色互动来实现社会秩序的稳定。

人们通过互动不断修正对意义和解释的认识，从而调整其行为，并产生"共同行动"。这些"共同行动"进而塑造了诸如文化、规范、价值观以及社会秩序等宏观社会结构。本书以符号互动论为理论基础，对"三农"题材纪实影

---

① 克里斯蒂安·麦茨. 电影表意泛论[M]. 崔君衍, 译. 北京: 商务印刷馆, 2018: 57.

像中的各类元素进行整合。一方面，探讨村民如何利用当地语言、民俗、乡村建筑等符号来完成日常信息沟通与交流，并对乡土文化符号进行解码、编码，从而形成传播进而引发认同；另一方面，探讨不同用户在观看"三农"题材纪录片时对符号进行解码的逻辑和文化认同产生的影响。

二、叙事学理论

"叙事"这一概念，早在古希腊时期就有诸多论述。叙事学理论的发展可以追溯到20世纪初的结构主义运动，符号学家罗兰·巴特在其著作中曾经提到"叙事是与人类历史本身共同产生的，世界上叙事作品之多，不计其数，种类浩繁，题材各异"[①]。这期间的叙事研究主要注重人类的叙事活动以及叙事和文化之间的关系，受到文本语言学的影响，更加注重叙事结构的内在规律及其形式。

"叙事学"理论的诞生，学界一般认为是源自法国结构主义符号学家茨维坦·托多洛夫（Tzvetan Todorov）1969年提出的"叙述学"，他认为这是一门"关于叙事作品的科学，是对具有叙述性文本进行研究的学科"[②]。叙事学的发展经历了经典叙事学与后经典叙事学两个阶段，在演进过程中其范围和视角不断地被放大。叙事学的研究路径和研究目的也随着理论发展逐渐发生转向，由此，叙事学的研究出现了三种具有代表性的理论范式：故事范式、话语范式、语境范式。故事范式是最早的叙事学研究范式，也是叙事学研究的开创者所使用的，其代表人物有列维·斯特劳斯（Claude Levi-Strauss）、格雷马斯（A. J. Greimas）等。故事范式从结构主义和俄国形式主义视角进行研究，借助语言学视角进行概念的分析，注重从故事本身和结构层面来对叙事进行解析。话语范式是通过叙事话语来研究话语、叙事及行为间的关系，代表人物有杰拉尔·热奈特（Gérald Genette）、西摩·查特曼（Seymour Chatman）等。其中热奈特的理论最具代表性，其研究重点为故事被叙述的方式，将故事层、叙事话

---

① 罗兰·巴特. 叙事作品结构分析导论[M]. 张寅德, 译. 北京: 北京大学出版社, 1989: 2.
② 罗钢. 叙事学导论[M]. 昆明: 云南人民出版社, 1994: 15.

语层和叙事行为层进行了分离，其研究视角触及文本多个层面的语法系统。①语境范式将叙事学的研究带入了后经典叙事学阶段，加强了与其他学科的联系，并且开始有意识地关注叙事的语境和叙事的接受者。美国学者大卫·赫尔曼（David Herman）在其1997年的著作《后经典叙事学的要素》中首次提出"后经典叙事学"，并表示"后经典叙事学主要关注叙事学的外延问题，而不是内在问题"②，但其主要理论仍来自经典叙事学，在其基础上重点关注社会、历史、文化等宏观语境对作品创作的影响，属于对经典叙事学的改进。叙事学的研究对象包含故事、叙事话语、叙事行为等不同维度。

"三农"题材纪录片中的文化呈现研究需以叙事学理论为支撑，其中乡土精神文化的呈现，需要导演运用叙事技巧，对影片中诸多叙事元素进行有序的安排，才能完成最终的呈现。本书主要从叙事结构、叙事视角两个方面对乡土文化呈现进行分析，而后经典叙事学关注政治语境、经济语境以及创作主体的影响，也为本书研究乡土文化的选择性呈现提供了理论解释。

三、文化认同理论和文化记忆理论

文化认同指在长期发展过程中形成的一种趋于生活区域化③的核心基本价值的认同。它构成国家的精神支柱，扮演着连接经济和政治的纽带角色，体现了民族凝聚力，并为国家持续发展提供精神文化要素基础。公众对本地乡土文化的认同不仅代表国家和民族的共识，而且反映了民族的深层思想，展现了具有持久生命力的文化传承。乡土文化的认同以多种形式呈现在公众面前，其特色鲜明且丰富多样。正如"君子和而不同"的理念所指，此文化能够吸纳彼文化的内涵，不断壮大自身。④

本书从哲学基础观点出发，将文化认同的行为划分为认同主体、认同客体

---

① 傅修延. 文本学——文本主义文论系统研究[M]. 北京：北京大学出版社，2004：51.
② 张连桥. 《当代西方后经典叙事学研究》述评[J]. 外国语文，2015（4）：157-160.
③ 郑晓云. 文化认同与文化变迁[M]. 北京：中国社会科学出版社，1992：90.
④ 何洪涛. 试从文化认同解读中欧关系[J]. 广州大学学报（社会科学版），2006（1）：38-41.

和认同环体三个部分。在马克思主义哲学中，主体是指具有主动性和创造性的社会存在，通常指人类个体或社会集体。客体是指主体意识和实践活动的对立物，即主体在认识和改造中的对象，包括自然界的事物、社会现象或他人等。环体是指主体与客体之间的关系和相互作用所构成的现实世界，包括自然环境和社会环境两个部分。在马克思主义哲学中，客体与主体之间存在一种辩证的关系：主体通过认识和实践活动与客体发生联系，并在这个过程中改造客体，从而实现自身的发展和客体的发展。环体不仅是主体和客体相互作用的场所，而且是主体认识和改造客体的环境和基础，是影响主体对客体进行社会实践结果的关键因素。①认同环体主要是指文化认同过程中所面对的外部客观存在的环境，其对文化认同结构中的其他要素以及整个文化认同活动的效果都具有很大的影响作用。宏观而言，认同环体包括整个社会的政治、经济、文化、传统等，决定了文化认同的总目标和总方向；中观而言，认同环体包括家庭环境、社区环境、工作环境等生活工作场所，对认同活动有着重要的影响；微观而言，认同环体包括纪录片传播的平台空间符号元素、弹幕、评论区互动、点赞和转发等具体认同的细节，对认同的效果起着直接的作用。②总之，认同环体具有较强的综合性、开放性、历史性和具体性，社会环境和自然环境等会随着社会的发展而不断变化。

　　本研究中乡土文化认同的主体是指对乡土文化进行有意识的认识和实践活动的农村青年群体。客体则是指通过纪实影像中的视频作品展示出的与农村生活相关的、具有农村特色的乡土文化内容。农村青年乡土文化认同是泛纪实性视频中文化内容被他们再次认识、理解、认同与传承的过程，在这一过程中，作为纪实影像的"三农"短视频中的乡土文化内容就是农村青年群体进行文化认同的客体。③环体同样是文化认同过程中的一大重要元素。环体是指农村青年群体对"三农"短视频中的乡土文化进行认同活动时存在影响的外部因素。这种外部因素以"环境"的形式围绕在文化认同活动的四周，制约着

---

① 马克思,恩格斯. 马克思恩格斯选集（第1卷）[M]. 北京：人民出版社，2012：25.
② 倪瑞华. 思想政治教育认同基本理论研究[C]. 北京：中国民主法制出版社，2021：138-139.
③ 岑露晶. 现阶段大学生革命文化认同及培育路径研究[D]. 桂林：广西师范大学，2022：77-78.

文化认同活动的进行，影响着文化认同的最终成效。从文化认同的组成部分来看，曼纽尔·卡斯特（Manuel Castells）在《认同的力量》一书中指出，虽然身份能够从主导系统中被体现，但只有当社会行为者将身份内化并围绕这个内化阶段建构其意义时，它才可以称为认同。①

乡土文化认同应包含三个部分：第一，认知认同。这是一种较为隐晦的认同表征，主要体现在外出务工或求学等离乡入城群体对家乡的眷恋和牵挂，对城市文化观念接受的心理阻碍，以及对于具有同样乡土文化背景的个体之间"相见如故"的认同和归属感。这种认同形式在日常生活中不易产生明显的表征，且对乡土文化的传播也不会产生明显的推动作用。农村入城青年群体真心实意、心悦诚服地认同乡土文化的前提，是能客观全面地理解乡土文化所包含的内容与实质，全面的认知是实现认同目标的第一步。第二，情感认同。它反映了具有乡土文化背景的农村青年在日常生活中的情感状态。具体而言，包括参与特色文化节日，对消费具有乡土文化特色的内容持积极态度，愿意主动进行体验并能产生一定的共鸣和心理觉悟等。只有建立起文化的情感认同，这种认同才能从较浅的思维层面发展为更深的心理层面，从单纯的理论认知升华成强大的情感力量，从而经受住时空的严峻考验。第三，行为认同。这一阶段的认同，逐渐从个人层面上升到群体层面，主体会主动搜索乡土文化相关内容并进行评论、点赞及转发等，部分主体甚至能够从自身对于乡土文化的认同和理解出发，对其重新解码和编码，这有助于乡土文化的网络化传播。这种呈现所建构的情景可以突破时空的阈限，传递到非在场的认同的共同体，以及其他地域的文化群体，甚至包括突破圈层的城市居民当中，这对于乡土文化的传播具有较为显著的积极意义。此阶段不仅需要个体对本土文化具有强烈的认同性和深层的融入度，而且要求传播者具有一定的内容形塑和媒介素养水平。②本书中的乡土文化认同，指具有农村生活经历或背景的主体在环体的影响下对"三农"短视频中乡土文化这一客体的认可、接受和

---

① 曼纽尔·卡斯特. 认同的力量[M]. 北京：社会科学文献出版社，2003：2-6.
② 岑露晶. 现阶段大学生革命文化认同及培育路径研究[D]. 广西师范大学，2022：23-24.

自觉实践过程，它具体包括文化认知认同、情感认同、行为认同三大方面。

与文化认同理论密切相关的文化记忆理论，起源于 20 世纪 80 年代的法国。法国历史学家皮埃尔·诺拉（Pierre Nora）提出"记忆是鲜活的，容易受到各种利用和操纵，时而长期蛰伏，时而瞬间复活"①。文化记忆理论在 20 世纪 90 年代进一步发展，德国学者扬·阿斯曼（Jan Assmann）细化了莫里斯·哈布瓦赫（Maurice Halbwachs）提出的"集体记忆"理论，将其分为文化记忆和交流记忆，并提出"基于文化记忆，该集体的成员们意识到他们属性和与众不同"②，从时间和社会两个维度将两者划分开，将集体记忆扩展到文化理论的层面。阿斯曼将文化记忆解释为"社会交往出现了过度膨胀的局面，随之生出一个外部范畴：它可以使需要被传达的、文化意义上的信息和资料转移到其中"③。文化记忆不只是个体已经获取到的"知识"，阿斯曼认为个体之所以可以产生记忆，是因为其所处的特定的时空下的事件激发了他的个人情感。其媒介是一种客观存在的外化物，并且这种外化物的形式非常多样，可以是文字、仪式、建筑物、象征物等，通过对这些外化物的编码和呈现来形成文化记忆。阿斯曼认为，文化记忆从功能上可以分为"潜在性"和"现实性"，前者是被储藏的过去记忆，后者是在特定的事件可以发挥作用的记忆。

阿莱达·阿斯曼（Aleida Assmann）将文化记忆的时间结构转为需要不断进行更新的内容，并提出回忆的过程包含神经、社会与文化三个维度，三者分别产生了"神经记忆""社会记忆"和"文化记忆"，这三者之间存在递进的关系。阿莱达·阿斯曼认为符号媒介是文化记忆重要的载体，在"社会记忆"转化为"文化记忆"过程中起着重要的作用，"同时也与一种社会交往而保持运转，通过个人记忆而被激活和掌握的集体符号结构有关"④，她进一步对文化记忆的概念和内涵进行了优化，提出"符号"可以强化"记忆的时间"。因符

---

① 皮埃尔·诺拉. 记忆之场：法国国民意识的文化社会史[C]. 2 版. 黄艳红，等，译. 南京大学出版社，2020：5-6.
② ASSMANN J, CZAPLICKA J. Collective memory and cultural identity[J]. New German Critique, 1995(65): 125-33.
③ 扬·阿斯曼. 文化记忆：早期高级文化中的文字、回忆和政治身份[M]. 金寿福，黄晓晨，译. 北京：北京大学出版社，2015：13.
④ 阿斯特莉特·埃尔. 文化记忆理论读本[M]. 余传玲，译. 北京：北京大学出版社，2012：45.

号在物质上的稳定性,因此也成为文化记忆的重要载体。在文化记忆这一整体过程中,符号对于延长记忆时间起到了重要的作用。扬·阿斯曼认为,共同拥有的文化意义的循环促生了一种"共识"(Gemeinsinn),即在集体的每个成员心目中都形成了一种整体高于一切的认知,而成员作为个体的愿望、欲望和目标都要服从于整体。[1]应用于本书主题,乡村题材纪录片在呈现乡土文化过程中运用了大量的符号和仪式,在受众观看过程中可以发挥其"现实性"功能,唤起他们对乡土文化的记忆。

---

[1] 扬·阿斯曼. 文化记忆早期高级文化中的文字、回忆和政治身份[M]. 金寿福,黄晓晨,译. 北京:北京大学出版社,2015:146.

Chapter 2

第二章
纪录片中乡土文化呈现的表征、维度与选择

格里尔逊提出,"艺术是一把锤子,而不是一面镜子""我们首先是宣传员,其次才是影片摄制者"①,他认为纪录片具有改造社会的工具作用。"锤子论"将纪录片放在广阔的社会文化语境之中,并且在不同历史时期,纪录片中所呈现的文本都被赋予了鲜明的时代印记,自身具备的真实性也让其肩负纪录历史的使命。我国纪录片作为一种真实记录的影像载体,具有与时代共进的特点,负有"功能驱动"的特质。②乡村题材纪录片作为中国纪录片大家庭成员中的重要组成部分,其发展过程也遵循这些规律,从最开始服务社会主义建设,到服务改革开放,再到聚焦"三农",最后到服务当下的乡村振兴建设。本章以 2017—2022 年间由专业媒体及独立导演制作的 77 部"三农"题材纪录片为文本,分析乡土文化在其间呈现的表征、维度与选择。

第一节　纪录片中乡土文化呈现的历史分期

纪录片的发展历程很大程度上是在政治宣传功能要求下进行的变迁与发展,乡土文化内容呈现也符合这一规律。下面主要梳理自新中国成立以来,我国"三农"题材纪录片是如何呈现乡土文化的,在时间划分上借鉴了学者韩飞

---

① 巴尔诺. 世界纪录电影史[M]. 张德魁,冷铁铮,译. 北京:中国电影出版社,1992:84.
② 韩飞. 中国纪录片的话语变迁与功能演进[M]. 北京:社会科学文献出版社,2021:267.

提出的我国纪录片发展的"五期说"。

一、国家话语主导期

新中国成立初期,我国生产力水平相对低下,农业处于传统水平,农民素质有待提高,毛泽东曾指出"中国有百分之九十未受文化教育的人民,这个里面,最大多数是农民"[①]。随着土地改革和合作化运动的顺利进行,我国完成了向社会主义的过渡,乡村文化建设在"百花齐放,百家争鸣"的总体方针指引下如火如荼地进行。1953年12月24日政务院颁布的《关于加强电影制片厂工作的决定》指出,应当"在题材选择上,应扩大范围,同时注意体裁和形式的多样性,除组织新的创作外,应尽量利用为人民所喜爱的我国现代和古典的优秀文学戏剧作品改编为电影剧本"。纪录片作为"国家相册"的功能也在这一阶段逐渐形成,比如《西南高原的春天》中的西南民族地区的学生生活;《杏花春雨江南》中江南独特的乡村景色及富含乡土气息的生活方式。随着1958年5月1日北京电视台的开播,我国首部电视纪录片《到农村去》也于同日与观众见面,这一阶段(1949—1978年)的"三农"题材纪录片在国家话语的影响下,整体上洋溢着乐观主义精神和理想主义色彩。

这一阶段的纪录片以国家的政治话语为基调,被定位为"形象化的政论""形象化的党报",其功能主要是为政治宣传服务,而对乡土文化的挖掘与呈现并非当时纪录片的主要任务。这时"三农"题材纪录片在观念上依附于政治宣传,在形态上更类似于电影,以新闻报道和政论为主要形式,整体上还处于"新闻纪录片时代"。其间也出现了颇具代表性的"三农"题材纪录片作品,如1964年陈汉元导演的作品《收租院》及次年由北京电视台创作的《学大寨》,两者均为文艺作品助力社会主义建设的典型作品。

这一阶段"三农"题材纪录片对于乡土文化的呈现带有鲜明的"报告式"风格:整体的乡土文化形象更多作为一种故事背景,为凸显社会主义改造后

---

① 毛泽东. 毛泽东选集:第一卷[M]. 北京:人民出版社,1991:39.

的示范典型服务；内容侧重展现农村地区的条件艰苦或思想观念的愚昧落后，呈现出一种被政治文化"拯救"的叙事逻辑，表现方式以"画面+解说词"为主。其代表作品是 20 世纪 50 年代后期由中国科学院民族研究所与北京科教电影制片厂等单位组织拍摄的一系列反映少数民族文化的纪录片，如《凉山彝族》《大瑶山瑶族》《僜人》《西双版纳傣族农奴社会》《永宁纳西族的阿注婚姻》《景颇族》等，这些纪录片作品选取了我国具有代表性的民族群体，记录了少数民族本真的社会风貌及传统的生活方式，也展现了社会主义建设所带来的改变。这类纪录片包含丰富的乡土文化，涵盖了婚丧嫁娶、宗教信仰、自然风景、建筑风格以及传统的政治组织形式，也展现了森严的等级制度。此外，这类影片在拍摄过程中强调科学性与纪实性，为后续的人类学、社会学、民族学研究留下了珍贵的影像资料。这一阶段的乡土文化呈现饱含着鲜明的时代特色，如《西双版纳傣族农奴社会》中傣族传统的卜卦仪式、《僜人》中驱鬼的巫师、《永宁纳西族阿注婚姻》中纳西族人生病后祈求施行巫术的达巴求神驱鬼、《景颇族》中裁决纠纷的"闷水"仪式，都体现了落后愚昧的乡土文化因素，还带有一定的迷信色彩。纪录片创作者也在其作品中表达了鲜明的态度，《大瑶山瑶族》中的解说词提到，"……这里的农事活动，受着封建迷信的束缚……"《永宁纳西族的阿注婚姻》中，"……在封建领主制度下，永宁纳西族却长期保存着由母系血统成员组成的家庭……"解说词中对于所呈现出的愚昧落后的乡土文化带有明显的批判性色彩。与之相对的是《凉山彝族》中所提到的，"……解放以后党和人民政府首先帮助彝族人民交通、文化和卫生等事业……彻底翻身的彝族劳动人民鼓足了信心，用冲天的干劲决心要在短时间内跑完许多世纪的路程，变为富裕的社会主义乐园"，展现了各民族地区解放后可喜的变化，颂扬了社会主义建设的伟大成就。这一时期对于乡土文化的呈现带有强烈的主观色彩、"报告式"的结论和标语化的解说词设置，具有鲜明的时代风格。

当然，这一阶段也有部分纪录片如《杏花春雨江南》《江南春》《苗岭欢歌》等，尝试打破这种新闻纪录电影的摄制方式，通过镜头代入或是运用故事化的叙事手法进行拍摄，在那个时代创造性地使用艺术化的纪实处理来展示乡土生活及地区文化。如《杏花春雨江南》中描写了江南农村的风土人情与农民生活，用镜头对准了彼时的个体，展现了他们刺绣、养鱼、采茶、摘花的日常活动，营造了一种恬淡宁静的田园景象，但有人批判其"是淡淡哀愁的伤感情绪，是历史上任何时候的江南，而不是社会主义改造后热火朝天的农村生活，是作者用资产阶级的偏见观察生活、歪曲生活，是小资产阶级的情调"①。

这一时期的纪录片创作，秉持着"真实为政治服务"的主体基调，对于乡土文化的呈现更像是在政治宣传过程中的碎片化展示，其刻画的乡土文化景观更多的是群像性的、远距离的表现，其中所展示的大部分乡土文化也带有强烈的封建迷信色彩，整体上处在一个猎奇的发现过程，并持批判性的视角。客观地说，这些纪录片呈现了当时中国农村社会的一种现状，即仍有大量的落后文化和保守思想残留，乡土文化亟待改进与发展。我们也看到了社会主义改造后正在变化的乡土文化和生活方式，如《红旗渠》中展现了劳动人民积极投身社会主义建设和其勤劳进取、坚韧不拔、奋发向上的精神风貌，这也是那个时代的真实写照。整体而言，这一时期纪录片中的乡土文化呈现是相对浅显的民族影像纪录，其展现的乡土文化内涵也是落后保守的。但值得一提的是，部分创作者也开始努力突破"新闻纪录片"的框限，在拍摄过程中讲究画面的构图，尝试运用新的叙事策略、拍摄手段呈现一种真实自然的乡土化迹象。

二、精英话语引领期

20世纪80年代前后至21世纪前，随着改革开放的春风和电视媒介大众化传播时代的到来，思想的冰河逐渐消融，人文主义日渐兴起，为乡村文化建设注入了新的思想活力，对于优秀乡土文化的需要也愈发高涨。这一时期（1979—2000年）纪录片的受众正处在一个"文化苏醒"的状态，总体上告别了"新闻纪录片时代"，纪录的视角开始从政治宣传转向个体人物。同时，这

---

① 高维进. 中国新闻纪录电影史[M]. 北京：中央文献出版社，2003：161.

一时期的"三农"题材纪录片制作因设备的专业程度和渠道的限制带有较浓的精英话语风格，给此期"三农"题材纪录片罩上浓厚的人文主义色彩。此外，对乡土文化的挖掘也开始触摸到了民族文化的肌体和脉络，具有一定的人文意识和民本思想。

随着国家对外开放与国际交往的进一步扩大，这一阶段纪录片中的乡土文化呈现开始借鉴其他国家的拍摄方法，如1979年中日合作拍摄的《丝绸之路》就是一次美学创作观念的碰撞，将镜头对准了我国的历史与文明，以更宏观的视角，全景式呈现我国深厚绵长的传统文化，纪录了当时的乡土文化景观。随后的"江河路墙"系列纪实作品，极大地满足了那时纪录片受众的文化需要，如《话说长江》在播出之后收到了一万多封受众的来信赞誉，可见其传播的广度和受众的喜爱程度，新华社更是以此为题播发了英文通讯，"每到星期天的晚上，数百万中国人便坐到电视机前，收看由中央电视台播放的电视系列片《话说长江》"①。面对更广阔的世界，人们在充满好奇的同时不可避免地会因为文化差异而产生怀疑，而这批纪录片中所呈现的乡土文化与厚重的历史，激发了国人强烈的民族文化自信和民族自豪感。这些纪录片虽然保留了政治宣传时期大量解说词与画面组合的传统形式，但其表现手法明显丰富起来，开始尝试使用中近景，而不是之前惯用的反映场面的大全景镜头，并且更加注重对于生活细节的纪录和捕捉，解说词的风格也从"口号式"的亢奋激昂转变为富有感情的亲切风格。以《望长城》这部被称为"中国纪录片发展的里程碑"的作品为例，在叙事过程中，作品大量地选取了个体进行呈现，比如其中第一次吃到香蕉的牧民小朋友，甘肃五里桥村民的社火表演口号"……人民县长人民选，你给人民把事办……抓经济，求发展，计划生育是关键……"，路边修鞋的老人"……这里没有长城，这里主要是有一个司马迁，这里文人比较多……"。伴随着近景的人物拍摄，有时甚至有特写的表情刻画，使用了许多寻觅和追随的主观镜头，突出了时代大潮下的个体，而后在主持人焦建成的串联下将故事娓娓道来，纪录了发展中的中国。纪录片整体采用游记式的

---

① 赵化勇. 中央电视台发展史1958—1997[M]. 北京：中国广播电视出版社，2008：195.

纪录风格，展现长城沿途的风土人情，也让受众了解到不同地区的乡土文化，整体透着淳朴的风格，可以说"土得掉渣"，但绝对是"原汁原味"的乡土文化，被称为现实的纪实主义和想象的现实主义。《望长城》将群体和社会分解为一个个体，展现了宏大叙事下生活化的乡土文化景观，其放映时在中国和日本的收视率都超过了40%，影响了一代纪录片受众。①

伴随改革开放的逐步深入，流行文化开始进入寻常百姓的生活，传统生活方式受到了城市文化和流行文化的双重冲击，乡土文化的精神逐渐式微，但安土重迁的传统思想和对家园的深沉情感却依旧埋藏在人们的心中。这一时期的纪录片发展呈现出了从精英化到个体化的发展趋势。"三农"题材纪录片的镜头也对准了普通人的生活，代表作有康健宁导演的《沙与海》《阴阳》、王海兵导演的《藏北人家》、陈晓卿导演的《龙脊》等优秀作品，他们都力求真实地展现农村中普通人的生活状态和丰富的精神世界，表现出明显的人文化倾向。对乡土文化的挖掘和浪漫化的呈现，成为对抗现代都市文化的一种有力展示，创作者通过纪录片这种媒介去挖掘充满自然美、人性美的乡土文化，逐渐从"资料片"的思想上进行转变，关注到一个个具体的普通人，尝试讲述当时"老百姓自己的故事"。值得一提的是，这一时期"祖国各地"等纪实栏目的兴起推动了纪录片的发展和其"人文化"的转向，让中国纪录片进入了蓬勃发展的新阶段。

总体来说，这一时期"三农"题材纪录片对于乡土文化的叙事视角发生了转变，开始从宏大叙事转向个人叙事，着重挖掘处于地理和文化双重边缘的生活状态及内心情感，其中恰好也蕴含着受城市化挤压的乡土文化。电视机的大量普及让纪录片的镜头从聚焦"英雄"转向了时代的变迁与发展，从全景的"人民影像"转向个体的日常生活，其关注视角也逐渐从仰视转为了平视，这一时期"三农"题材纪录片从观念到本体都在经历蜕变和重生。不同于20世纪50年代的人类学纪录片，经历了技术革新和去功能化的转变后，"三农"题材纪录片创作者试图通过使用原生态的生活实录，挖掘逐步式微的"乡土

---

① 何苏六. 中国电视纪录片史论[M]. 北京：中国传媒大学出版社，2005：42.

文化",构建理想中的"乡土中国"画卷,传递乡土文化蕴含的温暖和力量。

三、大众话语涌现期

江泽民同志在 1997 年中国共产党第十五次全国代表大会上对"中国特色社会主义文化"①的概念进行了阐述,指出要建设代表最广大人民利益的具有地方特点和积极向上的乡村文化。胡锦涛同志在 2005 年党的十六届五中全会上提出要推进社会主义新农村建设,极大地推动了乡村文化建设的全面发展。②随着改革开放的逐步深化,媒体市场化的浪潮对纪录片创作也产生了较大影响。特别是 DV 摄像机的出现与普及进一步推动了纪录片市场的繁荣与发展,完成了一次技术对创作者的赋能,使大众也加入了纪录片的生产制作中。纪录片的创作主体开始由官方专业机构的影视创作者转向民间草根大众,极大地推进了纪录片生产的社会化进程。在市场和技术的加持下,这一时期(2001—2012 年)纪录片创作呈现出空前繁荣的景象。

在现代市场经济和都市文化影响之下,乡村与城市在现代性的书写产生了分野:传统农业生产向现代社会的转型加速,这一变化反映在纪录片创作层面,就是产生了一批由独立创作者拍摄的、以"农村入城群体"为主题的作品。比如李军虎导演的纪录片《父亲》中的陕西农民工韩培印、常河团队主创的纪录片《1350KM》中的汪正年夫妻、范立欣导演拍摄的《归途列车》中的张昌华一家,他们因为追求更好的生活从农村来到城市,却面临诸多难以融入的困境。面对着城乡之间存在的现实差距,城市生活带给他们有限的认同感,乡村也难以成为他们的安居之地。可以窥见这个群体身上的"乡土本色"正在逐渐淡去,同时乡土文化所固有的封闭性和滞后性更加凸显,城乡差异引发的文化发展不平衡的现实矛盾摆在创作者的面前。影像记录下的乡土文化及其文化主体面临着坚守还是变革的抉择。这一时期的纪录片创作者们既

---

① 江泽民. 江泽民文选:第 1 卷[M]. 北京:人民出版社,2006:158.
② 胡锦涛. 中共中央关于制定国民经济和社会发展第十一个五年规划的建议[N]. 人民日报,2005-10-19-1.

展现了传统乡土文化与现代都市文明碰撞中的冲突与协调，又在呼唤优秀乡土文化回归公众的精神家园。这期间，有纪录片导演关注到乡村传统文化的日渐式微与乡村社会的问题，并进行了深刻且真实的记录。例如，焦波导演的纪录片《俺爹俺娘》将镜头对准自己的老家，以时间为主轴，通过讲述自己父母的故事，侧面展示了中国乡村生活的变迁；再如，陈为军导演的作品《好死不如赖活着》以河南上蔡县文楼村马学义一家为主线，讲述了他们因贫困而卖血，由此感染了艾滋病的故事，展现了艾滋病患者这一特殊群体的艰难生存处境；等等。这一时期"三农"题材纪录片呈现出多元化的特点，开始聚焦社会问题，关注边缘人群，独立纪录片创作者也成为纪录片创作中不可或缺的一股力量。

国家广电总局于2010年出台的《关于加快纪录片产业发展的若干意见》（简称《意见》），推动了纪录片的产业化发展，明确了纪录片的意识形态和产业双重属性，在我国纪录片发展史上具有里程碑式的重要意义。《意见》还指出了纪录片创作对内可以树立文化自信，对外可以推动中华文化走出国门，是一种强有力的文化传播载体。《意见》中对未来纪录片产业发展中的管理和人才培养等问题进行了指导性的规定，这为纪录片进一步的发展提供了规范和政策支持。2011年1月中央电视台纪录频道的创办就是这一政策的直接体现。

这一时期的纪录片在乡土文化的呈现过程中，也存在诸如《皇粮国税》这一类反映农业税制改革，展现社会主义新农村建设成果的"三农"题材纪录片，用其强大的影像影响力和权威的叙事方式努力去重构民族的乡土文化记忆。整体而言，这一时期的纪录片更多是以大众视角关注乡土文化在城市化冲击下面临的困境与自身的转变，这些作品已经开始进行价值整合，承担起社会责任。市场化时期的"三农"题材纪录片的呈现方式更加多元，有忠于现实的客观纪录，有充满张力的戏剧叙事，还有主动运用新技术的作品，这些纪录片为时代存像，努力真实地记录转型期的乡村社会变迁，记录下社会转型过程中个体的抗争与改变。

四、融合话语推动期

党的十八大以来，中国特色社会主义进入新阶段（2012—），中国共产党在乡村文化建设中坚持"以人民为中心"的理念，更加注重乡村大众的文化需求，乡村文化建设开始走向深入发展新时期。2012年4月央视综合频道的晚间栏目"魅力纪录"开播，这象征着"从国家高度倡导主流文化价值的回归"[1]。习近平总书记提出"文艺是时代前进的号角，最能代表一个时代的风貌，最能引领一个时代的风气"[2]。在现阶段文艺观的引领下，中华文化朝着"中国特色、中国风格、中国气派"的方向稳步发展。纪录片行业也在方向引领和《意见》的推动下，迅速朝着产业化方向迈进。2013年7月中国纪录片制作联盟、中国纪录片播出联盟的成立，标志着我国纪录片搭建起了互利共赢的平台，这提高了市场在纪录片行业中的影响力。"三农"题材纪录片受到国内政治需求、文化市场环境、国民文化需要三方面的影响，在发展中整合了国家、精英与大众的三种话语体系：既确立了国家话语在主流文化中的主导地位，又通过精英与大众的创作话语为其提供支撑，使整体文化呈现出"主导性与多元性并存"的格局。

这一阶段的"三农"题材纪录片对于乡土文化的呈现聚焦"诗意乡愁"，与前一阶段展示的城乡发展的不平衡与矛盾不同，现阶段更加侧重呈现各文化间的融合发展，即乡土文化与城市文化的融合、现代文化与传统文化的交叉，交出了"三农"题材纪录片呈现城乡文化关系的新的时代答卷。这期间诞生了诸如《舌尖上的中国》《乡村里的中国》《美丽乡村》《记住乡愁》等诸多优秀的"三农"题材纪录片作品，其中《舌尖上的中国》一度成为当年的文化热点，掀起了广泛的讨论，其突出表现使2012年被称为"中国纪录片品牌元年"[3]。这些纪录片较为客观地建构了乡土中国的立体图景，书写了中国迈向现代化进程中农民生活与思想情感变迁的人文篇章，有助于观者了解真实的

---

[1] 何苏六,李智.2012：中国纪录片在新语境中开启新征程[J].中国广播电视学刊,2013（2）：26-28.
[2] 习近平.在文艺工作座谈会上的讲话[N].人民日报,2015-10-15（2）.
[3] 何苏六,李宁.2012中国纪录片行业盘点[J].电视研究,2013（4）：18-20.

中国农村，从而更好地参与到乡村建设中去。①尽管有批评者认为，这种诗意的呈现遮蔽了乡土的现实，但不可否认的是乡土文化中存在着适用于当下的优秀文化因子，对现代文明发展仍然有积极的引导作用。以《乡村里的中国》和《美丽乡村》为例，该片在深度挖掘我国多样性的乡土文化面向的同时，也采用现阶段的视角进行呈现，将乡土现实与时代风貌相融合，为不同地区的乡土文化绘制出独特的现阶段"名片"。此外，该片以主题形式进行模块化的收录，跳出了早期诸如《藏北人家》《最后的山神》以单一民族文化为表现对象的传统乡土文化模式，不再是从城市的、汉族的视角去呈现民族文化，而是在更加突出主题的情况下进行多元并包的时代书写。此时的"三农"题材纪录片已经进入了稳步发展的阶段，诸如航拍、运动摄影、全息影像等各种新技术层出不穷，这使得纪录片的表现手法更加丰富多元。这一阶段纪录片的创作技艺更加成熟，创作主体对于纪录片本体的认识也更具理性，在呈现优秀乡土文化的基础上，实现了自身的商业价值，满足了受众对于乡土文化的期待与需求。

党的十九大报告中提出了乡村振兴战略，随后中共中央、国务院印发《乡村振兴战略规划（2018—2022年）》，此规划中指出应当积极开展文明创建、传承和发展乡村优秀传统文化。这一政策的开展，给"三农"题材纪录片发展注入了更大的创作力量。2018年6月，国家广电总局宣布启动"记录现阶段"纪录片创作传播工程，这项工程意在开展纪录片精品创作，扶持记录现阶段、反映新思想、纪录新成就、呈现新气象的优秀纪录片项目，其目的是增强国产纪录片的传播力和影响力。2020年9月在北京召开的第四届北京纪实影像周的政策起草说明及提案发布会上又推出了《关于支持北京纪录片高质量发展的若干政策》，2022年相继出台了《关于推动新时代纪录片高质量发展的意见》《关于推动文化产业赋能乡村振兴的意见》等，2022年相继出台了《关于推动新时代纪录片高质量发展的意见》《关于推动文化产业赋能乡村振兴的意见》，党的二十大报告提出，"加快建设农业强国，扎实推动乡村产业、人才、文化、生态、组织振兴"，2025年1月中共中央、国务院印发的《乡村全面振兴规划

---

① 牛光夏.纪实影像对乡土中国的书写与观照[J].现代传播（中国传媒大学学报），2017（11）：98-101.

(2024—2027年)》中继续强调，乡村文化建设贯穿于乡村全面发展之中，实现乡村全面提升，乡风文明持续提升，中华优秀传统文化充分传承发展等，这些政策意见充分展示党和政府对现阶段纪录片产业的高度关注与深切期望，也将纪录片创作推向了一个新高潮，涌现了诸多"三农"题材优秀纪录片作品。

现阶段，聚焦乡村及其承载的乡土文化成为纪录片创作的焦点之一。创作者顺应现阶段需求，以诗意影像为乡村景观存照，以独特视角讲述乡村故事，以浓郁乡愁引发受众情感共鸣，充分彰显了现阶段中国"三农"题材纪录片"望得见山、看得见水、记得住乡愁"的深厚的文化感染力。[①]

第二节 纪录片中乡土文化呈现的表征

现阶段创作的"三农"题材纪录片更加突出其"乡土性"的特点，其景观呈现符合"诗意乡愁"的国家战略，力求通过纪录片这一媒介去协调物质文明和精神文明的关系，探讨"人与自然、人与社会"的共生关系，强调要重视农村生态环境建设，重视农民情感诉求，满足农民对于精神文化的情感需要，从而打造农民物质生活与心灵故乡相协调的美好家园。

本节主要探讨"三农"题材纪录片对于乡土文化的呈现突出表现在哪些方面，以及与以前的"三农"题材纪录片所呈现的乡土文化景观或精神有何区别？通过对2017至2022年间播出的77部纪录片（见附录一）进行整体的内容分析发现，其呈现出随时代需要而融合发展的乡土文化表征，具体体现为对乡土文化景观的复兴与重塑、对乡土文化精神的传承与发展两大倾向。

一、复兴与重塑

乡土文化的显性层面主要是指有形的乡土文化景观。乡土文化景观是一个由"人—自然—社会"多种因素复合而成的体系，人类通过实践活动建构了

[①] 张宗伟，高美. 现阶段中国"三农"题材纪录片创作观察[J]. 中国电视，2019（12）：83-87.

整个生活世界,生产空间、生活空间、生态空间是人类实践存在的基本形式,并构成了人类生活世界的总体面貌。①基于此,可以将乡土景观分为三大类型,即乡村生产景观、乡村生活景观和乡村生态景观。②乡土文化景观是现代乡土文化中的"硬件",是村落中客观存在的物质性载体。党的十九大以来的"三农"题材纪录片以村落不同的建筑格局及风格、生产方式及生产工具、聚落的分布形态、独特的生态环境为拍摄主体,反映了乡土文化景观的复兴,也在纪录拍摄过程中对其内涵进行了影像形态的重塑,展现出了现代化转型过程中的生产型文化景观、城乡融合过程中宜居适度的生活型文化景观以及人与自然和谐共生的生态型文化景观。这些纪录片通过呈现这些富有审美冲击力和文化感染力的乡土文化景观,描绘了现阶段的美丽乡村建设,也成为我国当代文艺创作的一道风景。

(一)现代化转型过程中的乡村生产型文化景观

生产劳动创造了中华文明过去的辉煌,孕育了深厚的农耕文明遗产,既是乡村社会延续的现实支撑,又是乡村得以振兴的基础,"甚至决定着乡村的未来走向"③。乡村文化生产景观是与经济和产业相关的景观类型,包含了耕地、园地、人工林地、水产养殖地等农业生产的场所,以及服务于农业生产的农业设施类的生产工具。与生产相关的乡土文化景观在这一时间段的"三农"题材纪录片中或多或少都有所呈现,其特点是兼具传统的原始性与现代的科技性,整体呈现出了一种转型过程中的变化。它既保有传统小农式的土地耕作、林业、畜牧业和传统手工业等生产方式,又展示出了农业向现代化转型过程中科技与产业助推下的新形象,两者共同构成了乡村文化振兴过程中的乡土生产型文化景观。

传统农业生产所需的生产要素仍然是这一阶段纪录片展示生产型文化景

---

① 刘燕. 论"三生空间"的逻辑结构、制衡机制和发展原则[J]. 湖北社会科学, 2016 (3): 5-9.
② 吴玉洁, 胡希军, 但新球. 复合系统视角下的乡村景观类型研究[J]. 中南林业科技大学学报(社会科学版), 2010 (2): 80-82, 128.
③ 欧阳宏生, 胡畔. 乡土历史与现实的传播使命——论当下乡土纪录片的认知传播作用与缺失[J]. 现代传播(中国传媒大学学报), 2016 (1): 110-113.

观的主体，充满意向化的以田野、锄头为代表性的生产型符号在此期的纪录片中频频出现。众多传统的生产工具及生产方式共同构成了传统中国的生产型文化景观。在生产工具的呈现上，如《记住乡愁》中用于狩猎的热河弓箭、宁德人的老式渔船以及其中呈现的各地区的具有民族特色的生产工具，《故乡的风景》中就地取材用竹子制作的农具，《寻味中国》中酿醋用的传统工具，《我的村子是国宝》中的木雕工具，《湘西》中兼具实用性与装饰性的打制银具、手工制作的水车等与生产生活密切相关的传统工具和传统机械，《承诺》中丹寨藏在山洞里的苗族造纸作坊，《了不起的村落》中回龙村传统的种竹造纸等，这些都是传统农村自产自足的缩影。在生产方式层面，如《山路弯弯》中山西阳泉开荒造林的梨树种植，《希望的田野：拉林河畔》中种植五常大米的水屯农田，《寻蜜人生》中辗转各地的蜜场，《脱贫大作战》中在卡乌种植的菊花花海，《了不起的村落》中高原上的传统猎场，以及青藏高原上延续至今的牦牛养殖，其表现内容涵盖了包含种植业、畜牧业、林业、渔业等多种农业生产方式。在本书研究的相关纪录片中，传统农业生产方式生产要素出现频次如表2-1所示。这些充满传统智慧的生产方式呈现，既展现了不同地区环境所孕育的独具特色的农业生产文化，又满足了受众对于乡村传统生产的好奇。

表2-1　纪录片中传统农业生产方式生产要素出现频次

生产要素分类	种植业	畜牧业	林业	渔业	副业
出现频次	77	55	40	39	59

注：以部为单位进行统计。

我国乡村生产现在正处在向现代化、智能化转型的关键节点，生产技术和生产设施也处在产业升级和技术升级的过程中，这些饱含科技与智慧的创新发展成果在这一时间段的纪录片创作中有所体现。如《土地 我们的故事》中传统渔村改造后现代化的渔船和港口。《种子种子》中展示了世界一流的国家作物种植库，运用了自动化、信息化、智能化的管理和调控系统，以确保其中的种子可以得到妥善的保存。在纪录片中呈现这类高新科技和现代化生产方式，可以更加直观地展现我国科技的进步及其发展成果。从育种到生产、加工的全产业链升级减少了农民的劳动成本,提高了生产的产量,进一步推动了当地乡村产业的发展,比如在《蔬菜改变生活》中呈现的山东寿光的现代化农业科技,诸如智能小机器人,集采摘、授粉、运输等多种作业用途的多功能作业机器人,高压雾化机,智能补光灯,物联网的应用,让受众感受到乡村振兴这一政策落实之下农业生产的现实变化。也有纪录片呈现了农业发展的新思路,如《端牢中国饭碗》中运用工业化思维解决农业问题的食用菌工厂、蛋奶生产工厂在思想和意识层面更进一步,高效安全地将食品送上餐桌。这些工业化的生产工具在帮助农业生产提高效率的同时,也助推了传统农民向新型职业农民的身份转换。在《致富经之90后小伙麦田称雄》中①,现代化的收割机仅用六天时间便可回收3万吨的订单任务,小麦回收率超过95%,现代科技与"订单农业"促成传统农业产销的良性循环。在《采棉时节》中,现代化的棉花处理系统极大地提高了棉花的采摘和加工效率。在《三变山变》中,高科技的运用使得传统的畜牧业和种植业实现智慧化养殖和生产。在《中国乡村变迁记》中,神奇的菌棒袋料栽培技术帮助乡亲们脱贫致富。这些集美观和实用于一体的新型生产工具及生产方式,通过"三农"题材纪录片的呈现,既让受众看到了农业生产工具的变迁,又让他们看到了脱贫攻坚及乡村振兴战略的实际成果。

这一时期的"三农"题材纪录片展现出了一些被时代淘汰或因各类问题而不再使用的乡村生产工具及设施,以及许多受到国家易地扶贫搬迁政策惠及而遗留的贫困村落原址,诸如《土地 我们的故事》中的西海固地区曾经的荒山,《2020我们的脱贫故事》中的赵家洼、天生塘、多卡村原址,展现了在条件允许情况下的原址复垦,种植经济作物,帮助村民增收等政策措施。纪录片中也有许多关于乡村废弃空间的重新规划,如《三变山变》中乡村的破旧茅厂房被改造为白酒厂房,利用废弃的空间帮助小酒村实现经济增长;《了不起的村落》中东壁村的垃圾山被改造为摄影圣地;《记住乡愁》中改造成功的养鸡烧鸡产业化运作的一体化工厂;《淘宝村》中将废弃厂房改装为摄影棚、商品

---

① 《致富经》是纪实类的电视专题节目,具有本书所讲的纪录片性质,可以看作纪录题材的内容。这里出现的标题,是《致富经》每集中提炼出的主题,而非纪录片的原名,此处及后文作了变通处理。

储藏室，借助电商平台带动村民致富。这些对传统乡村生产型空间的创新型改造和高效利用，集中体现了脱贫攻坚工作过程中灵活的思路与切实的成效。除了对于脱贫攻坚成果的展示，这一时期的纪录片并没有遮蔽乡村发展过程中所出现的现实问题，如《土地 我们的故事》中因台风影响，刚有起色的水产品养殖受到了毁灭性打击；《小岗纪事》中所呈现的因气候原因而无法收获的大面积结冰的稻田；《淘宝村》中因场地布置不当导致的火灾；《希望的田野：拉林湖畔》中在风雪中倒塌的豆腐渣工程；《乡间一年》中因大雨而无法采摘的大枣等。纪录片时刻提醒我们，农村生产设施的改造过程并非一帆风顺，展现出了转型期的乡村动态变化过程，在整体向好的大趋势下仍存在一些现实问题，引发受众深入思考。

（二）城乡融合宜居适度的乡村生活文化景观

生活文化景观是农业生产生活的空间载体，也是农耕文化发展传承的综合表现，包含村庄建筑、街道等与乡土生活息息相关的可视化的物质景观。①乡村建筑是以农村居民点为主体、为农民提供生活服务的建筑，是农民们进行日常生活和娱乐的主要空间。②在传统的乡土文化空间中出现了许多带有现代城市风格的建筑及物品，展现了生活型文化景观在城乡、区域以及民族融合发展过程中的新风貌，因此，"三农"题材纪录片对于这类景观的呈现主要表现为传统村落文化和现代都市文化两方面。

现阶段的"三农"题材纪录片重点关注传统乡村的生活场所，以及与村民生活、文化密切相关的器物用品。许多农民依旧生活在富有地方特色的传统建筑中，许多与生活息息相关的用品仍旧承载着乡村独有的文化特色及其历久弥新的生活智慧。如《了不起的村落》中黄山上的木梨硔村，用原木制作的独具特色而又功能多样的晒台，新疆喀纳斯禾木村用松木搭建的小木屋、图瓦人自酿的奶酒；《希望的田野：拉林湖畔》中家家户户的东北土炕、寄托希

---

① 侯翠阳，田乙慧，杨兴，等.景观农业在乡村规划建设中的分类及应用[J].农业展望，2022（4）：46-51.
② 施坚雅.中国农村的市场和社会结构[M].史建云，徐秀丽，译.北京：中国社会科学出版社，1998：75.

望的红绳;《春去冬来》中晋西北地区的传统民族乐器、老人们为自己准备的白布;《记住乡愁》中芙蓉镇土家族的吊脚楼、独具特色传统织锦"西兰卡普",旧州古镇亦民亦兵的屯堡建筑、依旧保留着的传统明朝服饰汉阳装,梅林镇用杉木和松木充当地基在沼泽地上建成的和贵楼;《故乡的风景》中南宁壮族的传统民居、当地特色的五色饭,浙江丽水祭牛开犁所用的饭团、在雨季依旧实用的蓑衣;《湘西》中苗族传统的四方土屋,靠山吃山用的背篓、麻绳,在嫁娶时使用的传统刺绣的花瑶嫁衣;《中国村落》中福建永定的侨福楼、海南黎族聚集区古老的船型屋、山西右玉的铁山堡、堪称"藏民文化活化石"的白色藏房、广西承载客家文化的四角楼、丹巴村寨的碉楼、河南陕州的天井院、河北沙河的用石头搭建的村落;《黄河人家》中赤牛坬村的窑洞群落;《云上的村落》中彝族冬暖夏凉的土掌房、摩梭人纯木搭建的木楞房,传统的傣族帕锦、瑶族刺绣、布依族的蜡染纸伞等,纪录片呈现了极具象征性的乡村生活景观,历经了代代传承,至今仍在中国乡村广袤的土地上发挥着重要的作用。

  纪录片呈现了乡村建设中逐渐社区化的乡村生活场景。在乡村振兴战略的大力推动下,时下中国农村发生了诸多新变化,物质的丰富为乡村带来了更高的生活品质和文化场所的需求,既保证了区域内村民的生产与生活方式协调发展,又为村民提供了良好的人居环境;既展示了传统民居的城市化改造,又有现代化的乡村楼房别墅和风格多样的公共基础设施。如《出山记》对于易地搬迁前后居住环境的房屋对比;《中国村落》中陈家铺海拔八百米的先锋书店;《希望的田野:拉林湖畔》中建成的乡村广场、满足群众日常需求的健身设施,以及其中的温泉度假村和商业街;《记住乡愁》中各地的历史文化街区及集生活与购物于一体的千年侗寨室内现代化的改造;《了不起的村落》中集生活和艺术于一体的新建徽派民居,东梓关新旧建筑设计间的协调有序,老达保排练歌曲的葫芦广场;《村庄十年》中环江县人们的山外新家;《2020我们的脱贫故事》中多卡村易地搬迁修建的富有民族特色的排列整齐的新房;《三变山变》中贵州秉持着融合发展理念建设的生态养生乡村社区;《在乡村》中改造的乡村小学、公共浴场,服务于旅游业独具特色的苗寨餐厅……纪录片呈现了美丽宜居的现代化乡村景观,有的进行了功能性改造和美化,但仍旧保持着传统的建筑风格和整体神韵；有的盖起了楼房，为村民提供了切实的便利。"三农"题材纪录片呈现的乡土生活景观整体呈现出文化交融的特点，在保留本地特色的基础上，极大地丰富了乡村居民的日常生活，注重美观及文化保护的同时，满足了其现实的生活需要，展现了美观而又宜居的新农村民居。

这期间的乡村虽然在地理上仍与城市存在距离，但是人们居住在乡村的生活习惯和生活用品受城市文化的影响发生了巨变，出现很多智能化的科技用品，为村民提供了便利。如在纪录片中多次出现的电脑、智能手机等电子设备，在《村晚》中，围绕这些媒介搭建的"唱吧"平台成为联系乡里乡亲的纽带，也为一年一度举办的"村晚"提供了现实基础，展现了现阶段的乡村文化风貌，其中也有很多个性化的城市景观在帮助塑造时代变化及人物形象时起到了积极的作用。在《希望的田野：拉林河畔》中，我们可以看到村民家中的扫地机器人、时髦的多肉植物；《在乡村》中，有语音控制的智能音箱、可以自制红豆冰糕的家用破壁机；《村里达人》中各式各样的魔术道具；在《湘西》中连通大山与外界的矮寨大桥成为村民出行的主要方式……纪录片中对于这些生活用品的呈现，为我们展示了中国乡村的开放性和进步性。伴随着交通的极大便利，传统村落开始与外部产生连接，在一次又一次的文化交流与碰撞过程中，村民生活发生了许多新变化，这些现代科技文明的产物在为村民提供便利的同时，也满足了个人对于生活品质的不同追求。

纪录片呈现的生活型文化景观展现了传统与现代生活环境和生活方式的有机融合，让我们看到了从"生产生活"到"生态乐活"的可持续发展思想，这既保留了地方独特的传统生活文化，又不断吸收现代文明的优秀经验，向着现代化的乡村建设目标迈进。

（三）人与自然和谐共生的乡村生态文化景观

乡村生态景观指的是在村民聚居地周围或其中的包含人与自然的生态体系，既包含原始的生态环境，又包含因人类改造而改变的人为景观。"三农"

题材纪录片在生态景观的表达上二者兼顾，都有所呈现。对这一时间段的 77 部"三农"题材纪录片进行分析后发现，共有 66 部纪录片将"乡村生态"这一话题作为其分集或整体的关键环节，占比达 85.7%，这表明纪录片创作者与乡村建设者对于乡村生态问题的高度关注。这些"三农"题材纪录片践行"绿水青山就是金山银山"的发展理念，对乡村自然环境及生态改造进行了整体的呈现。

这些纪录片呈现了孕育乡土文化的原生态自然景观以及生长、生活在此的不同生物，如《春去冬来》中牧民放牧的草原，被大雪笼罩的大山；《湘西》中山涧新生的娃娃鱼、林间的飞狐、水塘边的鹭鸟、山林里的猕猴，以及随天气变色的红石林、郁郁葱葱的竹林、山间的雨雾；《中国村落》中禾木村周边被大雪覆盖的茂密的森林、辽阔的平原、浩瀚的青岛湖、林芝的桃花林；《了不起的村落》中笔直挺拔的白桦林，此间生长的牛肝菌、野生的蓝莓，东海上的海鸥，吞陈村周边茂密的竹林；《黄河人家》中的花斑裸鲤、草原上的雄鹰；《记住乡愁》中物产富饶的长江、大鹿岛村的海洋渔场，以及其中出现的江豚、鲅鱼、乌龟、鳐鱼等水生生物；《云上的村落》中养育千家的曼丹湖泊、阿卡村的梨树林，其中也展现了黑颈鹤、野生中华蜜蜂等生活在云南的本土生物；《万物之生》中云南地区的动物、植物、微生物，灵动活泼的滇金丝猴，流石滩上盛开的塔黄、半荷包紫堇，生长在高山岩石上的玉龙缩叶藓……这些壮美独特的自然景观，同他们周边的乡村已经共生不知多少个年头，见证并聆听着一代代的乡村故事。纪录片对自然环境的纪录，描绘了与城市景观所不同的乡村生态空间，也提醒我们应该守护自然，保护好与我们共同生活在这片土地上的其他生命。

这些纪录片也呈现了人对乡村生态的影响，展现了人们发挥主观能动性积极改造自然的现实成果，以及尊重自然、保护自然的和谐画面。如《记住乡愁》中榆林地区建造的"绿色长城"；《瀚海绿洲》中为治沙防沙建造的"三北"防护林。当然，这一阶段的"三农"题材纪录片不乏人与自然和谐共生的典型案例，如《中国村落》中西藏索松村人工种植的桃花林，其面积和规模已经形成了生态保护区，锡伯族小镇的巨幅稻田画、莲花村的海上田园、婺源的油菜花海，都体现了生态与人文的协同发展；《在乡村》以贵州台江独特的瀑布景观为基础，对周边传统的苗族村寨进行生态改造，将其打造成了生态旅游区；《了不起的村落》中驯鹿村就地取材搭建的"猎民点"，富春江畔的渔民在可持续发展理念下规划禁渔与捕鱼期；《故乡的风景》中同人类共生的鸬鹚，耕牛以及开垦的梯田景观；《美丽乡村》中南浔古镇中学的蚕桑文化；《湘西》中同村民一起玩耍的野生猕猴……画面展示了乡村与周围自然环境间密切的联系，展现了人为力量也可以促进自然生态环境的改善。在纪实影像的建构下，这些独特的乡村生态景观和寄居在此的不同物种和谐相处，为我们描绘了人与自然的和谐画面，同样也提醒我们要尊重自然、敬畏自然。当然，这一时期的"三农"题材纪录片并没有一味地进行歌颂，其中也呈现了现实存在的生态发展问题。如在《希望的田野》和《记住乡愁》中对发展造成的环境污染问题进行了一定的表现，《2020我们的脱贫故事》中对各地原生的恶劣生态环境进行了着重的描绘，带给受众强烈的视觉冲击。纪录片对于生态问题的呈现，也在时刻提醒着我们保护生态环境和合理利用资源的重要性。

从这些纪录片中我们看到了人与自然的相互融合、和谐共生，看到了乡村振兴中绿色发展的理念深入人心，同时也关注到了自然生态环境在发展过程中所面临的问题。党的二十大报告进一步提出"建设宜居宜业和美乡村"，这体现了党对乡村建设规律的深刻把握，充分反映了广大农民对建设美丽家园、过上美好生活的渴盼。现阶段纪录片通过建构的乡土文化景观形象，展示了乡村建设的成果，呈现了其从生产、生活到生态的全面发展，反映了现阶段中国乡村的新面貌，同时也从有形的物质层面彰显了我国当代乡土文化的传统性和独特性。

二、传承与发展

党的十八大以来，习近平总书记多次强调要推动乡村文化振兴，加强农村思想道德建设和公共文化建设，以社会主义核心价值观为引领，深入挖掘优秀传统文化蕴含的思想观念、人文精神、道德规范，培育挖掘乡土文化人才，弘扬主旋律和社会正气。①此阶段的纪录片所呈现的乡土文化精神可以体现和折射出乡风文明建设的成果。乡村文化是一个动态性的概念，随着生产力和社会的发展变化，乡村文化的内涵也会发生很多变化。②纪录片中弘扬家风、民风、乡风等优秀传统，使"三风文化"不再是生硬的说教，而是融入乡村生产、生活和生态中人们知行合一的生动实践。③纪录片中乡土文化精神集中体现为守正创新的民俗文化、润物无声的家风文化以及反哺桑梓的乡贤文化。一方面，每一个文化系统都在保护和传承的基础上顺应时代发展，与时俱进；另一方面，各个文化系统之间又产生了相互勾连，纵横交织，共同构成了底蕴深厚而又具有时代意义的乡土文化精神。

（一）守正创新的民俗文化

民俗文化，即民间的风俗习惯，是一个国家、民族、地区中广大民众所创造、共享、传承的生活文化。④外来文化的冲击使传统的民俗文化陷入危机，而纪录片为其传播带来了新机遇。纪录片作品描绘了根植于乡村的丰富多彩的民俗风情，其中对优秀传统民俗文化的传承，既体现了对传统民俗的创造性转化与创新性发展，又通过取其精华、去其糟粕的实践，让传统民俗在当下焕发出勃勃生机，成为乡土文化精神的根基与村民文化涵养的源泉。

这些纪录片重点呈现了中国传统的民俗活动，其内容更是涵盖了生活习俗、民间艺术、节日祭祀等多个方面，如在《记住乡愁》中展示了吞达村延续千年的特殊习俗——每天打水时都要进行特殊的仪式，在水桶上系上哈达，随后对着天地祈祷，以表达对土地神和龙王的尊敬；在《了不起的村落》中，查济村村民延续着在中秋祭月、拜月祈求月神保佑的习俗；在《故乡的风景》中自愿为路人准备伏茶的岩头村村民，展现了淳朴的民间风情与虔诚的民间信

---

① 人民网. 以文化建设赋能乡村振兴[EB/OL].（2024-04-16）. http://theory.people.com.cn/n1/2024/0416/c40531-40216815.html.
② 罗志峰. 我国现代化进程中的乡村文化建设研究[D]. 北京：中共中央党校，2019.
③ 王红君，余晓钰.《记住乡愁》第八季：乡村振兴中弘扬家风民风乡风文化[J]. 中国广播电视学刊，2022（5）：50-52.
④ 钟敬文. 民俗学概论[M]. 北京：高等教育出版社，2010：3.

仰。这些传统习俗既是当地人的生活方式,又是以民俗形态留存的乡土文化,彰显各地不同的风俗信仰。传统的民间艺术在纪录片中亦多有呈现,如《云上的村落》中的布朗族富有民族特色的舞蹈、哈尼多声部民歌;《中国村落》中的弹琵琶唱侗歌;《美美乡村》中的木雕手艺;《土家打喜》中展现的传统花鼓舞、念歌喊话、唱打油诗,包含了多种艺术形式,充分展现了传统民俗文化的活力。在这些"三农"题材纪录片中呈现的节庆习俗承载着最多的风土人情,如《万物之生》中摩梭人的转山节,人们通过转佛塔、撒五谷、插竹子、挂经幡来回馈和感恩大自然;《美丽乡村》记录下了云南曼竜自然村的花倮人,他们举办的"荞菜节"以及节日上村民跳起的葫芦笙舞,展现了当地与众不同的民族文化;《了不起的村落》中措池人举办的赛马节、老达保人用载歌载舞的方式迎接丰收;《中国村落》中伏岭村将每年正月十五的"舞徊";《湘西》中侗族青年举办"月地瓦"来恋爱交友的社交活动;《故乡的风景》中展现的黔东南秋天禾晾的奇景,展示丰收的喜悦,以及舞草龙、游花灯、抬杠灯、开犁祭牛等传统的民俗庆祝活动;《社火中国年》中展示的全国各地的社火文化,山西的"背棍"、内蒙古的冬捕冰雪那达慕、广东的醒狮、浙江的舞龙等,这些由古至今传承下来的传统民俗活动展示了我国丰富多彩的民俗文化,通过这些"三农"题材纪录片的呈现,让这些古老而优秀的民俗文化得以更好地留存与传播。

除了对各具特色的传统民俗的呈现,"三农"题材纪录片也关注到了民俗文化的变化以及对传统民俗文化创造性的重现。如《了不起的村落》中的苗鼓最早用于战争中鼓舞士气,而今天苗族人则通过击鼓来欢庆新年的到来。一些传统的民间风俗也根据内容需要进行了创造性处理,用崭新的形式进行"情景再现",如山西老牛湾村凿冰捕鱼、洪洞大槐树移民传说的演出等。

当代中国农村地区文化民俗活动为"三农"题材纪录片提供了很好的影像素材。每年9月23日的"中国农民丰收节"是国家为农民群体设立的节日,如《中国乡村变迁记》中呈现了云南省丽江市华坪县欢庆农民丰收节的场景,也借此机会举办了富有本地特色华坪芒果节,节日期间农民和其劳动成果当之无愧地成了主角。《在乡村》中呈现了艺术家渠岩发起的"许村计划"，他以"艺术修复乡村"的理念改造乡村，创办了两年一届的许村艺术节，吸引了海内外艺术家的参与，使许村成为国际知名的艺术乡村。"村晚"是正月里的一出好戏，这一民俗文化仪式也在各地散发着独特的文化魅力，如《我要上村晚》中的西尚庄村、《村晚》中连续开办不久的山西连庄、《社火中国年》中有几十年传统的浙江丽水缙云县等。不同地区在春节以相似的主题上演着各色的文化活动，成为农民每年辞旧迎新必不可少的文化习俗。在纪录片对丰富的乡村民俗文化的呈现中，一个兼具传统特色与时代发展的乡土文化景观逐渐形成。

总之，纪录片对于民俗文化的挖掘做到了"剔除其封建性的糟粕，吸收其民主性的精华"[1]。它们不仅仅是对传统与现代民俗活动的纪录，更是对中国乡村生活的真实呈现和文化传承的重要纪录，受众可以从中感受到村民勤劳朴实、热情豁达的生活态度和传统文化的深厚内涵。同时，这些纪录片也在一定程度上推动了乡村文化的振兴与发展，吸引了更多人关注乡村文化，促进了文化遗产保护和传承工作的深入开展，通过夯实农村社会的文脉基础，充分发挥民俗文化的积极作用，有效增强了乡村文化自信，推动乡风文明建设迈出新步伐。

（二）润物无声的家风文化

费孝通先生提出："乡村中的基本社会群体就是家，一个扩大的家庭。"[2]此处点明了家在中国乡村社会中的重要地位。"家庭是一切社会形式所凭依的最基本的建筑单元。家庭体系给文化和文明的滋长提供了坚实的基台。"[3]如果说家庭是乡村社会的基础单元，那么家风就是乡土文化在家庭内部的具体体现，家风文化是乡土文化的精髓。

通过对此期间的"三农"题材纪录片进行整体分析后发现，它们并不局限于以儒家文化为核心的传统家风，而是随时代发展融合了社会主义核心

---

[1] 毛泽东. 毛泽东选集：第二卷[M]. 北京：人民出版社，1991：707.
[2] 费孝通. 江村经济[M]. 北京：北京大学出版社，2012：29.
[3] T. 菲利普斯. 以我们的错误为戒：希望建立以家庭为中心的现代文化[J]. 国外社会科学，2000(2)：57-62.

价值观的现阶段家风。现阶段家风不是对传统家风的否定,而是在继承优良传统家风的基础上,立足现阶段背景和发展要求对传统家风进行的与时俱进的继承,即现阶段家风是优良传统家风在新的时代背景下的衍生与丰富。①区别于政治宣传时期对乡土文化批判性的影像呈现,当时将愚昧落后的乡土文化与先进的革命文化形成明显的对比,现阶段"三农"题材纪录片挖掘了乡土文化的积极层面,并将其与革命文化进行有机融合,实现了建设性的呈现。

传统家风观念通常是家庭(家族)内部经过长期的沉淀而形成的,一般是家庭(家族)中的长辈定下的规矩,也有后人对前人精神层面的继承和弘扬,通常以家训、家规为表现形式,在不同的地区和家庭中其主旨也会存在差别。根据这些纪录片中呈现的内容,可以将优秀传统家风归纳为家族观念、礼制秩序、道德规范三个方面。

首先,"三农"题材纪录片中呈现了敬祖先、亲兄弟、重传承的家族观念。如《记住乡愁》中展现了各地的家族文化,比如张谷英村的张氏家族、梅州的钟氏族谱、培田吴氏家规等,虽然地域不同,但其中的族谱族规都强调要敬重祖先,团结族人,培田吴氏家族更是在传承和发展过程中推行"善行可风",认为每一个家庭的家风好了,整个社会风气将会向好发展,这体现了传统思想中以家风建设带动乡风文明的理念。如《中国村落》中展现了南浔小莲庄的刘氏祖训、西递宏村胡氏家规的代代传承;时至今日杭州骆家庄仍旧保留着端午节划龙舟后举办端午家宴的传统,用以维系家族感情,增进彼此间的了解;山西祁县的乔家大院每年举办的聚会同样是重要的家族仪式;陕西韩城党家村的惜字炉随处可见,体现了祖先对于文字的尊重,后人也在这些惜字炉的见证下,践行着对祖先和对文化的尊重。其次,纪录片展示了传统家风中尊师重教、长幼有序、恪守规矩的传统礼制秩序的延续。如《在乡村》中磴子坝小学对教师的推崇及尊重。《记住乡愁》中,桃源村的宗祠文化依然教导族人恪守长幼有序的礼仪,村中周氏祠堂的宗谱上记录着一代代的周氏先祖,

---

① 李佳娟. 现阶段家风构建研究[D]. 苏州:苏州大学,2020.

村民们会定期来缅怀祖先并沉淀自我。日常遇到邻里纠纷及村中发生大事时，村民会咨询村中推举的"老娘舅"，这些德高望重的村民代表往往会给出公平睿智的解决方案。此外，《记住乡愁》中展示的"以和为贵""忠廉节孝"的传统儒家学派的礼制，其中的"国权不下县，县下唯宗族，宗族皆自治，自治靠伦理"，还颇具道家无为而治的思想。《中国村落》中展现了侗族长老讲解"侗款"的习俗，这种流传千年的治理方式依旧在发挥着调解现实纠纷的积极作用。《了不起的村落》中，由村里的"东巴"传承文字，为每家每户做婚丧嫁娶、驱除霉运等仪式。最后，展现了传统家风中诸如忠义、和善、诚信等基本道德规范。《记住乡愁》中呈现了哈南村"忠勇传家"的祖训，如今依旧被哈南人铭记并代代相传；荻港的先祖认为善良的品性是修身立命之本，在族谱中当地人把"齐心向善"作为家风代代传承；四合村百年老药铺的传人方联海身体力行，将诚信的家训传承给了后代；"忠勇报国"的崇武镇、"义字当先"的李庄镇、"孝传一方"的八陡镇、"重信守诺"的赊店镇等村落的呈现，展现了一个又一个以优良家风助力淳朴民风，合力铸就文明乡风的典型案例。这些优秀的传统家风文化，也在不知不觉中影响着后世子孙，成为当地乃至中华民族的行为规范与道德素养。通过这些纪录片的影像表达，中国传统的优秀家风文化得到了充分展现。

诞生于革命时期的乡村红色文化为现阶段家风注入了新的活力，习近平总书记指出："在培育良好家风方面，老一辈革命家为我们作出了榜样。"[1]中国红色文化也根植于乡村，也是现阶段家风文化的重要来源。爱党爱国、无私奉献、廉洁自律、艰苦奋斗等红色家风对于现阶段的家风建构起到了支撑作用[2]，"三农"题材纪录片对此进行了积极的呈现。

"三农"题材纪录片呈现了不同时代爱党爱国的家国情怀，如《记住乡愁》中梓州三台县档案馆保存了许多抗日战争时期川籍抗战将士的家书，一封封书信中，字句不忘为国兴邦，虽然大部分已无人认领，但其保存下来的为民族

---

[1] 人民日报. 习近平：在第十八届中央纪律检查委员会第六次全体会议上的讲话[EB/OL]. (2016-05-03). https://www.ccdi.gov.cn/special/lxyz/dsj_lxyz/201605/t20160510_78757.html.
[2] 李佳娟. 现阶段家风构建研究[D]. 苏州：苏州大学，2020.

为国家慷慨赴死的精神却被后人永远铭记，其精神也将被不断传承。抗美援朝战争中，爷爷王合良为感谢党分土地给他家，虚报年龄加入了中国人民志愿军，同战友薛志高战斗到力竭，孙女王子璇用漫画的方式继续讲述着爷爷日记里的故事，用自己的力量让更多的人知道这些故事，了解这些革命先烈牺牲的意义。无私奉献、坚持革命的态度，影响的不只是自己与家人，更为一代又一代的共产党人树立了榜样。在《土地 我们的故事》中讲述了革命时期白鹿原地区田伯荫一家的故事。受李大钊同志的影响，田伯荫回到陕西蓝田县孟村镇，播下了黄土高原上革命的种子。从白鹿原地区的"勉学会"成立，到巩村小学的建立，再到中共蓝田县特别支部的成立，白鹿原上涌现了无数革命英雄人才。在那个年代，田伯荫虽为人父，却不得不"舍小家为大家"。由于他对家庭的忽视，大女儿田青兰一开始对他有怨怼，但最终也深刻地理解了父亲的信念，与父亲冰释前嫌。田伯荫与他那一辈人一生坚持不懈的追求，成为革命历史洪流中的星星之火，点燃了这片古老土地上人民的革命热情，也为延安成为革命圣地奠定了深厚的基础。再如《记住乡愁》中1934年长汀17名钟家的年轻人在宗祠约定，谁活着回来，就要为其他人的父母尽孝，最后只有钟根基一个人活了下来，于是他省吃俭用，用自己的钱接济那些牺牲了的兄弟家庭。一句话，一辈子，钟根基用毕生的行动实现了当年的誓言，以自己为表率，影响着一个个后辈。此外，《记住乡愁》中还纪录了陕北大地军垦屯田，陕北的老百姓积极响应，拿出自己吃的粮食支援抗日战士的故事。老百姓们在抗日战争最艰苦的时间，开展了轰轰烈烈的大生产运动，创造了前所未有的奇迹，把荒草丛生的南泥湾建成了"陕北好江南"，留下了《南泥湾》这首动人的歌曲。他们团结一致、艰苦奋斗的革命精神，也深刻影响着一代又一代的南泥湾人。

  纪录片对家风文化的深入挖掘和思考，为我们呈现出了乡土文化的基本构成单元，为更加立体的乡土文化精神呈现提供了支撑。通过这些纪录片的呈现，我们发现，纪录片创作者在立足现阶段背景继承传统优良家风的基础上，开始尝试以社会主义核心价值观为引领，以纪实影像为媒介构建符合时代发展要求和人民群众需求的家风文化。

（三）反哺桑梓的乡贤文化

中国乡土文化是以血缘关系、乡土伦理为纽带，以士绅乡贤和广大农民为主体创造出来的文明。①乡贤文化根植于传统的乡土文化，曾经一直在我国传统文化中占据着重要的地位，是乡村思想道德建设的现实观照，起到榜样作用。②现阶段以来，党中央不断强调"新乡贤文化"的重要作用，用乡愁乡情汇聚各方贤能建设家乡。新乡贤文化是"对传统乡贤文化的批判性继承、创造性转化与创新性发展。它既汲取传统乡贤文化中的价值精华，又践行和融入社会主义核心价值观"③。

新乡贤成为现阶段弘扬乡贤文化、建设社会主义新农村、实现乡村振兴战略的主要群体之一，他们同样也是纪录片重点呈现的对象。通过对77部"三农"题材纪录片中的乡贤进行统计分析发现，其中把"乡贤"作为其分集或整体表现的关键环节的占比达96%，仅有少数独立纪录片创作者所创作的作品中没有对这一群体进行纪录。"三农"题材纪录片在表现乡贤文化时，大多将这个群体分为传统乡贤和新乡贤两种类型。

传统乡贤在历史上一直扮演着非常重要的角色。他们通常是地方的知识分子、商人、官僚等群体的代表，拥有丰富的地方经验和社会资源。在传统的乡村社会，由于国家中央集权制度的存在，地方官员通常难以全面了解和解决地方问题，而传统乡贤的出现填补了这一缺失，他们可以作为国家与地方之间的桥梁、沟通地方民众与中央政府之间的纽带，还能维护乡村社会秩序和稳定。在古代中国社会，由于缺乏现代法治制度的保障，社会秩序和稳定往往是通过传统文化和社会习惯来维护的。士绅通常作为地方社会的道德领袖和监管者，具有较高的社会地位和声望，在传统的乡村治理体系中发挥着调节矛盾、制定和解释规则等作用。随着社会不断发展，传统乡贤的地位和作用已经发生了变化，但他们在中国历史上曾经的地位和影响仍然不容忽视。如《记住乡愁》系列中充分挖掘了古村落中的

---

① 梁漱溟. 乡村建设理论[M]. 上海：上海人民出版社，2006：578-580.
② 刘奇葆. 创新发展乡贤文化[J]. 人民文摘，2014（10）：24.
③ 黄海. 用新乡贤文化推动乡村治理现代化[N]. 人民日报，2015-9-30（7）.

传统乡贤，其中不乏一些先进的思想，如开义仓、兴义学的人，古田镇的廖抚、瑞金的杨以任、南浔镇的刘镛等，他们不仅救济和开化村民，而且帮助维护社会的稳定。传统乡贤是传统乡土文化中秩序的守护者，在传统乡村社会曾经发挥过举足轻重的作用。

新乡贤既是社会主义核心价值观引领下个体层面的优秀实践者，又是现实中践行社会主义核心价值观群体层面的典型榜样。个人和社会群体的所有精神活动及其成果，是以意识、观念、心理、理论等形态而存在的文化。①新乡贤在定义上更加包容，囊括了积极建设乡村的大多数人。"三农"题材纪录片通过挖掘新乡贤群体的真实经历，呈现了现阶段的乡贤文化，具体表现在家国精神、社会情怀以及精神品质三个方面，既展现了回馈桑梓的返乡者，又展现了投身乡村振兴的现阶段建设者。

在家国精神的呈现上，这些纪录片重点呈现了毅然投身扶贫工作，参与乡村建设的乡村干部形象。如《不负青春不负村》中有毕业于顶尖学府，毅然决定投身乡村建设，实现人生价值的热血青年；《了不起的村落》中有带领乡亲们建设家乡的大学生村官；《扶贫村里的年轻人》中有协调修路、谋求产业转型的"90后"女支书；《2020 我们的脱贫故事》中有帮助村民真脱贫、不返贫的援藏干部、各地区乡村干部和扶贫工作队；《我的扶贫年》中有致力于全村脱贫的天平村的第一书记；《山路弯弯》中虎峪村的扶贫干部谈永刚，积极促成产业扶贫，以梨树养殖带动村民致富。类似的例子还有很多，"三农"题材纪录片通过对乡村干部工作详细的刻画，展现了他们的家国情怀和奉献精神，为纪录片中传统的乡贤文化赋予了较高的时代价值。

纪录片展示了拥有社会情怀，为乡村教育、文化、经济建设等献力献策，各行各业的优秀乡村人才。如《了不起的村落》中，设计师孟凡浩结合当地的风土人情为搬迁村庄设计"新杭派民居"，在美化村庄的同时也促进了经济的发展；《湘西》中三位"90后"以不同的职业和身份助力乡村文化发展；《太

---

① 衣俊卿. 文化哲学十五讲[M]. 北京：北京大学出版社，2004：56.

行·王屋》中的艺术设计师回到家乡,并在老家废弃的旧址上建设了"花木间"农家小院,带动家乡经济的发展;《田野上的大学》中老中青三代扎根农村,科学报国,改土治碱,探索现代农业发展之路;《蔬菜改变生活》中扎根大棚研究蔬菜种植的专业技术人员;《乡村振兴看中国》中建设美丽乡村的基层党员形象;《在乡村》中建设乡村小学关注儿童教育的乡村教师;《中国村落》中带领学生文化寻根的知名作家冯骥才;《了不起的村落》中从城市来到乡村,每日枯燥地烧青瓷,只为传承传统文化的青年人。纪录片呈现了来自城市的新鲜血液为乡村发展贡献自己的力量,他们带来了先进的知识与建设理念,以自己的专业技能,为现阶段的乡村建设发挥了积极的作用。

纪录片还展示了新乡贤文化中突出的个人精神品质,如《希望的田野:拉林河畔》中的主人公陈洪刚,多年在外打拼的经历让他深知团结和诚信的重要性,在返回家乡后,他帮助村民们建立各自的淘宝商户,将五常大米的品牌打得更响、传得更开。他以自己为榜样,教会村民诚信经营,让当地村民的生意越来越红火。还有《我的村子是国宝》中木雕匠人的精益求精;《记住乡愁》中得胜村村民种植"金豆豆"致富所表现的奋斗精神;骆驼湾村的支书退位让贤的大公无私;芳峪村老支书以"三顾茅庐"体现了对人才的重视;《瀚海绿洲》中的郭新军及当地牧民们不屈不挠,科学造林,最终创造了治沙奇迹;《村庄十年》中农学专业毕业的刘莉回到家乡开办家庭农场,排除万难,坚持主粮种植,最终实现了规模化、机械化和智慧化运营。

传统乡贤和新乡贤都在一定程度上推动了乡土文化的传承与发展,对于乡土文化精神的形成有着举足轻重的作用。在历史发展进程中,乡贤文化曾经带动传统中国乡土文化的繁荣和发展,新乡贤文化也在帮助我们团结一致、锐意进取。现阶段的纪录片对于乡贤文化的呈现和弘扬具有积极的作用。正是乡土文化传统中耕读济世的思想孕育出了重情重义的乡贤文化,这些秉持着回馈桑梓的新乡贤群体以自己力所能及的方式"反哺"乡村,其中呈现的乡贤文化在继承传统优秀乡贤文化的基础上,也通过纪录片的传播涵养着现阶段的乡风文明。

梁漱溟曾说过："至于创造新文化，那便是乡村建设的真意义所在。所谓乡村建设，就是要从中国旧文化里转变出一个新文化来。"①如何让传统文化与现代文化更好地对接，是乡村文化振兴中的现实问题，因为乡村的传统文化更加完整，更具典型性，也最为厚重。纪录片对乡土文化的挖掘从有形的乡土文化景观展示到无形的乡土文化精神呈现，既满足了对传承优秀乡土文化的需求，又反映了国家战略助推下我国乡村经济、社会、政治、生态等多方面的发展成就。

第三节　纪录片中乡土文化呈现的维度

习近平总书记在《习近平新时代中国特色社会主义思想学习纲要》中强调，要想推动社会主义文化建设，必须把握好时代性的维度，并详细指出"文化是引领一个民族前行的旗帜。文化兴国运兴，文化强民族强。在人类发展的每一个重大历史关头，文化都能成为时代变迁、社会变革的先导"②。个体的认知和情感之间存在着密切的关系，情感的变化会影响个体的认知过程，进而影响其行为和态度。情感同样是认知过程的结果，受众在对纪录片中的乡土文化产生具体认知后，更方便其观影时代入情感，情感越强烈就越会加深对影像作品内容的理解，以及对其中所蕴含文化内涵的认同。"三农"题材纪录片对乡土文化的呈现不仅仅是满足受众浅层次的认知需要，更是增进受众情感代入，促使其对乡土文化产生更深层次认同感的转化。

本节主要从符号的运用、叙事的构建及视听修辞三个维度分析"三农"题材纪录片中的乡土文化呈现。研究发现，现阶段"三农"题材纪录片在呈现乡土文化过程中通过符号来激活受众的认知记忆，利用叙事来凝聚乡土文化的情感认同，用丰富的影视修辞来强化其中的价值传递。

---

① 梁漱溟. 乡村建设大意[A]//梁漱溟全集（第1卷）. 济南：山东人民出版社，1992：611.
② 中共中央宣传部. 习近平新时代中国特色社会主义思想学习纲要[M]. 北京：学习出版社，人民出版社，2019：139.

一、符号运用激活认知记忆

文化是依赖象征体系和个人的记忆而维持着的社会共同经验。[①]乡村的符号意象是在人们脑海中的"共同的心理图像",这种图像来源于乡村的历史发展。纪录片中的符号意象是乡土文化的抽象缩影,由乡村中的地方性景观、器物用品等表现出来。在符号互动论中,人们之间的互动是以符号为媒介而进行间接沟通。米德指出,符号是指人们共同定义具有某种意义的事物,例如表情、动作、文字、某种物品甚至是某一地点和场景。正是文化符号的使用,使抽象的"乡土文化"概念可以被"三农"题材纪录片的受众认知理解,进而建构文化认同。

在激活认知记忆这一功能上,符号的作用不可或缺。乡土文化的认知记忆包含表层认知和本质认知两个层次,前一层次需要受众了解文化中一些具象的内容,如乡村所具有的特色建筑、生产工具、与众不同的生活用品,乃至风俗传说、传统节日的仪式内容。通过这种表层认知才能推进其对于文化本质的理解,转化为自身认知记忆的一部分。纪录片对于文化符号的呈现可以助推这一过程的形成,将记忆与文化二者进行连接。文化表示的是从历史上留下来的存在于符号中的意义模式,是以符号形式表达的前后相袭的概念系统,借此人们交流、保存和发展对生命的知识和态度。[②]"三农"题材纪录片正是通过呈现的与之相关的文化符号激活了受众对乡土文化概念的认知记忆的。

(一)景观符号塑造空间记忆

城市中的景观既是城市文化形象的重要组成部分,又是城市文化形象得以展现的重要载体和媒介,可以让人们观看、体验、感知和产生联想,并对该城市的发展历史、文化脉络和文化价值等形成意识性判断,从而在人们的大脑中形成对该城市某种相对固化的认知。[③]"三农"题材纪录片中的景观符号

[①] 费孝通.乡土中国·生育制度[M].上海:上海人民出版社,2006:19.
[②] 克利福德·格尔兹.文化的解释[M].韩莉,译.南京:译林出版社,2014:109.
[③] 吴彪.城市文化形象塑造中的景观符号优化设计[J].文艺研究,2012(9):148.

同样起到非常重要的作用。与纯文字符号描述不同，纪录片受众可以直观地感受到某个地方的环境、建筑及器物，它们作为一种特定的景观符号，传达独特的标记意义。景观符号在乡村纪录片中构建起了一个乡野空间，通过聚合生态环境、生活器物、特色建筑等视觉符号，赋予其更多的内涵和指代情感，进而建构"三农"题材纪录片受众认知中的空间记忆。这些景观符号可能是自然景观，也可能是人工形成的景观，它们存在于乡村场域之中，代表着更广泛的地理空间和乡村历史文化，如《太行·王屋》中故事的背景太行山脉上的王屋山、《记住乡愁》第七季中的老宅旧院，这些纪录片中的景观符号的共同特点是它们都是被建构的乡土空间，但这种乡土空间的建构不仅在画面的呈现上具有直观的表现作用，而且能唤起受众对于乡土空间的记忆与线下行为的空间意识，强化标志物的"可意象性"。

在纪录片的意义表达中，景观符号不仅作为一种背景存在，而且有着特殊的意义表达。自然环境和传统环境下村民的生存状况是区分不同乡土空间的显性符号。我们在纪录片中可以看到，不同的地理环境下的人们的生活方式呈现出明显的差异。我国乡村的视觉形象主要是依靠土地构建起来的，浩渺的黄土、苍茫的高原、奔腾的黄河，抑或恬静的乡村、叠翠的群山、潺潺的小河。①土地这一符号是反映我国农耕文化的代表，也是我们赖以生存的根基，"在乡下，'土'是他们的命根"。②仅土地这一种景观，"三农"题材纪录片就有许多种不同的呈现方式：如《村庄十年》中层层分布的梯田，《端牢中国饭碗》中展示的我国东北肥沃富饶的黑土地，《记住乡愁》中经"绿色革命"改造成功的陕北高原上的绿地，《瀚海绿洲》中只能进行松茸种植的沙土，《2020我们的脱贫故事》中毫无生机的、贫瘠的土地等，都是富有当地特色的土地形态。纪录片通过直观的景观呈现为受众建构了不同的生存空间，展示了不同的生活环境。

除了土地这一乡土文化的代表性景观，纪录片还突出表现了海洋、沙漠等独特的乡村风貌，如《了不起的村落》第二集《与海共生的神秘小岛》中，呈

---

① 刘娜，李云. 中国"三农"题材电视剧的影像空间与社会现实[J]. 新闻与传播评论, 2019 (9): 99.
② 费孝通. 乡土中国[M]. 上海：上海人民出版社, 2006: 4.

现了兰屿岛上居民的日常生活，开篇对自然环境的全景描写，将兰屿岛与海洋、石头屋、五颜六色的木舟等符号相连接，鲜明呈现了海洋型的乡土文化，为受众在认知层面了解这一地区独特的环境定下了基调，随后展示其独特的穴居方式和靠海吃海的风俗习惯。纪录片呈现了一个同大海密切相关的兰屿村，可以说在兰屿人的生活中，大海无处不在，它成为这个乡村的一种特有的景观符号，也是兰屿人生活的重要来源。这些富有特色的景观符号作为乡土文化所承载的地域象征，极具代表性，同样也传达了重要的文化信息，让纪录片中的乡土文化有了"根"。除了宏观的自然环境，具象化的自然景观在为受众建构认知记忆的形象时也起到了重要作用。

除了宏观的背景符号，以物象为代表的环境符号也在帮助受众建构乡土文化的记忆空间，如在《记住乡愁》中，树木既是乡土文化的空间背景，又是承载乡土文化的记忆符号。古堰画乡中由先人种下古樟树，用其特有的味道，带给古堰人夏日的凉爽。前人栽树，后人乘凉；前人栽树，后人守护。其承载村落悠久历史的同时也展示了前人重视生态建设的智慧。古树茂密参天，根系深深地植入江岸，成为历史的见证。这棵古樟树从背景符号上升到地方的标志符号，以乡土文化记忆的形式留存在当地人的心中，在某种程度上甚至成为古堰这一地区的符号化形象。乡土文化与树木这一符号高度关联，几乎所有乡土空间都会有树木的存在，它可以是《了不起的村落》的永泰龟城历经沧桑的枯木，也可以是《湘西》中具有地方特色的竹林，抑或是《山路弯弯》中帮助村民致富的梨树。通过这类自然景观符号的反复运用，自然景观符号也成为各地乡土文化的代表。

除了借用自然符号，人造符号也是纪录片建构乡土文化认知空间的重要工具。乡村特色建筑在其中扮演着重要的地位，作为一种固化的历史艺术，同时也是乡土文化记忆在时间上的载体。在传统的认知当中，乡村就是破旧的茅屋、泥泞的道路，而纪录片中乡土空间符号化的呈现可以有效地打破观众对传统乡村的刻板印象，建构干净整洁、富有艺术气息的现阶段乡村形象。比如《中国村落》中所展示的安徽宏村"白墙青瓦马头墙"的传统徽派建筑，是徽州文化具象化的代表。"提及徽派建筑，必提徽州"，通过纪录片对记忆的激活,宏村也成为人们心中对于徽派建筑这一人造景观下意识的空间映射。

宗祠、佛堂、书院、祭坛、庙宇等涉及民俗文化功能的建筑,虽然不直接参与乡村的生产生活,但其蕴含的文化因素自然地融入村民的生活之中,在纪录片中有着独特的含义。在古代中国推崇"士农工商"的背景下,"庙堂"象征着入仕,是至高无上的存在,其中蕴含着"万般皆下品,惟有读书高""学而优则仕"等理念。庙堂、宗祠等功能性文化建筑也是"三农"题材纪录片所着重表现的符号。祠堂最初的功能是祭祀祖先,随着时代的发展,祠堂承担了更多的社会功能,宗族中婚丧嫁娶、村里的重要事件都离不开祠堂这个空间,也正是因为其家族祭祀的功能,让族长和祠堂本身也有了一丝难以名状的威严。如《家在顺德》中右滩黄氏家族宗祠承载着其厚重的宗族文化,也是维系每一个黄氏子孙的重要纽带。《记住乡愁》第三季中的佛山西樵镇的三湖书院是岭南一带学术中心的象征,也是人才和名人的摇篮,从这里走出的康有为领导了戊戌变法,这里也为后世培养了许多同样具有进步思想的实业家与思想家,为地方乃至全国输送了众多人才,这里的建筑同样也有具很高的艺术研究价值。《记住乡愁》第四季中出现的沙溪村陈氏祠堂,其最高点装饰的"白凤朝牡丹",正是当地嵌瓷工艺的代表,也传达出"载家声于久远,续善脉以传世"的美好愿景。广东省松口镇家乡的象征元魁塔,屹立在碧水悠悠的梅江之上,见证了千百年来游子的离去和归来。元魁塔虽默默无言,但蕴含着深深的情感,成为客家游子心中浓浓的乡愁。在山东省济南市泉城老街,村民们依泉而居,泉水喷涌不息,清洌甘甜的味道也成为他们怀念家乡的情感符号。再如《记住乡愁》第五季中出现的西安三学街历史文化街区,象征了中国文化的传承与发展,横渠四句"为天地立心,为生民立命,为往圣继绝学,为万世开太平"[①]一直激励着一代又一代的学子,成为老街文化灵魂的体现,也是中国文人精神境界的追求,承载着中国人千年难忘的乡愁。通过具体的建筑物象符号呈现,乡土文化在纪录片中化为具体的意象,彰显出创作者回望过去、

---

① "横渠四句"出自北宋儒学家张载(1020—1070年)所著《横渠语录》,即"为天地立心,为生民立命,为往圣继绝学,为万世开太平",著名哲学家冯友兰将其称作"横渠四句",其言简意宏,传诵不绝,成为历代中国知识分子的理想追求。"横渠"是指张载的家乡,今陕西眉县横渠镇。

回归故土的初心。

如果说传统建筑景观建构古村落的空间记忆，那么现阶段"三农"题材纪录片中所展现的经过改造的功能性景观，则构建出现阶段的美丽乡村画卷。如《美美乡村》中展示了被湖头村村民葛招龙修复的宁海古戏台"人生戏台"，《乡间一年》里贵州南部的占里侗寨新修的鼓楼，这些都是当下乡村文化娱乐活动的重要场所，展示了美丽乡村的新风貌。

"器以藏礼"，器物无疑是乡土文化具象化的重要景观载体，是一种浓缩的文化象征。这些器物符号承载传统文化，也发挥着寄托集体记忆的重要功能，将受众带向其所承载的时空。如《记住乡愁》中介绍了青木川镇古老的"傩祭"仪式，在仪式展演期间，当地的"释比"（羌族中最权威的文化人和知识集成者）会敲响手中的羊皮鼓，为族人祈求平安、驱除灾病。"释比"在敲打羊皮鼓的过程中，也是在提醒自己应该公平地对待每一个病人。羊皮鼓无疑是羌人所倡导的"公心平等"符号化的象征，诸如此类的器物和故事还有很多，它们可以是《乡间一年》延祥村的傀儡戏，可以是《了不起的村落》中西安的陶碗，亦可以是在纪录片镜头中反复出现的锄头、木犁、箩筐……有的仍在使用，有的已经成为文化记忆。"文化记忆由已转化为文本的美学和语义经验构成"①，这些意象无疑都指向了乡土文化这个共同体。传承和保护这些器物的博物馆、乡村文化纪念馆，可以将地区独有的乡土文化进行记忆上的封存。如《我的村是国宝》中的山西丁村博物馆，在助力乡村旅游的同时，以馆藏这一形式把文化记忆留存。《记住乡愁》中半月里村的第一批国家级传统村落所搭建的畲寨博物馆，其中的展陈物品全部是村里的乡亲在新家园建设过程中拆迁下来的老器物用品，在这里能看到畲族传统的龙头族杖、畲族花斗笠，甚至这座博物馆本身就是在传统的畲寨基础上进行的改造，在这里仍可以切身感受传统畲族居住的记忆空间，追寻乡土文化的过往。

通过标志性的影像符号所建构的记忆空间并非客观的外在表现，是通过镜头语言将意象本身进行解释后的意动话语。纪录片通过呈现视觉符码，将

---

① 阿斯特莉特·埃尔. 文化记忆理论读本[M]. 余传玲, 译. 北京：北京大学出版社, 2012: 270.

其中所蕴含的历史背景、文化传统同受众自身的情感相连接，进而构建了一个以记忆为核心的乡土文化空间，促使符号信息的接受者按照符号信息制定者的意图进行认知层面的接收，表现在"三农"题材纪录片呈现乡土文化的过程中就是通过建构符号的共同含义来规整不同受众对于乡土文化的想象，并且通过对于文化内涵和符号意象的不断丰富，激活受众隐藏的乡土文化认知记忆，配合纪实影像中的动人故事，建构起对于乡土文化情感层面的认同。

（二）仪式符号塑造集体记忆

仪式属于文化记忆的范畴，是因为它展示的是对一个文化意义的传承和现时化形式。①记忆理论认为，社会集体记忆是通过个体记忆汇集而成的，因此仪式符号能够通过塑造个体记忆进而推动集体记忆的生成。乡村承载的乡土文化，不仅仅是一个地理空间上的文化概念，更孕育了中华民族这一整体的集体文化记忆，承载着中华文明演变的"根"。

仪式是一个有组织、有意义的符号象征体系，其中的象征符号是保留仪式行为独特属性和仪式语境独特结构的基本单元。仪式在传播过程中是一种重要的文化符号现象，往往在特定的情境下被反复使用，并被赋予特殊的象征意义，成为举足轻重的文化土壤。纪录片所呈现的仪式承载着包括民俗文化和宗族文化在内的大部分民俗活动，包含祭祀祖先或神灵、巫术活动、节日庆典等仪式行为，是在世俗空间场域中以仪式性的行为方式来实现群体心理自发性信仰活动的过程。仪式具有丰富的象征含义，以时间为维度考量，仪式承载着历史与其所包含的文化；以空间为维度考量，仪式则代表着民族自身所追求的特定价值及文化体系。通过对仪式符号的再现，可以唤起受众个体对历史及乡土文化价值的记忆。纪录片在呈现仪式符号的过程中帮助个体构建记忆，也塑造整体的文化记忆，在一次次的再现过程中，乡土文化的集体记忆变得愈发清晰。

吉尔·德勒兹（Gilles Louis René Deleuze）认为，景深镜头更多的是一种记忆、时间化的功能，不是一种现实功能，不是确切的回忆，而是"一种对回

---

① 扬·阿斯曼. 文化记忆：早期高级文化中的文字、回忆和政治身份[M]. 金寿福, 黄晓晨, 译. 北京：北京大学出版社, 2015：12.

忆的邀请……"①一个镜头间的不可定位的关系整体，它构成过去时区或者时段连续体。"三农"题材纪录片呈现了影像化的记忆文本，并通过镜头的组接与其中符号的呈现来实现记忆的构建，受众会基于自身的主观感受来选择性地识别和接受影像内容。个体记忆的获得取决于纪录片所表达的画面内容，当这种过程存在断裂的时候，受众受到画面内容的刺激会产生一种符合自身认知的形象和影像与之对应，以完成从记忆文本到受众认同的循环。如《土地我们的故事》中回忆焦裕禄葬礼的片段，首先是讲述者面对镜头进行陈述，然后影片通过电影片段闪回将受众带回影像化建构的群众送别焦裕禄的仪式现场，接着展现老百姓抬着棺木送别，配合讲述者的画外音，受众在接收影像信息时会更直观地介入影像记忆中。在观察纪录片所构建的影像过程中，受众会触动自身所固有的相似意识画面形成潜在的知觉影像，能否成功地召唤受众的记忆，完全取决于受众是否可以识别并感知到纪录片中的影像。

  与塑造个体记忆类似，"三农"题材纪录片在展现仪式场景过程中刻意借助"邀请"受众塑造对仪式的集体记忆。"在这里，我不再延伸我的感知，我也不可能延伸它。我的运动变得更加敏感，性质也发生了变化，它们转向客体，回归客体，彰显它的轮廓，它的某些特征。我们重新寻找其他特征和轮廓，但每一次我们必须从零开始。现在不再是不同客体在同一镜头上的聚合，而是客体依旧，但表现它们的镜头不同。"②这种识别的过程并非顺序性的，通常是记忆与影像之间往返、发散式的互动。詹姆斯·凯瑞（James W. Carey）认为，仪式是共享信仰的表征，可以唤起大众的共同记忆和"在场"的意识，因此仪式可以构建群体成员中的情感认同和文化认同。纪录片对仪式的呈现让这种共享的过程延伸到了屏幕之外，通过呈现虚拟的在场完成仪式中情感认同与文化认同的整体过程。以"春节"这一传统文化仪式来说，《乡间一年》中的花灯巡游，《社火中国年》的传统社火表演，《村晚》中贴剪纸、挂福字，纪录片中多有呈现。在《故乡的风景》"年味"一集中，太行山下的韩家庄准

---

① 吉尔·德勒兹. 电影2: 时间-影像[M]. 谢强，蔡若明，马月，译. 长沙: 湖南美术实验出版社，2004: 171.
② 吉尔·德勒兹. 电影2: 时间-影像[M]. 谢强，蔡若明，马月，译. 长沙: 湖南美术出版社，2004: 69.

备的花馍，很自然地让受众联想到春节前自家准备年饭蒸馒头的场景，又如片中写春联、贴春联、集体出街祭祖，一家人包饺子、放鞭炮等祈求来年吉祥如意的仪式场景，这些具有共性而又带有一些特色的仪式呈现，帮助受众跳出纪实影像所构建的意识空间，转向对"春节"这一集体仪式符号的思索，通过仪式符号的启发在意识中主动建构这一抽象概念的意识空间。在《故乡的风景》"年味"这一集中，该片通过对春节这一抽象的记忆的反复描绘，呈现共通的仪式符号。这些符号既符合仪式场景中纯粹的记忆符号特征，又与受众本身的认知相趋同，进而连接个体的记忆画面。受众在接受纪录片呈现的仪式符号过程中，不断发现并更新对"春节"文化的理解，完成了从陌生到熟悉的记忆认知过程，在不断循环这一记忆认知的过程中，受众会完成自身对于画面接收和自我记忆生产之间的循环，这时就可以不再依赖影像运动的延伸，达到建构"春节"这一集体记忆的目的，并可以在每次捕捉到"春节"这一信息的镜头画面时得到激活。

"三农"题材纪录片中展示了丰富的仪式符号，如《中国村落》错高村的梗舞、新叶村纪念"三圣"的"三月三"；《故乡的风景》中集体出街的祭祀；《记住乡愁》中畲族的乌饭节、伏羲庙祭祀典礼、禹王祭祀；《了不起的村落》中兰屿岛岛民的祭海仪式、党扭村让鬼师算命；《美丽乡村》中的"喊山"、清明祭扫；《湘西》中展示的毛谷斯舞蹈、土家族独特的跳丧仪式；《云上的村落》中彝族阿细人传统的大三弦琴舞、壮族三月三祭竜节；《四个春天》中姐姐陆庆伟的葬礼。"三农"题材纪录片通过对"陌生"的仪式符号的视觉呈现，帮助受众较快地进入其呈现的乡土空间中，在"熟悉"的同时完成对于乡土文化记忆的激活，同时通过镜头营造出虚拟在场的仪式参与感，强化记忆与影像的互动循环，从而丰富乡土文化的内涵与针对这一概念的集体认知，以达到文化形象的塑造和集体记忆激活的目的。

乡村题材纪录片在呈现乡土文化过程中将集体记忆、文化仪式和影视符号联系在一起，通过唤起受众所共有的价值观念，阐释彼此之间的共同特征，进而促进观影过程中情感联系的建立。在文化的构建过程中，将文化符号与影片的内部情感整合在相互认同的文化语境下，便于受众更好地理解乡村的情感和文化空间。这些乡土文化仪式符号在历史的长河中不断变化，传承至今，也以节日或习俗的形式不断地影响着纪录片创造和继承仪式的文化主题，帮助受众形成自身的生活习惯、思想观念和价值判断。这些代表地方文化的仪式习俗最能体现当地集体的价值情感，也是当地乡土文化的代表性符号，这种情感的共同体不断地凝聚村民对本地特有文化的热爱，也通过纪录片的传播帮助更多受众增进对乡土文化的了解，让受众以自己的认知架构吸纳其中所蕴含的文化，进而形成对乡土文化的认知记忆。

二、叙事手法增进情感认同

马赛尔·马尔丹（Marcel Gabriel）在《电影语言》中提出，叙事蒙太奇是蒙太奇最简单、最直接的表现，意味着将许多镜头按照逻辑或时间顺序组合在一起，每一个镜头都含有事态性的内容，其作用是从戏剧角度（戏剧元素在一种因果关系下展现）和心理角度（受众对剧情的理解）去推动剧情。①贾磊磊在谈及电影的认同机制时曾提出，叙事就是"以电影的叙事形态为核心的电影心理问题"②，由此可见，叙事的处理可以直接影响到影片受众的心理感情，及对其所承载的故事与文化的认同。在"三农"题材纪录片的创作中如何构建乡土文化，对叙事的处理显得尤为关键。纪录片主要通过在明确叙事主题的基础上，活用叙事结构，巧妙搭配叙事视角进而增强受众在观影过程中的情感体验，加强对于乡土文化的情感层面认同。

（一）叙事主题聚焦人物时代故事

现阶段乡村题材纪录片采用了与前几个阶段不同的叙事方式，强调"主题先行"而非"静默观察"，大部分作品让受众在明确主体的基础上进行观看，简化了受众的观影过程。如《中国村落》《美丽乡村》和《记住乡愁》等作品，都是以明确的主题进行故事的叙述。它们深入村民日常生活，探寻乡土记忆，

---

① 马赛尔·马尔丹. 电影语言[M]. 何振淦 译. 北京：中国电影出版社，1980：108.
② 殷昭玫. 电视剧认同机制研究 基于精神分析与意识形态主体理论的考量[M]. 北京：中国广播电视出版社，2016：122.

展现多彩的中国传统文化及其丰富的文化底蕴。"主题先行"并非对内容的编撰，同样也是在纪录真实的乡村图景，展示时代变迁中的乡土文化内涵。主题是纪录片叙事的中心，与最终的呈现内容直接关联。"三农"题材纪录片的主题涵盖了乡村的方方面面，对政治、经济、文化以及社会发展中存在的问题都有所呈现，大多在细节方面存在交集，并不能简单地依据主题对其进行分类。这里依据其主题的侧重点将"三农"题材纪录片分为乡村建设、文化记忆、生活纪录三种类型，见表2-2。

表2-2　乡村题材纪录片选题角度分类

选题角度	纪录片名称
乡村建设	《端牢中国饭碗》《美美乡村》《村庄十年》《土地 我们的故事》《蔬菜改变生活》《稻香澎湃》《种子种子》《闪耀的平凡·青春接力》《乡间一年》《冬景胜春华》《希望的田野：拉林河畔》《希望的田野：乌苏里的新歌》《落地生根》《果味乡村》《摆脱贫困》《同饮一江水》《2020 我们的脱贫故事》《扶贫村里的年轻人》《盛夏有晴天》《第一书记》《在乡村》《脱贫大作战》《石榴花开》《寻路乡村中国》《承诺》《我的扶贫年》《田野上的大学》《骄傲的村庄》《不负青春不负村》《决战美丽乡村》《淘宝村》《四十年四十村》《山路弯弯》《致富经之90后小伙麦田称雄》《山里山外》《中国乡村变迁记》《乡村振兴看中国》《我的村是国宝》《扶贫周记》《瀚海绿洲》《出山记》《辉煌中国》
文化记忆	《记住乡愁》第四季、《记住乡愁》第五季、《记住乡愁》第六季、《记住乡愁》第七季、《记住乡愁》第八季、《社火中国年》《故乡的风景》《寻味中国》《做客中国》《中国村落》《稻米中国》《云上的村落》《土家打喜》《了不起的村落》《了不起的村落2》《边村》《湘西》
生活纪录	《我们村》《采棉时节》《万物之生》《最是一年春好处》《太行·王屋》《黄河人家》《硕果秋歌》《寻蜜人生》《公羊乡的春天》《追山人》《瓜熟蒂落》《春去冬来》《川流不息》《我要上村晚》《村里达人》《村晚》《四个春天》《小岗纪事》

第二章　纪录片中乡土文化呈现的表征、维度与选择

从 2017 至 2022 年间的 77 部"三农"题材纪录片的分类可以看出，主题侧重乡村建设的纪录片有 42 部；侧重文化记忆的纪录片有 17 部；侧重生活纪录的纪录片有 18 部。主题在纪录片的叙事过程中起着统领作用，叙事主题的选取是纪录片讲好一个故事的前提。这些"三农"题材纪录片的主题选取契合时代潮流，其中不乏对政策和时代的思考。唯有根植于时代的主题，才能拉近与受众的距离，起到宣传和纪录乡村文化振兴成果的作用，通过讲好乡村故事，进一步增进受众对乡土文化的认同。

1. 接力脱贫攻坚，推进乡村振兴，形塑乡村新形象

"三农"题材纪录片的主题很大比例都聚焦于乡村建设，这既是为了适应现阶段国家战略的宣传需求，又从侧面显示出脱贫攻坚及乡村振兴战略取得了显著的成效，为乡村新形象的塑造以及为乡土文化的物质实体提供了现实支撑。

"三农"题材纪录片担负着宣传时代、凝心聚力的伟大任务。从 2013 年习近平总书记提出"精准扶贫"以来，我们党作出了"打赢脱贫攻坚战，让贫困人口和贫困地区同全国一道进入全面小康社会"的庄严承诺。党的十九大报告提出，到 2020 年，我们要实现农村贫困人口的脱贫，要实现贫困县的摘帽。如纪录片《承诺》基于"承诺"这一主题概念的立意进行深挖，讲述不同地区、不同职业之间为共同目标而努力的故事。其创作团队对故事中的主人公进行了长期的跟踪拍摄，力求展现"精准扶贫"背景下最真实的故事。高渡镇"上岸"的过程、薛家村与外界的连通、海南小渔村"两不愁三保障"的现实推进，展现了一部有温度的"三农"题材纪录片作品。《辉煌中国》中讲述了四川大凉山悬崖村的村民通过"天梯"连接外界的故事，这条梯子成了他们摆脱封闭生活、实现梦想的通道。在村民的努力下，这架梯子被升级成为三万六千米的铁梯，吸引了很多游客前来观赏，这也昭示着村民们迎来了新生活。《出山记》中最后搬到了城里，过上了稳定生活的申周一家；《第一书记》中易地搬迁努力过上好日子的坡头村；《2020 我们的脱贫故事》中风景秀丽但与世隔绝的沙瓦村，坚持不懈最终修通了连接外界的道路……这些故事都是脱

贫攻坚时代精神的体现，展现了中国人民的奋斗精神和不惧天堑、迎难而上的勇气。

乡村振兴接力脱贫攻坚，乡村建设仍在继续。"三农"题材纪录片呈现了乡村振兴战略背景下产业旺、生态美、文化兴、治理好的现阶段乡村形象。传统乡村的形象往往是"春耕秋收"和"靠天吃饭"式的农耕经济模式，但是在《决战美丽乡村》中，乡村是兼具现代科技与传统生产的形象。除了小农式的土地耕作、林业和手工业等传统农业元素，还出现了新型服务业，如乡村休闲旅游业和特色化的现代种养业，这些要素构成了兴旺繁荣的新乡村形象。《瀚海绿洲》中聚焦了现阶段美丽乡村的生态建设，主动求变、固沙造林、科学种植，展现了现阶段治沙人的坚守与科学创新。多姿多彩的风土人情和浓郁独特的地方文化正是乡土文化的重要内容。《美美乡村》从浙江宁海葛家村"艺术试验"实践故事入手，以乡村为平台、艺术为媒介，聚焦人物、聚焦内心、聚焦共富，展现中国乡村振兴各美其美、美美与共的内涵，为建设"千村有千样"的美丽乡村作出新的尝试。乡村的自我治理不仅事关村民主观能动性的发挥，而且进一步体现了乡村治理能力水平的提升。《扶贫村里的年轻人》从"干群关系"的视角反映了乡村振兴过程中，年轻基层干部如何同村民鱼水情深，让大家心往一块去，劲往一处使。还有《四十年四十村》"农民变股东"的三狮村、"网上赶集"的毛俊村、"赚干净钱"的邵阳苗儿村、"电商扶贫"的万乐村、"倚老卖老"的流华湾村，都从不同视角展现了现代化的乡村建设。《乡村振兴看中国》中的垫江"牡丹文化节"，《骄傲的村庄》里远销海外的提琴制造，也在弹奏着乡村振兴战略下动人的乐章。以乡村建设为主题的纪录片的大量问世无疑契合了时代发展的新要求。

2. 深耕乡愁记忆，探寻乡土文化新内涵

乡愁文化是乡土文化在现阶段的具体表征之一。它是对乡村生活最原始、最美好的回忆，也是对传统农业社会的怀念。在现代化过程中，人们对回归自然、远离城市的喧嚣充满向往，乡愁的诉求也体现了人与自然和谐共处的愿望。近年来，随着国家层面对于"乡愁"的呼唤，以此为主题的纪录片产出颇多,其中不乏精品,如《中国村落》《了不起的村落》《记住乡愁》等纪录片均以乡愁文化为主线,通过对乡村历史的回顾,展现各地民俗、再现传统习俗,缓缓铺开了一幅幅文化中国的画卷。

文化记忆类"三农"题材纪录片主要突出"文化寻根"的主题,以村落或家族为主要的叙述对象,以求唤起广大受众潜藏的乡土情感,激发受众的乡愁之情。作为乡土文化的重要载体,在此主题之下,不同的纪录片也选择了不同的呈现方式。如《记住乡愁》的每一季都选择了全国各地不同的乡土文化类型,整体以"乡愁"为主题,进行了全景式的乡土文化呈现。也有许多只选取某一个特定的角度进行呈现的纪录片,如《寻味中国》选择从美食的视角切入,从味觉这一感官入手,上升到情感上的回忆,寻回自己故乡的味道;《社火中国年》聚焦传统的社火文化,以传统节日中的庆祝活动来唤起受众对于乡土文化的回忆;《了不起的村落》关注到了快要消失的传统古村落,想要通过本真的乡村聚落记录,来慰藉心灵的精神净土;纪录片《湘西》瞄准了湖南西部这片土地上的人和事,展现独特的地方文化和传统社会的生活方式,给人们一种区别于城市生活的别样呈现。现阶段文化记忆类的"三农"题材纪录片从《记住乡愁》的全景呈现到《寻味中国》等的特写呈现,通过不同的叙事视角和叙事结构共同再现了乡土社会所独有的生活方式、民俗文化仪式,展现了国人对于传统乡土文化的回望与不舍。

中华文化已经延续千年,其文化根基和命脉源于乡村。在社会不断发展且愈发浮躁的今天,我们更应该重新关注乡土文化,找寻心中那片安宁的文化场所。纪录片对于以乡愁记忆为代表的乡土文化的呈现,彰显了我们对于优秀传统文化的呼唤,也在过程中不断建构着对本土文化的自信。如《记住乡愁》不断地挖掘乡土文化中独特的文化内涵与道德规范,其中所呈现的各种文化精神和传统美德同社会主义核心价值观相辅相成,协同促进现阶段的文化建设。这些独特且优秀的文化品格在记录和呈现的过程中得以再次传递,在唤起人们对乡土空间思念的同时也帮助国人坚定文化自信,让其自发地去传承和发扬优秀的乡土文化。

3. 记录现实生活，展现乡村生活新风貌

纪录片的意义在于反思民族乃至于人类的弱点，从而照亮未来的路。经济发展不平衡、气候变化异常、生态污染、教育问题、家庭伦理问题、人口老龄化等是人类无法逃避的共同课题，"三农"题材纪录片同样也聚焦当下的社会问题，坚持现实主义的创作原则，真实记录现阶段发展过程中乡村的故事，关注社会现实，留存下了文献价值和艺术价值共存的乡村影像资料，同时也提升了乡土文化的现实价值。

纪录片的社会价值和影响力是其创作的关键所在。当前，许多"三农"题材纪录片聚焦现实生活，展现乡村生活的新风貌，具有很高的社会价值。例如，央视等主流媒体所创作的《我们村》《采棉时节》《太行·王屋》《最是一年春好处》《小岗纪事》等作品，展现了乡村发展过程中所出现的现实问题，记录下了时代发展中的个体生活，凸显了"三农"题材纪录片对社会与时代发展的重要意义。其中，《小岗纪事》以平视的视角展现了现实的乡村生活，也呈现了乡村发展的现实问题。一部纪录片的社会影响力在很大程度上由其社会价值所决定。部分"三农"题材纪录片侧重我国乡村发展与变迁过程中的问题，把镜头对准了乡村中具体的人和事，满足了受众的情感需求。这些纪录片真实地记录了村民在变革发展的时代潮流中所经历的奋斗历程，具有强烈的社会责任感和关怀精神，展现了创作者的社会担当，为丰富与扩展乡土文化的时代精神作出了积极贡献。

（二）叙事结构符合受众情感逻辑

纪录片的叙事结构就是按照一定的原则和要求，将材料、观点、体验等内在要素，有步骤、有主次地加以安排，形成聚合和支撑电视纪录片各个部件的框架。① 从文化研究的视角去理解纪录片创作，其过程就是编码和解码的过程。罗伯特·麦基（Robert McKee）认为，结构是对人物生活故事中一系列事件的选择，这种选择将事件组合成一个具有策略意义的序列，以激发特定而具体

---

① 蔡之国. 电视纪录片的结构分析[J]. 当代传播, 2009（2）: 99-101.

的情感,并表达一种特定而具体的观念。叙事结构是以某种叙事策略进行叙事主题的传达,对于叙事结构的选择也是纪录片呈现内容的基础。因此,纪录片想要呈现乡土文化,同样离不开故事的叙述,叙事结构能使叙事内容具体化,符合受众情感逻辑的结构显然更易被广大受众接受。针对此阶段的"三农"题材纪录片的叙事结构进行整体分析,在乡土文化整体意涵表达方式上,其方法主要有顺序式结构与板块式结构两种,两者都在逻辑层面贴合受众的认知,有效地传达了纪录片中所蕴含的乡土文化。

  顺序式结构,是指按照故事发生的顺序进行讲述的叙事结构,通常依照故事发生的前后顺序,以时间为走向。[①]采取这种结构进行叙事的最大好处就是故事讲述过程存在天然的逻辑性,符合受众日常的认知习惯。在故事叙事过程中受众有明确的时间感知,整体叙事流程在时间线上十分清晰明朗,例如陆庆屹导演的《四个春天》采取了典型的时间结构,片名就交代了其主要记录的内容,整体叙事以时间为主线,通过四年间春天回家的真实记录,展现了家庭内部的喜怒哀乐,让受众在观看过程中更好地代入情绪,有一种独特的时间上的厚重感。纪录片《小岗纪事》同样以季节为主要的叙事符号,以符合线性叙事逻辑的一年四季为讲述的主线,并以此设置了每集的主题。这种方式极大地方便了受众在观影过程中对于剧情发展的脉络进行感知,具有帮助受众梳理剧情逻辑的重要功能。这种顺序式结构的叙事方式多被用来刻画"三农"题材纪录片中"新乡贤"的成长,可以更加真实地反映出他们的内心和行为变化,带动受众产生共情。如《田野上的大学》中两名学生承包了一处葡萄园,但在经营过程中遭遇了一系列的挫折,包括村民的质疑以及作物的传染病等。故事以时间顺序展现了她们一一渡过难关,最终实现了她们的农业种植梦。《不负青春不负村》呈现的主题与此类似,讲述了主人公过关斩将,践行自己的青春理想的故事。这种结构通过时间对纪录片进行整体的段落划分,有效地加快了受众对叙事内容的了解,也十分有利于人物形象的塑造。新乡贤是"三农"题材纪录片中大部分故事的核心人物,这种顺序叙事的结构对于

---

① 何苏六. 纪录片创作[M]. 北京:中国传媒大学出版社,2015:147.

乡贤文化内涵的主体塑造起着重要的作用。通过时间顺序展现个体面对问题、解决问题的过程以及其思想和行为的转变，可以更好地完成主题的升华及新乡贤人物形象的塑造。

板块式结构作为非线性叙事结构的一种，是通过不同的板块支撑叙事主题的一种叙事结构，是颇具特色的一种叙事策略，现被广泛采用。"三农"题材纪录片常常采用主题先行的叙事策略，而这种方式非常适合运用板块式的叙事结构进行辅助表达，这种叙事结构在创作意义上有明显的指向性。通过对不同的板块进行排列组合可以更好地突出叙事主题，其中每个板块可以独立成章，在结构上处于并列关系，并有其自身的叙事逻辑。这种叙事结构既富有共性又兼具个性，通过个性来激发受众的收看兴趣，并以主题共性来强化用户接受相关内容。

在以文化记忆为主题的纪录片叙事中，板块式结构多被采用，这类型纪录片围绕着同一个叙事主体展开，每一部分相互并列，整体上又互相支撑。其结构展示与顺序式不同的是，它不是以时间作为指向的，其板块组合灵活多样，可以是人物、时间，也可以是不同的地域和文化，看似不存在显性关联，但其内容所指都是纪录片的叙事主题。如在《了不起的村落》中，其主题设置为存档百个东方村落，其所呈现的内容都是以此为本，讲述不同的村落故事。虽然每一小集之间横跨大半个中国，但都跳不出预先设置的纪录片主题。《记住乡愁》更是将这种板块式结构运用得炉火纯青，其整体主题设置聚焦"乡愁记忆"这一点，每一季都会以不同的侧重点进行呈现和表达，比如前两季聚焦传统村落，第三季主要反映古镇，第四、五季梳理了历史文化街区，第六季着重介绍古城……该系列纪录片通过持续的创作，不断地对乡愁的概念进行建构和完善，在丰富概念内涵的同时也展开了一幅现阶段乡土中国的画卷。板块式结构给予创作者更大的创作自由，使其可以在主题框架下自由地选择所需要展现的内容，通过对不同的空间、时间以及人物进行有机的排列来完成纪录片叙事主题的呈现和表达，这种创作方式加快了纪录片创作进度的同时也可以让受众看到更为丰富的文化内容。这种方式建构的人物可以跳出传统的单一主人公叙事，以更加多样的人物形象完成基于纪录片主体的叙事，在表现宏观的人物群像时可以起到意想不到的效果，受众对内容和主角的心理变化过程产生共情的可能性更大。如《扶贫村里的年轻人》对准了返乡创业者、大学生村官群体，通过板块式叙事，展现了在扶贫过程中"90 后"所发挥的重要作用，勾勒出了青年扶贫工作者的群像；《致富经之 90 后小伙麦田称雄》中采用双主角的叙事手法，讲述了两名大学生以不同的专业和不同的身份经历人生，最终都成为现阶段的"新农人"，实现自我价值的同时也获得了可观的经济效益的故事。由此可见，板块式叙事结构通过不同的主角成长来丰富乡土文化的主体形象，较好地呈现和升华了"三农"题材纪录片的主题。

（三）叙事视角拉近屏幕内外距离

叙事视角是指叙述者或人物与叙事文中的事件对应的位置或状态，或者说，叙述者或人物从什么角度观察故事。[①]在纪录片的影像呈现过程中，选择不同的叙事视角会给受众带来不同的"媒介真实"，进而给受众带来不同的"感官真实"，可以说创作者对于叙事视角的选择直接影响着受众在纪录片观看过程中的情感体验。叙事学的代表人物热拉尔·热奈特（Gérard Genette）将叙述视角分为零聚焦、内聚焦、外聚焦三种形态。[②]本章 77 部"三农"题材纪录片在叙事视角的选择上并不局限于传统的单一视角，而是采用综合视角给纪录片受众营造真实的体验，运用不同的叙事角度合理搭配建构纪录片整体的叙事主题，以此拉近屏幕内外距离，达到更好的乡土文化呈现效果。

零聚焦视角，指纪录片的叙述者并非纪录片中的角色，也被称作"上帝视角"。零聚焦视角是早期纪录片最常使用的一种叙事方式，通过解说词的讲述，将故事娓娓道来，尤其适用于主题宏大、故事内容相对复杂的纪录片作品。它可以从宏观层面切入纪录片，以全景方式展现故事情节，帮助纪录片受众理解其中复杂的人物关系，有效地解释纪录片所传达的内容。"三农"题材纪录片就广泛地使用了零聚焦视角，比如在《摆脱贫困》中的第一集，以零聚焦视角将中国近代的贫困状况、习近平总书记反贫困的决心和经历与全球减贫的

---

① 胡亚敏. 叙述学[M]. 武汉：华中师范大学出版社，2004：19.
② 热拉尔·热耐特. 叙事话语新叙事话语[M]. 王文融，译. 北京：中国社会科学出版社，1990：129.

进程等宏大事件结合起来,讲述中国反贫困的决心;《记住乡愁》系列作品的整体架构都是通过零聚焦视角展开的,主要采用画面影像搭配说明性的字幕,以解说词的形式让"他者"完成故事的叙述,推动整体剧情的发展。这里的"他者"是一种"全知视角",清楚全部的故事流程,明确知晓每个人的现在和过去,比如在讲述桃园村"桃博士"如何带领乡亲们种植水蜜桃致富时,就大量地使用了零聚焦视角进行展现。故事主人公之一的吴晓波在互联网经济刚刚起步时,因为家庭的原因回到农村,开始进行桃树种植,并带领乡亲们搭上电商的顺风车。因为拍摄时并没有能够用于故事讲述的现实素材,所以故事发展全都依靠解说词来进行连接,以解说员补充的方式来弥补镜头的缺失和故事背景的介绍。零聚焦视角的运用有效地提高了故事的完整性,完成了整体叙事的逻辑勾连,使受众能够更加轻松地在第三人称的引导下去接受故事,逐步加深对内容的了解。这种被动接受的叙事也是受众接受乡土文化最便捷轻松的方式之一,十分有助于乡土文化价值的广泛传播。

内聚焦视角即借助某一人物的意识感知,从某一人物的视角出发,进行故事的叙述。以这种叙述方式讲述的纪录片并非简单的影像记录,而是带有强烈的情感体验,通过焦点的汇集,突出某一人物主体,可以有效地提高受众接受纪录片呈现过程的体验感。在热奈特所著的《叙事话语》中,内聚焦的含义是以特定的个体为故事的叙事视角,叙事范围限定性是这一视角的基本特征。

相较于零聚焦视角,内聚焦视角因为限制了叙事主体的认知范围,以更加中观的角度去进行故事的呈现,将个体放于时代大环境之中,通过将镜头对准个体人物,将话筒交给个体来讲述,可以让受众更加沉浸地投入纪录片的叙事之中,带给受众相对真实的情感体验。如《2020 我们的脱贫故事》中讲述墨脱人易地搬迁的故事,通过援藏干部郭振华与镜头的交谈讲述了他对孩子们未来的关切:"我就觉着这些孩子,学习出入一趟真的很不容易,希望布鲁可以在这个过程中领会到,通过学习找到新的出路,而不是像他的祖辈一样,蜗居在山窝窝里。"郭振华与镜头正面交谈,如同在与受众倾心交流,他所表露的真实情感,恰似人们在上山途中自然流露出的真情实感,显得格外动人,更具说服力。《土地 我们的故事》全片采用人物访谈的形式,让故事亲历者"我"对着镜头娓娓道来,"……小时候去生机镇就走擦耳岩,就是怕摔下去,扒着石头走过去,看到底下吓人了……"讲述故事时,片中辅以对悬崖天路的画面呈现,对比了沟渠修建前后村里的交通环境。通过"我"来讲述真实的经历,影片展现了现实发生的矛盾和冲突,更能激发起受众对故事叙述的情感共鸣,也提高了整体的叙事质感。《在乡村》中谈到赵老师来到小学的原因时,他面对镜头吐露:"2007年年底的时候,偶然间看到论坛上有帖子说云南某个小学没有老师,(要)招聘老师我就去了。"看似随意的交流却也辅助刻画了人物的细节形象,展现了人物的时代担当。《四个春天》的导演陆庆屹选择了内聚焦的视角进行叙事,受众在"我"的镜头视角下,跟随着创作者回家经历了四个春天,记录下了父母生活中的点点滴滴,采用原生态的纪录,在生活的只言片语中展示着家庭的处世哲学。这种直接代入的方式无疑更能打动人心,让受众以"我"的身份去参与故事的叙事,更加真实地感受到乡村的生活状态。

外聚焦视角,与内聚焦视角一样是限制性叙事方式,区别是在外聚焦叙事中,叙述者不参与故事,完全置身于故事之外。外聚焦视角的叙事方式更显"冷漠",这种叙事方式更像是一个局外人眼中的画面,将更多的思考空间留给受众,与纪录片真实记录的理念相契合。外聚焦视角所呈现的信息内容相比内聚焦更为稀少,存在一定的叙事局限,需要受众全身心地投入影像的叙事过程中,透过冷静的镜头感受故事的发展。焦波导演的纪录片创作常常使用外聚焦的叙事视角,在《乡村里的中国》的开头就采用旁观的视角进行客观的记录。再如《淘宝村》《在乡村》等纪录片也都大量地使用了这种叙事方式。《淘宝村》中展现了村民对电商运营和网络直播的乐观态度,并且表示自身的生活水平得到了明显的提高。但是在镜头中,创作者客观地记录了乡村的现实问题,面对这种生产模式的迅速变化,传统的村庄也出现了适应危机,由此产生的一系列问题被切实地呈现在了村民和受众面前。《在乡村》中通过外聚焦视角的客观呈现展示了各方不同的态度,让受众看到了小学建设推进过程中存在的现实问题,更加全面和客观地了解了乡村教育发展中的困难。虽然外聚焦不及内聚焦视角饱含情绪，但其独有的沉浸感更能让受众陷入思考，在忠实记录的同时，给叙事带来一种冷静的客观性。

"三农"题材纪录片通过对不同叙事视角的组合使用，丰富和补充了画面内容，更能让受众在观看过程中代入情绪。不同的叙事视角在支撑纪录片整体叙事的同时，也与其承载的内容一同呈现了影像符号中的乡土文化空间，使乡村的形象从抽象到立体，其蕴含的乡土文化更具说服力，更易于让受众接受。

三、视听修辞强化情感共鸣

纪录片是视觉听觉的组合艺术，影视修辞围绕影视作品的视听语言展开，是影视作品叙述故事最直观的方式和手段。影视修辞是指如何更好地运用视听技巧和艺术手段去传情达意，以便更形象生动地表达影片的思想内涵。"三农"题材纪录片对乡土文化的视听修辞运用，包括画面修辞和声音修辞两大类，在运用视听技巧和艺术手段表达的过程中，两者相辅相成，增强了乡土文化表意的深度和广度，丰富和升华了"三农"题材纪录片作品的主题和立意。影视修辞通过对单个镜头进行组合的画面语言和由人声、音乐、音响所组成的声音语言，在视觉和听觉层面提高了"三农"题材纪录片受众的观看体验，扩展了其中所呈现的乡土文化内涵表达，帮助受众更好地代入情感，使其对所呈现的乡土文化产生共鸣。

（一）画面修辞丰富乡土文化视觉体验

电影最基本的修辞单位是画面[1]，虽然仅有画面并不能构成电影，但是没有画面不能称之为电影。一部影片的画面从整体来说由两个元素组成：一是镜头；二是镜头的连接。[2]电影如此，纪录片也不例外。镜头与镜头的组接可以实现创作者语言的表达，"三农"题材纪录片同样是借助镜头语言营造影像

---

[1] 吴艾玲. 西方电影艺术修辞学[M]. 北京：中国电影出版社，2014：72.
[2] 王志敏. 电影语言学[M]. 北京：北京大学出版社，2007：88.

语言的艺术，它通过镜头下的光影转换来呈现乡土文化，但其形式更加多样，传递乡土文化中主流价值话语的方式也更加柔和。

影像辞格的形成和运作实际上建立在镜头的运动画面基础之上，它以镜头的构成为基本形态。①镜头作为影片中的最小单位，是整个"三农"题材纪录片中最基础的画面修辞元素，单个镜头的景别、构图、长度、摄影机的运动方式都影响画面的表意和修辞效果。镜头中所呈现的画面内容、色彩、符号表达等视觉修辞元素本身也具备特定的话语表达，这些镜头被受众捕捉，转化为视觉感知，进而影响其情绪感受的过程，也是受众对"三农"题材纪录片中所呈现的乡土文化的接收过程。区别于政治宣传时期的"三农"题材纪录片执着于群像的表达和大众话语视角下对个体的详细描述，受益于技术的进步和理念的发展，"三农"题材纪录片在镜头设计和景别选取上有了更大的选择空间，其表现方式更加多样，对于乡土文化的呈现也更加多元。

在对乡村景观的呈现过程中，不同的景别可以决定环境信息所占的比例。大的景别配合合理的构图和色彩的控制，可以呈现出如油画般的优美意境。"三农"题材纪录片深谙此道，在开篇引入环节多用大远景切入，让受众眼前一亮，再引导受众的视角逐渐下移，缓缓进入叙事。如《了不起的村落》第二季的主题定为"寻色之旅"，共拍摄了十一个部落，其镜头选取独具特色，承接第一季开篇的大远景叙事引入，这一季更是通过"色"这一主题进行了区分，让每一个远景的环境展示都展现出该村落鲜明的特色与独特的美感。《中国村落》展示了现代化的乡村景象，通过航拍对现阶段的农村形象进行了全景的展示，富有乡土特色的梯田、现代而又充满民族特色的乡村建筑，极具东方审美韵味。当然，这些大远景的作用也不止于此，《承诺》中同样使用大远景的航拍进行了环境的介绍，画面中呈现了诗意而又充满韵味的山水和惊险的悬崖峭壁，其目的是展现闭塞的环境与不便的交通，展示在这美丽山水之中人类极端的生存环境，通过强烈的对比让受众产生情感上的共鸣。《2020 我

---

① 李显杰. 镜像"话语"——电影修辞格研究[D]. 武汉：华中师范大学，2004：51.

们的脱贫故事》中多次使用了类似的镜头叙事手法，用大远景展现乡村环境原生态的美丽，但交通和资源等环境条件并不能给村民带来富裕。影片通过多次使用大远景、全景这类大景别镜头进行一系列的环境描写，拍摄了村民每天行走在悬崖峭壁之上，稍有不慎就会坠入悬崖的现实情况，以及土地贫瘠，不足以支撑村民的生活需要的场景，直观地展示了环境的恶劣，也为后续易地搬迁的科学性提供了有力的依据，这为受众在观看过程中的情绪触发埋下了伏笔。当然，这些镜头的拍摄受益于技术的进步，航拍摄影技术的快速发展让摄制团队可以运用航拍无人机从更高、更广的视角进行视觉呈现，相比于传统的固定拍摄的环境展示，以航拍的视角进行移动的俯视扫拍得到的画面显然更具震撼效果。

"三农"题材纪录片除了对大景别的主动运用，对特写的运用更显专业与熟练。特写镜头在政治宣传时期的纪录片中并不多见，直至20世纪80年代，纪录片才开始选择性运用特写镜头——《话说长江》中虽以部分特写镜头呈现人物面孔，但更多是为了突出群体形象。[1] "三农"题材纪录片将更多的个体呈现在受众面前，通过肢体和情绪的抓取，来反映纪录片中人物情绪的变化进而带动受众情感的共鸣。与大景别相比，特写镜头明显更能引起受众对细节的关注，可以带动影片故事节奏，对于纪录片的乡土文化呈现有着情绪渲染的重要作用。在《记住乡愁》第二季中对福建南岩村的茶王大赛进行的拍摄，就连续使用多个特写镜头来突出比赛中参赛选手和现场观众的情绪。参赛选手脸上紧张又专注的神情，评审人员在评选过程中对于味道的思索，获评"茶王"后王曼龙表现出的兴奋与自豪，以及对于仪式过程特写的细节展示，提升了画面中"茶王"大赛的激烈程度，增强了观者的参与感，也将这种强烈的情感传导给了屏幕前的受众，使其仿佛置身于现场观赛之中。特写镜头对"三农"题材纪录片中的人物塑造起着重要作用，呈现了传统认知中在贫瘠土地上风霜劳作的、看似空洞的生命个体——这些个体实则蕴含着古老中国的生存智慧，是拥有丰富生命体验的新村民。[2]《故乡的风景》中的非遗代

---

[1] 苗元华. 中国新时期纪录片创作与民族文化传承研究(1978—2015)[D]. 济南：山东师范大学, 2016.
[2] 张宗伟, 高美. 现阶段中国"三农"题材纪录片创作观察[J]. 中国电视, 2019（12）：83-87.

表性传承人程樟喜认真、专注地编制香火草龙,《了不起的村落》中孟武成制造传统陶瓷时细腻的拉坯过程,《社火中国年》中"背棍"的制作及其使用的学习过程、化妆师给演员描摹传统的社火妆容等,这些承载着乡土文化、反映匠人精神和民族文化传承的画面,在纪录片中都是通过特写镜头呈现的,既反映了技术的复杂与新奇,又展现了中国传统技术传承者的坚守与匠心,为传统技术的制作过程留下了珍贵的影像资料。

"三农"题材纪录片在呈现乡土文化的过程中,使用微距镜头以期获得更多的镜头视角。微距镜头是对于被拍摄物体的微观呈现,可以把物体的细节更清晰、更逼真地呈现在受众面前。"三农"题材纪录片在展现美食的过程中大量使用了微距镜头,《记住乡愁》中尧坝的黄粑、河南豫东的豆糁;《了不起的村落》中的湘西腊肉、纳西族的饵块、拉祜族的鸡肉粥;《果味乡村》中的蜜柚、刺梨,都是通过微距镜头对美食进行生动的呈现,带来了视觉的冲击效果。微距镜头在"三农"题材纪录片中的运用远不止于此。在《稻米之路》中,微距镜头让"稻米"这一食物符号向文化意蕴升华——"米雕第一人"闫交生的艺术作品通过微距镜头呈现在纪录片中,其在稻米上进行的雕刻艺术,充分地展现了中国稻作的文化内涵。《万物之生》记录下了云南的生物多样性,展示了乡村生态振兴取得的优异成果,也唤醒了人们对于乡村生态环境的关注和保护,通过微距镜头的捕捉拍摄,让受众看到了生长在此的特色植物形态各异的细节,并且聚焦了这里的玉龙缩叶藓、壶藓等微生物,展示了人与自然的和谐共生,呈现了宏观的"绿水青山就是金山银山"的时代话语表达。

乡村题材纪录片在呈现乡土文化时已经不再拘泥或侧重一种画面镜头,而是选取所需要的镜头叙事景别。当然这依赖于技术的进步和理念的发展,通过适当的镜头表现需要的画面,用以衬托其情感表达,可以更好地表现乡土文化的外在景观及其精神内核。虽然在纪录片拍摄过程中可能会出现突发性的影响性事件,不能像剧情片一样事无巨细地提前规划设计,但多景别的运用无疑可以更好地丰富"三农"题材纪录片的视觉呈现,也为后续的剪辑过程提供了更多可以选取的不同拍摄视角的镜头。

（二）声音修辞营造乡土文化听觉意境

在纪录片的叙事过程中，画面可以相对独立地完成其自身的表意作用，声音通常依附于画面存在，需要与画面协调配合才能充分发挥其自身的修辞效果。声音在"三农"题材纪录片中的使用也经历了不同的阶段。早期政治宣传时期的"三农"题材纪录片依靠解说词来进行叙述，经常出现声画不同步的影像形态；改革开放后的纪录片大多更注重用同期声的覆盖，追求"真实再现"的效果；而当下的"三农"题材纪录片则站在受众的视角，通过对于人声、音乐和音响的有机结合，既展示了创作者的观点，又给受众留存了思考的空间。画面可以展现具象化的内容，声音的运用则可以有效地对画面进行补充，甚至丰富其所包含的影像内容，帮助受众沉浸在纪录片所描绘的光影世界里，更好地代入情感。运用到"三农"题材纪录片中，可以扩展其所呈现的乡土文化视觉和听觉空间，营造感知意境。

1. 人声：真实感与间离感的交替互补

人声是纪录片中重要的声音构成元素，也是创作主体传达和解释画面信息的重要工具。同其他的影像作品相比，纪录片的人声构成有其独特性，解说词和同期声无疑在纪录片人声组成中最具代表性。"听"是一种更具艺术潜质的感知方式——听觉不像视觉那样能够"直击"对象，由听觉所获得的信息量与视觉也无法相比。但正是这种"间接"与"不足"，给人的想象提供了更多的空间。[1]麦克卢汉曾提出，西方人是"视觉人"，中国人是"听觉人"，中文是一种将感觉和功能结合的完形。[2]现阶段"三农"题材纪录片在呈现乡土文化的过程中统筹使用了解说词和人物同期声，将真实感与间离感在心理层面进行统一，二者看似充满矛盾，实则在主题表达上彼此烘托。人物同期声带给观者真实的听觉体验，解说词则通过解释画面、升华主题来传递导演意图，二者共同完成了纪录片中乡土文化人声层面同画面的互补。

---

[1] 傅修延. 听觉叙事初探[J]. 江西社会科学, 2013（2）：220-231.
[2] 埃里克·麦克卢汉. 麦克卢汉精粹[M]. 何道宽, 译. 南京：南京大学出版社, 2000：184.

同期声是指在画面拍摄的同时进行的声音录制，能够快速地将纪录片受众带到"现场"。与电视剧和电影不同，纪录片中同期声的使用更加强调真实的临场感，这也体现了纪录片的艺术魅力。政治宣传时期的纪录片会将其抹除，配上解说词与音乐对画面进行解说。在人文化阶段①同期声开始得到广泛使用，一直延续至今，成为纪录片声音中不可或缺的组成部分。同期声包括人物同期声和自然音响，这里仅针对人物同期声进行讨论，自然音响将在后面的音响部分另行讨论。"三农"题材纪录片在同期声的收录和展现过程中使用了许多并不标准的普通话和方言，这些声音不同于字正腔圆的解说词，虽然不标准，但可以大大增强受众对于影片的代入感，用地方民族语言进行叙事，更能强化纪录片的情感，增强故事的真实性，让受众感受到真真切切的"乡音"。如《土家打喜》中的土家族方言及其中充满民族特色的打油诗，"我把盒儿开一开，左右星宿降下来"；《花戏》中林明珍演唱的花戏正是基于山西的民间方言；《骄傲的村庄》中颇具河南代表的"中吧""我勒乖乖""弄啥"等日常交流的话语；《了不起的村落》中咱县的纳西族东巴葬礼上的吟诵；《土地我们的故事》中每一个面对镜头的讲述者，用带着地方口音的普通话，讲述着属于他们的土地故事，都让画面更加鲜活，更具表现力。在同期声的表现过程中，方言的收录帮助纪录片拉近了与受众的距离，提高了他们的沉浸感和好奇心，让受众可以更好地感受到不同地域的乡土文化特色。推广普通话和保护方言并不矛盾，"三农"题材纪录片用自己的方式阻止了方言"失根"的趋势，为乡土文化注入了强劲的活力。

在纪录片中，距离不但产生美，还产生真实感。在人们的日常观念中，"贴近"才是"真实"的同胞兄弟，所以讲究真实的纪录片，往往强调零距离的观照，要求题材真实、人物真实、场景真实、时空真实和体验真实。但是，当原生态的素材近距离地堆砌在你面前的时候，你会发现自己迷失在真实的谎言中。现实的紊乱、时空的单一、片段的局限、事件的偶发、细节的琐碎平淡等，

---

① 纪录片发展中的"人文化阶段"是中国电视纪录片在特定历史时期（主要集中在1978年改革开放后至20世纪90年代初）形成的创作转向，其核心内涵是从政治宣教转向对人的关注、民族精神的弘扬以及创作手法的革新，标志着纪录片从工具性向人文性的本质回归。

都在表明存在一个严重缺位的创作要素，即"间离"手法的缺失。①德国戏剧理论家贝托尔特·布莱希特（Bertolt Brecht）提出了"间离感"这一概念，即在舞台剧表演过程中通过创造受众与故事的距离感，以一种"上帝视角"去观察故事中的人和事。而纪录片的解说词无疑是将受众拉出故事，唤醒理性良知的重要推手。解说词在每个时代都发挥着重要作用，可以说解说词的使用和意义的丰富伴随着国产纪录片的发展历程。因为创作过程的局限，纪录片常面临现实素材不足的问题；大多情况下，纪录片都是对于过去的事件进行呈现和叙述，相比于同样注重故事的剧情片，这使其在表达方式上相对受限。在单机位拍摄的片段中，画外音叠加在断裂的画面上，创作者需在镜头间隙插入补拍的其他画面，或将无因果关系的镜头硬性组接，通过声音"缝合画面"来满足叙事需求。②早期的"三农"题材纪录片普遍采用"画面+解说"的模式，这种模式下的纪录片以解说词占据主导性地位，给受众以单向说教的感觉，在某种程度上也有悖于纪录片"真实"的属性。而现阶段创作的"三农"题材纪录片注重影像与解说词的相互配合，丰富了作品承载的乡土文化信息和内涵。无论是《舌尖上的中国》还是《记住乡愁》《美丽乡村》，都运用生动而又富有特色的解说词配合美丽的乡村图景来强化作品的情感传达，《舌尖上的中国》更是带动了"舌尖体"的风靡和盛行，勾起了人们心中"家乡的味道"。《摆脱贫困》中有"……天地之大，黎元为先。我将无我，不负人民！"这样铿锵有力的解说词，展现了脱贫攻坚成果的同时，也提振了我们对乡村振兴工作的信心，调动了屏幕前受众的情绪；《中国村落》中，"……今天我们可以理性地看待这一建筑：牌坊……是古人一生的最高追求"一段，客观地对牌坊这一建筑的功能和标志进行了解释，受众也能从解说词中读到这一特殊的文化符号所经历的历史沧桑；《记住乡愁》中，"一代又一代的古堰画乡人，用自己的智慧与坚守，为我们描绘了一幅清幽的水墨长卷，也为后人留下了宝贵的精神财富"，该段解说词不仅发挥了解释说明的作用，而且起到了重构乡村景

---

① 沙向明. "贴近"与"间离"——纪录片创作追求的矛盾统一[J]. 中国广播电视学刊, 2014（1）: 70-72.
② 聂欣如. 纪录片研究[M]. 上海: 复旦大学出版社, 2010: 335.

观的视听表意功能。除了专业的配音解说,导演以亲历者的身份口述故事,显然可以更好地支撑纪录片故事的真实性。《2020 我们的脱贫故事》每一集的开头都会有一段引入的导演独白,讲述拍摄过程中遇到的故事与见闻,并在这个过程中展示拍摄的照片和视频;《扶贫周记》中也是以记者周玉的画外音进行画面的解释说明,"……我开始眩晕……走了十几步我突然双手抽搐,腿不听使唤,栽倒在玉米地里……村民们围过来,用草帽给我纳凉",用记者真实的感触配合现场拍摄时抖动的画面,展现了现场的危急,在展示环境恶劣的同时也与屏幕前的受众拉近了距离,带动了观者的情绪,这类解说词的运用帮助受众完成听觉补白的同时也提高其对纪录片整体的接受程度。

2. 音乐:渲染氛围,加强情绪气氛

音乐本身作为一种独特的艺术形式,可以完成表达和交流情感的作用,具有很强的听觉感染力。纪录片中音乐的使用可以有效地加深受众对于纪实影像内容的理解,激发受众的情绪,引发受众的情感共鸣。音乐在我国纪录片诞生之初就是政治宣传话语下烘托情绪的有力工具,那时的音乐"关注场面而鲜入人物内心"[①]。音乐艺术本身具有强烈的主观色彩和抽象性质,参与到叙事过程中更显其强烈的情绪推动作用,这些独有的特点让音乐成为有声电影不可或缺的一部分。"三农"题材纪录片中,音乐既是乡土文化中民俗文化的一部分,又兼具带动情绪、丰富画面内容的重要功能。音乐的使用烘托了纪录片所呈现的乡土文化表达气氛,带动了受众的情绪,使其更易产生对乡土文化的认同。

在纪录片中,音乐可以分为有声源音乐和无声源音乐。有声源音乐,其声音发出方是来自影像画面内的,通常是影像中人物的演唱或是乐器的演奏,这种音乐的使用可以兼具音乐的表现和场景的沉浸。有声源音乐是一种让音乐直接参与到叙事过程的使用方式,如《村晚》通过唱吧中的歌声将受众带入连庄春晚的叙事过程中,更在"村晚"的音乐结束时形成了从有到无的闭环;《了不起的村落》中老达保音乐村的片段从迎接新米节的弹唱歌声中引入,同

---

① 曾田力,巫睿,李菁,等. 百年中国电影音乐流变[J]. 电影艺术,2004(3):41.

样是以有声源音乐为主要叙事元素;《2020我们的脱贫故事》中怒族民众为庆祝公路修通所一起演唱的《怒族小夜曲》《摆脱贫困》中的怒江民谣,质朴的情感随着歌声传达给了屏幕前的受众。这些富有民族特色的地方歌曲和演奏方式,本身就是根植于乡村的乡土文化重要的构成部分。无声源音乐是指主观性音乐,在纪录片中起到烘托气氛、情绪渲染、强化影片感染力的作用。在"三农"题材纪录片中,无声源音乐对于乡土文化精神的呈现起到了画龙点睛的作用,同样十分精彩,如纯音乐对于情绪的烘托起到了推动的作用,在《出山记》开篇引入空灵而又悠扬的音乐,营造出了一幅宁静悠然的村落状态,让受众仿佛置身其中。其中如水墨画一般的梯田景观和富有中国特色的村落景观展现出乡民对于美好生活的向往。《摆脱贫困》的家国情怀一集,白泥村的黄文秀书记因公殉职,画面中村民以泪洗面,配合低沉而缓慢的音乐,悲伤的气氛渲染至屏幕内外,结合其父亲的叙述,让我们看到了一位一心为民、身先士卒的扶贫干部形象。《寻蜜人生》中老孙与妻子因纠纷积攒的情绪在镜头面前爆发出来,配合人物自身的叙述与沉重低缓的音乐,展现了老孙内心的不甘与压力,画面中人物的沉默与低沉的音乐将传统养蜂人的无奈传递给屏幕前的受众。

音乐歌曲在"三农"题材纪录片中也被广泛使用,尤其是在系列节目的片头和片尾阶段使用,可以有效地归纳系列主题。《记住乡愁》系列里的配乐可谓是"精挑细选",在拍摄开始之初就在全球范围内进行了征集活动,受到海内外创作者的积极响应。来自40多个国家的创作者寄来了他们心中的主题曲,最终制作组对选取的12首作品进行了精细的打磨,其中《乡愁》《游子吟》《你的名字离梦最近》等歌曲,在制作过程中更是选取了具有中国特色的传统乐器,如琵琶、二胡等,紧紧围绕"乡愁"这一主题,与纪录片主题吻合的同时也流露出国人对故乡的牵挂与眷恋,将深厚的乡土文化与浓浓的乡愁隐藏其中。

3. 音响:唤醒乡土文化声音记忆

除了人声、音乐之外,还有音响。环境音响也叫自然音响。纪录片的环境音响，同人声一样，在早期的纪录片创作中属于被"消除"的杂音，并未得到充分的认识和运用。音响随着纪实理念和技术的发展，成为"三农"题材纪录片叙事过程中重要的艺术元素和审美元素，在其呈现乡土文化的过程中起到了唤醒乡土文化声音记忆的重要作用。

真实性是纪录片的灵魂，音响的使用可以帮助纪录片进行真实性的传达，帮助纪录片进行写实的再现，从声音的角度完成对画面信息的补充与强化。优秀的音响运用，最理想的是不给受众分辨音响与画面的关系的时间，只接受其联合起来的效果。①《希望的田野·乌苏里新歌》中讨论收割方式时，风吹麦浪的声音在展现场景的同时，从侧面显示了收麦的急迫性；《黄河人家》中渔民捕鱼的镜头配上黄河水拍打渔船的声音，让受众也仿佛置身船上，一同体会收获的喜悦；《瀚海绿洲》回忆中的风沙声与现实中的鸟鸣，形成了鲜明的对比，展现了一代代治沙人的坚守与"敢教日月换新天"的实干精神。音响同样能助力"三农"题材纪录片实现写意化表达：在声音信息的传递过程中，通过前期的艺术铺垫，在观影时受众的脑海中会浮现"想象性的声音"，受众在满足自身对声音的想象的基础上会继续放大对这种声音的联想，主动强化自身的情绪，对其产生一种几近幻象的补足，以此来满足自身对于影片声音的需要。②《故乡的风景》第一集《夏声》开篇的解说词就提到，"……你有多久不曾听过蛙鸣……不曾聆听过乡音的亲切……您上一次想起故乡，是在何时？"片中以环境音响为线索，串联起"故乡"这一概念，蛙鸣、雨声、交织的乡音，这些清晰收录的环境音响同与之相配的画面共同呈现，把受众带回了故乡，让受众回味乡土文化的同时激起对家乡的怀念，让他们不只感觉身临其境，也激活他们脑海中属于自己故乡的声音记忆。

"三农"题材纪录片中音响的选取都是基于创作者特定的目的而进行的呈现，因此需要经过专业的设计与严格的取舍。罗骞在谈到《记住乡愁》中的环境音响的设计与呈现时，以正定开元寺历史文化街区为例，首先是找到其中声音的标志性符号即正定古城的"声标"，围绕主题"千古忠义情"锁定了常

---

① 周传基. 国际电影声音理论的发展动向[J]. 北京电影学院学报, 1987 (2): 8-46.
② 韩梦娜. 电影语言的声音修辞与"可视化"问题[J]. 大众文艺, 2017 (6): 178-181.

山战鼓、寺院钟声、梆子腔、锣鼓点、灶台柴火燃烧的声音来展现正定老街独特的风情。这些环境音响就是地方的声音名片，通过对地区文化声音的定向素描，以环绕声场的制作塑造纪录片中的声音环境，"也许这就是当代部分城市'声标'，再过许多年回味乡音就是如此吧"[①]。正是作者有心为之的设计与专业的制作，才造就了其中充满乡土文化记忆的纪实影像空间。

第四节　纪录片中乡土文化遮蔽的选择

在纪录片创作过程中，创作者可能因不同的缘由需对所呈现的内容进行一定的筛选，进而使其想要表现的主题呈现出被遮蔽的现象。现阶段的"三农"题材纪录片的创作环境和创作条件都发生了较大的变化，在乡土文化的呈现过程中受到了意识形态、市场经济和受众需求等多种因素的影响，因此，"三农"题材纪录片在选择性地呈现乡土文化的同时，或有意或无意地对乡土文化这一庞大主体的部分内容进行了遮蔽。

一、选择性遮蔽

纪录片作为一种媒介，从历史的维度考量，从其诞生之日起就具有形象呈现的功能。现阶段的"三农"题材纪录片呈现的乡土文化也与时代相呼应，从不同角度塑造着乡土文化的立体形象，在这些纪实影像中，政治话语的呈现有时并未显露于台前，而是隐于幕后，但其无形的影响却无处不在。此外，市场因素无时无刻不制约着"三农"题材纪录片的生存空间。在市场化的推动下，基于内容传播和受众需要，创作者会对内容进行一定的选择和取舍。这两者共同促成了"三农"题材纪录片在呈现乡土文化时选择性的遮蔽，这也是纪录片艺术表达功能的需要。

---

① 罗骞. 电视纪录片《记住乡愁》的声音设计[J]. 现代电视技术，2021（7）：99-101.

（一）政治环境下传统乡土文化的价值整合

政治话语一直是大众传播领域非常重要的影响因素。施拉姆曾提到，我们在传播的时候，是努力想来确立共同的东西，即我们努力想共享信息、思想或态度。[1]虽然市场成为当下很重要的影响因素，但基于政治话语的考量依然在其中居于主导性的地位。进入现阶段，"三农"题材纪录片同样应该"为国家留影像"，任何大众传媒都未曾停止对政治话语的传播。民族国家作为一个现代产物，它的意识形态认同其实需要征用和转换传统的认同资源。[2]纪录片是建立在艺术创作之上的传播工具，任何一部纪录片都是在纪实手段的基础上表达创作者的主观思维。纪录片作为一种媒介具有广泛传播的能力，媒体属性让其可以作为对群众进行舆论引导和宣传的工具，其内容传播富有感召力，可以帮助政府传播正确的价值观，影响社会的态度和行为。"纪录片是国家的一部分，它必须为国家和政府服务，它没有也不可能彻底独立于政府之外。"[3]基于政治话语的考量，"三农"题材纪录片在乡土文化内容选取层面，对传统的乡土文化进行了时代价值的整合，淡化了现实存在的问题。

通过比较不难发现，政治宣传时期纪录片对乡土文化的呈现是一种先进文化对落后文化的批判与审视。市场化到来后，部分"三农"题材纪录片出现了异化乡村的形式，夹杂了较多的个人观点，而非农村本真面貌的表达，将传统乡村中落后的一面进行文化消费式渲染，试图展现一个又一个充斥着猎奇感的"奇观"，缺乏理性和明确的判断。现阶段在脱贫攻坚全面胜利、乡村振兴战略深入推进等政策背景下，党和国家发出对民族自信与文化复兴的时代号召，极大提高了纪录片创作者对于乡土文化的重视程度。要建成文化强国、实现中华民族伟大复兴，必须要重视本土文化，也即根植于农耕文明的乡土文化。近年来，国家从政策层面对纪录片的拍摄与传播进行了规范，积极鼓励和扶持优秀纪录片的创作。

主流话语对保护和传承乡土文化具有重要的意义和作用，表现在"三农"

---

[1] 张国良. 传播学原理[M]. 上海：复旦大学出版社，2005：33.
[2] 吕新雨. 书写与遮蔽[M]. 桂林：广西师范大学出版社，2008：92.
[3] 林少雄. 纪实影片与执政党之关系论[J]. 上海大学学报（社会科学版），2012（6）：31-40.

题材纪录片，即为对传统乡土文化中与时代精神不符的内容进行的选择性遮蔽和价值引导。也就是说，基于政治话语引导的需求和服务于乡村建设的现实考量，纪录片创作者会对乡土文化纪录片中的历史和现实进行主观化、理想化的诠释，高度肯定传统文化中积极的内容，对其中存在的消极内容进行适当的遮蔽，对部分乡土文化进行时代价值的重新诠释。

"三农"题材纪录片中着重表现了许多传统乡土文化的景观和精神，选择性地弱化或回避了其消极的一面，如在《中国村落》的《家传》这一集中，叙述歙县郑村镇棠樾村的牌坊文化时，开篇便提到了其中的七座牌坊，解说词中提到"立牌坊是流芳百世之举，其中要义，'忠孝节义'是古人一生的最高追求……"，在解说词中也多次出现"忠孝节义"的叙述，"……鲍家人把刻在石头上的'忠义节孝'作为齐家的格言……""……无论做官还是经商'忠义节孝'，恪守成规……"，在纪录片呈现过程中重点讲述了鲍家父子的孝、达则兼济天下的乐善好施与为官清廉的家规，最后以"今天，除了贞节牌坊被时代推倒，忠诚、孝尊、仁义等，依然是中国老百姓不变的推崇"，对其中"节"的部分进行了有意的回避。现实情况是，棠樾村的七座牌坊中第三和第五两座牌坊都是贞节牌坊。也就是说，纪录片在呈现乡土文化的过程中对这些被时代"推倒"的旧社会文化枷锁，选择了轻轻带过。《记住乡愁》同样展示了许多地区的牌坊文化，如潮州牌坊街二里路程上的 23 座石牌坊，屏山村的骑路牌坊、"孝字牌坊"，朱仙镇纪念战国时期朱亥的"忠义朱仙"牌坊……同样围绕着"忠""孝""义"等当下仍在提倡的价值观念，有意回避了其中的"节"，仿佛其从未出现。

纪录片在呈现传统乡土文化时对其内涵进行了重新解读，巧妙地淡化了不符合当下的价值观念和其他消极功能，如《故乡的风景》《记住乡愁》等纪录片用很大篇幅呈现了各地独具特色的代表着宗族权力的宗祠文化、宗教信仰的佛寺宝塔以及具有各地特色的祭祀仪式，在所呈现的内容中对乡土文化的内涵和功能进行了重新诠释与价值整合。以宗祠文化为例，《记住乡愁》中无锡惠山的千年祠堂街、和平古镇的黄氏祠堂、梅林的简氏大宗祠……其中多次展现宗祠文化，受众在观看时被引导着从一个侧面了解了一个在宗族礼法下治理得井然有序的传统村落。这个村落仿佛被时间冻结，古老而又充满力量的祠堂依旧矗立在人们的心里，传统的训诫和规范仍旧在耳畔回响。但现实是传统的宗族礼法更加强调"人治"而非"法治"，推崇"国权不下县，县下惟宗族，宗族皆自治"①的社会治理方式，这与现代化治理模式下的法治社会无疑存在矛盾。传统的以"人治"为核心的宗族文化存在很多弊端，比如其排斥公权力，容易滋生腐败，不利于基层民主建设；不利于国家大政方针的贯彻和执行；不利于乡村社会的稳定；容易助长农村的迷信活动等。新中国成立之后，宗族体制逐渐被拆解，其作用也被淡化。当下对乡村治理体系和治理能力现代化的需求愈发凸显，宗族文化以一种全新的形态，重新回到官方的话语体系之中，但这种"宗族"治理已经同传统的"人治"社会存在根本区别。"三农"题材纪录片所呈现的宗族文化，更多的是一种"时势权力"在新时期发挥其新功能的展现，如《记住乡愁》第六季中讲述的三门源连心桥的故事，以叶翁两大家族"和睦乡邻"为主题，展现了"和"的智慧，强调其在现代化治理过程中可以发挥调节的作用，反映了当下乡村治理的一些现实做法，即邀请村中的乡贤群体参与到基层的调解中，维护乡村的人伦秩序，调解村民个体间的矛盾。新华乡东湾村前支书任善科曾说，过去自己担任支书的时候，村里发生纠纷，如果邀请族中（任姓宗族）德高望重的老人来一起调解，纠纷能很快解决，因为村里人对这些老人都很敬重。②"三农"题材纪录片所呈现的宗族体系在现阶段的社会中更偏向一个基层的社会组织，有很强的号召力和领导力，在基层的社区活动中发挥着独特的作用，如《故乡的风景》中每年春节举办的集体祭祖大典，就发挥了村民间联络情感、教育子女、节日庆祝等多种功能。类似的案例还有很多，如《乡间一年》中展现了延祥村演傀儡戏、游菩萨的传统，画面中有村民现场掏钱买神符供奉的场景，解说词提到"……这几年大家有了点钱，庙里的阵势越来越大，县里担心封建迷信的色彩太重，让延祥村委会去劝一劝……长辈们看在眼里，他们心中自有分寸……"，然后通过村里长辈的叙述，说明傀儡戏的故事主题已经发生了改变，现在的主题

---

① 秦晖. 传统中华帝国的乡村基层控制：汉唐间的乡村组织[J]. 中国乡村研究，2003（1）：1-31.
② 杨孜. 平地瑶宗族文化研究[D]. 南宁：广西民族大学，2015.

中有讲述开仓放粮的故事的，与现阶段"扶贫"的概念进行了对接。片中以点到为止的方式展现了仍然存在的传统民俗活动，并没有像政治宣传时期的纪录片那样去加以批判，而是选择对其进行引导性的呈现，克制的表达减少了教化的色彩。在解说词讲述过程中，画面呈现的是村委会成员张贴移风易俗的手写海报的场景，以隐喻的方式展示国家治理层面的政治话语。再如《社火中国年》中的社火表演，《记住乡愁》中雷州的祭拜雷神、风神的祭祀活动，《中国村落》中祈求神明保佑的"梗舞"……传统民俗活动、宗教信仰、道德教化被重新诠释，以一种符合社会主义核心价值观的形式呈现在乡土文化中，让其在现阶段重新发挥正向的引导作用。当下的乡土文化在一次次移风易俗的过程中，对传统乡土文化的价值进行了整合，更易被受众接受。

（二）市场环境下内容选取的主观性倾向

现阶段纪录片行业产业化的发展趋势增强，市场和商业的力量是纪录片行业发展最具活力的驱动因素。《舌尖上的中国》《记住乡愁》《风味人间》等兼顾了艺术性与商业性的纪录片得到了受众的欢迎并引发了广泛讨论，展现出乡土文化巨大的市场价值。但真正让"三农"题材纪录片和乡土文化广泛传播的动因，是受众对该类纪录片的广泛关注和对乡土文化的现实需求，而"三农"题材纪录片的收视率和点击率是检验纪录片影响的具体要素。

城市化和现代化是社会发展的必然趋势，当今社会正在从"熟人社会"向"半熟人"以及"陌生人社会"加速转型，使得现阶段人们的精神世界处在一种"现代性病症"的状态之中。近年来出现的"国学热""读经热"等文化现象，就是针对此类问题积极疗愈的实践，体现在纪录片创作层面的主要是"乡土文化热"。现在越来越多的年轻人认识到中国传统文化的价值，认识到传统文化不会消亡。中国传统文化尽管有其消极保守的一面，但更有它灵活的、开放的，能够吸纳、适应、自我调节、获取新的生命力的一面。[1]随着经济全球化进程的加速和复兴乡土文化的呼唤，"三农"题材纪录片在当下拥有广阔的

---

[1] 王蒙. 全球化视角下的中国文化[N]. 光明日报，2006-06-01.

市场前景，纪录片创作者必须正视受众的审美需求和观看心理，从传统的乡土文化中挖掘和提取现代社会生存和发展需要的智慧，满足当下社会大众的文化需求。基于此，"美丽乡村""乡土情怀"成了市场影响下乡土文化呈现的主动选择。

但过度商业化滤镜下的"美丽乡村"遮蔽了乡村的真实形象。在视觉文化主导的"后影像时代"，"三农"题材纪录片中"美丽乡村"的建构与"无视频不传播"的市场需求是相匹配的，这在一定程度上暗合了乡村振兴政策实施以来现实乡村所发生的巨大变化。注重视觉效果是纪录片发展的必然要求，但是过度的美化与夸大乡村景观的画面呈现，甚至可能造成"图像对话语的凌越，或者说是奇观支配着或压制了叙事"①，导致受众对当下乡村的现状产生错误认知。如画面明显的颜色反差让人有一种被涂抹的不适感，如在《了不起的村落》中表现兰屿村生产生活时，先使用青蓝色调，在紧接着的下一个镜头又变成了高饱和度的暖色，仅仅只是换了一种色调，却产生了很强的割裂感；《故乡的风景》整体设置了偏青灰色的色调，开头部分鲜花镜头的明亮会造成观看者的不适；《中国村落》中也多次使用高饱和滤镜来呈现缤纷的色彩，这些颜色固然艳丽，但显然与现实不符，这种大量依赖后期调色所创造的"美感"虽然符合某些受众的偏好，但其呈现的乡土景观却造成了一定程度上的失真。纪录片过分追求"奇观"，一味地追求画面的精巧、技术的先进，关注重点的偏移反而可能让其承载的文化束之高阁，让乡土景观的真实形象被藏在由"美颜"和"滤镜"所笼罩的面具之下，让乡土文化本身的内涵和深度成为次要内容，使展现的乡土景观虽然充满了诗意和浪漫，但更多的是从感性层面满足了受众对于乡村景色的欣赏，丧失了纪录片所独有的思辨的魅力。"纪录片最重要的是唤起我们的理性到场，它不是诉诸人们的非理性，不是让你进入一种很本能的感官享受。"②如果纪录片沦为"风光片"，不仅模糊了其与其他影像产品的界限，而且降低了自身的水准，不符合纪录片对于真实性的追求。文化和传媒确实有能力通过"拟像"这种方式，"创造并且指导我们

---

① 周宪. 论奇观电影与视觉文化[J]. 文艺研究, 2005（3）: 18-26.
② 陈虻. 记录今天就是记录历史[J]. 电影艺术, 2000（3）: 77-79.

如何感知现实"①。现实的乡村景象通过滤镜和后期加工，在纪录片中呈现出"超现实"的美感，也确实使受众在观赏纪录片的过程中对乡土文化和田园生活的想象得到满足。然而，受众在结束观影后，"美颜"的滤镜并未被卸下，"超现实"的美感与现实的乡村景象的差距却仍然存在，这种认知上的不平衡同样也会影响到受众对乡土文化的感知和认同。受众因纪录片中的完美形象而被吸引，而真正到实地参观后，那种"只可远观而不可亵玩"的出离感会使受众有被欺骗的感觉。真实生活在农村的人也会感觉到过度的美化和人造痕迹与其现实生存状况的偏差，建构的形象与现实的形象存在较大脱节，反而不利于形成对乡土文化真实性的认知，进而难以引起广泛的情感共鸣。豆瓣网友对《了不起的村落》第一季的热门点评就揭示了这种滤镜下所展现的乡村与网友所经历的现实存在差距的不适感。

　　纪录片呈现村民的"乡土情怀"回避了现实中的城乡发展不平衡带来的问题。现阶段的纪录片用很大的篇幅呈现了坚守乡村或从事传统生产的村民，同时也积极地呈现了投身时代、从事新型农业生产或发展新型产业的返乡创业者，以此来突出他们"故土难离""安土重迁"的传统思想。近年来，"三农"题材纪录片在呈现乡土文化的过程中缺少"城市"的影子，仅选择性地呈现"乡土情怀"并不能消除乡村与城市的现实差距。不同的文化形式与生活方式也让城乡之间的差别迥异，城里人希望摆脱城市生活带来的压力，迫于现实的考量却又无法逃离城市，由此会给他们融入乡村文化带来身份认同的困惑。纪录片中，更多的农村年轻人选择去大城市谋生，如《2020 我们的脱贫故事》中嘎玛平措在易地搬迁落实后，买下了大卡车去林芝市做大卡车司机。但也有在家乡坚守的年轻人，如《了不起的村落》中，年轻的桃花村本地人在接受采访时说："看到我的家乡这么美……想过了这个季节再出去吧。"不只是增达村、驯鹿村、木梨硔……甚至连拍摄本身都是为了纪录这些"即将消失"的村落文化。相较于乡土情怀，城市化给乡村社会发展带来了多方面的影响，不可避免地改变着村民的思想和对农村现实的认知。"三

---

① 陆扬. 日常生活审美化批判[M]. 上海：复旦大学出版社，2012：141.

农"题材纪录片就着重表达当下乡村生产生活对城市技术、文化的包容和吸收，如《土家打喜》中的LED屏幕，《希望的田野》中的扫地机器人、村民的单反摄像机，《湘西》中已建设完成的网络，《记住乡愁》中村民组建的美声合唱团，《在乡村》中孩子们一起演唱流行歌曲……这些画面与传统落后的乡村相比可谓天壤之别，但相比于快速发展的城市，目前城乡仍有不小差距。但"三农"题材纪录片呈现的"乡土情怀"并不能阻挡现代化前进的步伐，现在农村出现的空心村、人口流失等现实问题，在一个个"美丽乡村"呈现的过程中被消解和回避。

纪录片创作需要考虑市场因素的影响，需要一定的流量和数据支撑，但不能丢失其最本质的"真实"。对"真实"的选择性忽略虽然会在短期之内带来流量的快速变现，但在客观层面会消弭影像媒介的公信力。乡土文化呈现与现实情况的偏差会使受众产生强烈的认知不协调。在纪录片所建构的乡土文化媒介空间中，乡村是与城市完全不同的地域空间，人们在此享受慢节奏的生活，居住在风景秀丽、自然舒适的村庄，简单而淳朴的人际关系让每个人心情愉悦。乡土空间及其蕴含的乡土文化成了"都市人"缓释焦虑的良药——乡村充满诗意，拥有富饶和丰富的精神文化生活。这种依据不同"村社"构建的媒介乡村，更像是"乌托邦"的想象。单一且平面化的乡村生活和一味地歌颂只会让受众产生割裂感，无论是农村人还是城市人，初期可能会沉浸在纪录片所营造的乡土想象之中，但实地探访后的失落会更具冲击效果。工业化和城市化进程的加快不可避免地挤压了传统农业，传统农村的结构不再适应时代发展的需要，伴随而来的是农村人口的大量流失。对大多数村民而言，依靠"勤耕"而致富的目标同现实情况存在矛盾，于是更多的农村人选择去城市务工。而"三农"题材纪录片创作者抓住了城市人对乡村生活的想象，对乡村文化记忆进行筛选，构建了满足想象的乡土文化，规避了许多更为真实的部分，只是大篇幅地呈现各地的家风家训，缺少一定的人文关怀与现实考量。城乡经济发展的不协调、农村劳动力的流失、空巢老人和留守儿童等现实问题仍然存在。不可否认，纪录片作品应当追求一定的经济效益，并以路径依赖创作"村社"确实可以获得更多的点击率和关注度，但热闹喧嚣过后产生的空虚感，是纪录片创作者需要关注和呈现的本真。

纪录片创作者应该明确优质的内容是得到受众喜爱和认可的重要指标。过度追求商业利益的最大化很有可能会适得其反。如《舌尖上的中国》作为中国纪录片的杰出代表，可谓是当年最热门的文化类纪录片，在反映了中国饮食文化的同时也蕴含丰富的乡土文化，首轮播出的平均收视率达到0.5%，超过了同时段的电视剧，成为当时最具商业价值的纪录片品牌。万众瞩目的《舌尖上的中国（第三季）》开播以后，过多的广告植入，内容上的逻辑混乱、断裂，甚至出现了与事实明显不符的存疑的情节等问题，使其遭遇了口碑的"滑铁卢"，在豆瓣仅收获3.8分，有48.1%的网友给出一星的评价，导致了该系列的终结。虽凭借前两部的口碑，第三季的传播仍然较广，但口碑的崩坏对其中所蕴含的乡土文化认同的建构无疑造成了一定的消极影响，不仅弱化了乡土文化的传播，而且也损伤了主流媒体的公信力。

二、无意识遮蔽

乡村题材纪录片对乡土文化的呈现，归根结底是以创作主体的影像创作过程为核心。这涉及基于怎样的视角进行纪录片的拍摄、如何去呈现其中的乡土文化，以及采用什么样的叙事方式去讲述等关键问题。纪录片创作主体与其创作的内容是一脉相承的，但是在纪录片呈现的过程中，大多数创作者基于精英视角俯视乡土文化，根据已有的审美惯性和有效的传播框架通过主流媒体进行呈现与表达，造成了"三农"题材纪录片作品同质化的同时，也遮蔽了现阶段愈发多元的乡村形象表达。其中"伪纪录"拍摄方式的大量运用，让其呈现的乡土文化显得刻板而生硬，受众的情感体验产生了明显的错位，遮蔽了乡村本真的神韵。

（一）精英视角遮蔽多元表达

一般而言，知识分子阶层中的人文知识分子创造、传播和分享的文化，即为精英文化。精英文化是"经典"和"正统"的解释者和传播者，其主要作用是对社会进行教化、对价值进行规范。①纪录片创作者大多符合精英这一身份，他们具有较高的文化水准，拥有一定的创作能力，同时也在纪录片创作和播出的过程中间接掌握文化分享和传播的渠道。我国"三农"题材纪录片从诞生以来就带有"精英文化"的特质，直到今天纪录片仍然被称为"电视文化的守望者"②。但是，基于精英视角去俯视和呈现乡土文化也会造成"对一些弱势群体和边缘群体进行一些貌似平等、实则借助媒介的力量强行做不平等的窥视似的记录"③的情况。

纪录片创作者需要耗费较长时间并投入大量精力打磨作品，但目前纪录片的制作和播出主要采用季播或固定时段播出的模式。在这种模式的影响下，创作者很难深入挖掘乡土文化内容，因此借鉴以往的成功经验成了大多数创作者的首选，这导致部分"三农"题材纪录片从创作主题、叙事方式到解说词风格，都呈现出同质化的现象。如在《舌尖上的中国》热播"出圈"后，以"味道"为主题的纪录片层出不穷，《新疆味道》《味道中国》《上海的味道》等，变的是地点和名称，但其拍摄手法、叙事方式乃至解说词风格，都颇有"复制粘贴"之嫌，一时间"舌尖体"成了纪录片解说词的标准模式。"三农"题材纪录片同样也借鉴了其中的优秀经验，在呈现乡土文化过程中，食物成了表现各地区域特色的重要符号。但这种叙事方式与解说词风格经常出现"水土不服"的情况，以《湘西》为例，参考豆瓣网友对其的热门点评，有网友认为"文案特别烦""从文案到格局都太硬拗内涵""旁白太多，剧情太空"……虽然大多数网友认可其"摄影很美"，但是文案写作风格的套用与模仿仍然影响到对作品整体的观感。

打造"村社"让纪录片创作流程缺乏新意，浮于表面。纪录片产业化发展在加速，"三农"题材纪录片创作也逐渐形成一整套创作流程。乡土文化呈现过程中存在"村社化"趋势，视觉呈现也表现出一定的审美惯性，因缺乏创新，

---

① 邹广文. 当代中国大众文化及其生成背景[J]. 清华大学学报（哲学社会科学版），2001（2）：46-53，67.
② 韩飞，何苏六. 新旧动能转换视野下的中国纪录片产业发展[J]. 当代电影，2019（9）：128-132.
③ 黑格尔. 美学[M]. 朱光潜，译. 北京：北京大学出版社，2017：275.

依旧沿用传统的纪实手法，如线性叙事结构、静态的拍摄视角、标准的画面构图等。这些技法在"三农"题材纪录片的创作中被广泛使用本身无可厚非，但倘若内容和主题缺乏新意，往往会让受众产生"似曾相识"的观感。比较常见的纪录片的开头通常是通过自然风景来引入故事，中间都会有一些镜头展现当地村民的生活状态，结尾总结全片，这种套路化的结构通常会让人感觉创新和个性化不足。尤其是主流媒体和专业的传媒机构制作的"三农"题材纪录片，其取材虽然横跨南北，但表现的内容仅仅聚焦乡村"美"的一面。纵观近年生产的"三农"题材纪录片，"去苦难化"的主题成了该类纪录片表现的主流，对于乡土文化的呈现形式存在模式化的套用，其中表现美丽乡村形象、家规家训、乡愁文化等主题占据主流，题材选取上更加倾向于展现传统的古村落"奇观"。在讲述农村生活的纪录片中，往往只展现了农民的生产生活场景，却没有对农村经济发展、农民权益保障等问题的深入探讨。同样，在讲述乡村建设的纪录片中，也仅仅展现了美丽的乡村风光和城市化的改造成果，没有对乡村社会发展中的一些深层次问题进行分析和思考，如土地流转、乡村治理问题的呈现等。

现阶段的"三农"题材纪录片不仅在视觉呈现层面存在机械模仿，而且在叙事结构上出现"强行抒情"的现象。由于创作者缺乏严肃认真的态度，在创作思维中存在路径依赖，对一些概念未进行有针对性的考证，牵强附会、随意引申，时常因犯常识性的错误让受众无法理解和接受。纪录片的受众以收视目的可以分为两类：一类是提高自己的知识储备，通过纪录片对事物进行一般性的了解以开阔视野；另一类是因为个人经历或兴趣爱好，本就拥有一定的专业知识储备，偏爱这类纪录片。纪录片创作者对乡村文化的描述和呈现出现了失实情况，会让这些受众产生失望的情绪。虽然有些专业受众会自发地在评论区进行"纠正"，但大多数知识积累一般的普通受众会被动接受这些错误内容。作为精英的创作主体，拥有专业的实力和较高的制作水准，其生产的内容却不一定能满足受众的期待。如《湘西》第一集中解说词提到"……凤凰古城，2008 年被列入世界文化遗产……",事实上凤凰古城在2006年被列入"中国世界文化遗产预备名录",并非"世界文化遗产"。这个错误被评论区的网友指出,点赞数量甚至超过了纪录片本身的播放量。

精英视角遮蔽了鲜活的乡土文化的大众话语表达。雷蒙德·威廉斯(Raymond Williams)曾提出,"活文化"是一种"普通人"在与日常生活的文本与实践的互动中获取的"活的经验"。①纪录片作为"人类生存之镜"显然不是一种静态而固定的文化形式。融媒体的快速发展也赋予了普通人运用纪实影像进行自我表达的机会,虽然制作可能略显粗糙,但这种参与式的视频创作开始走进大众视野。这导致了建构的"乡愁"叙事与村民在短视频平台上生产的作品存在明显的不匹配,呈现出两个"乡土"的尴尬窘境,也让传统精英文化语境下所呈现的乡愁文化显得十分牵强。以纪录片创作主体为代表的精英阶层掌握着媒介和历史书写的"文化资本",普通大众生活处于一种被书写的状态,他们的日常行为和实践活动都处于一种"发生即消失"的状况之中。DV的出现给个体纪录提供了可能,短视频的出现显然挑战了这种权威,Vlog的崛起让公众看到这种愈发强烈的"被记录"与"被注视"的需求。"三农"题材纪录片未来将会成为大众文化与大众生活的一部分,精英视角的下移与内容的深挖下沉是应然的趋势。这要求现阶段纪录片创作者主动去提升自己的"文化自觉",主动深入地去了解乡土文化的"来历、形成的过程,所具有的特色和它发展的趋向"②。我们也看到一些积极记录家乡的"返乡人"创作者,他们用细腻的笔触和平视的视角去呈现原汁原味的乡土文化,如陆庆屹导演拍摄的《四个春天》、刘飞芳导演制作的《春去冬来》等,这些独立纪录片导演也在这个时代,以自己的镜头思考着如何兼顾都市文明和传统礼俗间的协调融合。

(二)过度摆拍遮蔽乡土文化的原生性

欧阳宏生曾指出,目前我国纪录片创作中最为人诟病的是不能深度卷入

---

① 约翰·斯道雷. 文化理论与大众文化导论[M]. 常江, 译. 北京: 北京大学出版社, 2019: 56-58.
② 费孝通. 文化与文化自觉[M]. 北京: 群言出版社, 2010: 249.

现实，缺少对当今社会主流的关注。[①]造成这种现象的原因主要是创作主体在创作过程中滥用"伪纪录"的拍摄方式。"伪纪录"的手法自纪录片诞生以来就饱受争议，罗伯特·弗拉哈迪（Robert Flaherty）在《北方的纳努克》中就大量使用了摆拍的手法，出于拍摄需要，他重新搭建了因纽特人的冰屋，并指导纳努克一家进行"表演"，重现他们捕捉海豹、建造冰屋等传统生活状态。瓦尔拉莫夫（Леонид Варламов）导演拍摄的《中国人民的胜利》中，解放军占领南京总统府的镜头，也是通过动用当年参加战役的原部队补拍出来的场景。不可否认，这种表现方式确实可以更好地表现画面的美感，方便创作者将想表达的内容直观地呈现出来，也在一定程度上尊重和还原了历史，但是这种表现方式需要注意"度"的把握。如果创作主体过分介入影像的拍摄，甚至踩踏"真实"的底线，反而会让纪录片脱离现实，失去其呈现主题的自然性和本真性。

基于客观现实条件，同时受制作周期及经费等制约，确实存在部分镜头需要进行情景再现式的摆拍。传统纪录片中的"摆拍"通常需要进行文献的查阅和资料的搜集，在深入了解后尽可能地进行"还原"，本身是一种非常实用的纪录片呈现方式。但是，现阶段"伪纪录"的拍摄方式背离了真实性的初衷，仅仅注重画面意境的表达，对于这种创作手法的过度依赖同样导致"纪实"味道的丢失，会使创作主体在挖掘乡土文化过程中陷入难以深入的窘境。

"三农"题材纪录片在呈现乡土文化的过程中，部分创作主体已经形成了对"摆拍"的路径依赖，从仪式的再现到技术的展示，甚至是已经消失的传统生活方式，都能通过摆拍的方式在纪录片中进行"情景再现"式的还原。其中也有部分创作者尊重现实，查阅文献资料，对乡村的现实生活进行了"格里尔逊式"的还原，如《记住乡愁》中就常常使用情景再现的方式对过去的场景进行还原。其中，第八季讲到万古寺村的道路，为展现传统的脐橙运输，纪录片创作者复刻了传统的村民挑着扁担去河边码头的画面，真实又自然地对没有

[①] 欧阳宏生，梁英. 西部纪录片：光荣、迷茫与梦想[J]. 当代电视，2005（3）：47-49.

运输工具时的运输状况进行还原。画面中刻意隐去了村民的容貌,从背后进行拍摄,在尊重历史的同时也增强了纪录片还原的真实性和可看性,体现了传统农民吃苦耐劳的精神以及乡村振兴战略在现实生活中对村民生产生活的帮助,镜头中村民挑着扁担前行的画面也与我们认知中的传统乡村形象贴合,颇具神韵。尊重历史和现实的"情景再现"可以帮助影片抒情,进而实现纪录片创作者的创作目的,但其中也存在一些拙劣的表演,让受众感到出戏,甚至引发误解和偏见。如《美美乡村》为展现设计师改造乡村的成功,让村民配合设计师举着"We are family"的牌子摆拍,这一片段让人产生出戏感;《四十年四十村》中创作者为了呈现长胜村重视耕读教育的文化传统,让村民在传统堂屋"可大堂"摆拍"成语接龙"游戏,拍摄对象面对镜头不知所措,"尬演"了整个游戏过程,与在后续镜头前讲述"可大堂"历史文化故事时的自信与从容形成了强烈的反差。设置的趣味环节让屏幕内外的人物都难以入戏,虽然勇于创新的精神可嘉,但呈现效果确实不尽如人意。传统技艺传承更是"伪纪录"与摆拍现象的重灾区,如《了不起的村落》中对湘西坪朗村的苗鼓文化展现使用了故事化叙述的手法,这种方式确实可以有效地提高纪录片的观赏性,但被拍摄者不自然的动作和眼神让其所讲述的故事很难使人共情,其中所承载的文化传统更像是由创作主体刻意安排设计的,细节的失误让作品失去文化本真的韵味;《记住乡愁》第七季中的金华古城百年酱坊一集,片中的年轻师傅一遍遍地舀起酱缸里的酱油,本意是想体现必须酿造满三年才能出缸的匠人精神,但是片中人物动作僵硬、表情不自然,让受众难有代入感。受众基于对纪录片的信任而奠定了"先在真实",但创作者在摆拍过程中的各种所为,会让这种"预设"的信任受到消损。这些问题其实并非不可避免,引导纪录片中的人物在镜头前展露真情实感,显然比"展演"更能引起受众对乡土文化所承载的情感共鸣。

现阶段真实的乡土文化应该是蕴含着真情实感的多元文化,那种经过创作主体过度的主观"润色",脱离情感式的"再现",会让受众对作品呈现的画面内容产生间隔感,不仅难以传播乡土文化的韵味,而且对树立民族文化自信也会产生消极影响,进而可能削弱受众对现代文化的认同感及优越感。在这样的情况下，传承乡土文化的目的很难得到充分满足，甚至有可能强化受众固有的刻板成见。说到底"摆拍"的创作手法与真实的"纪录"存在理念上的冲突，弊大于利，如何让技术真正服务于真实的艺术，在必要的"摆拍"过程中如何将纪录的重点放在呈现真实自然的乡土文化上，仍然是当下纪录片创作主体需要思考的问题。

第五节 纪录片中乡土文化呈现的优化之策

乡村题材纪录片呈现的乡土文化应当满足现阶段纪录片受众日益强烈的精神文化需求，顺应时代发展的客观规律，构建良好的乡土文化传播生态场域。纪录片应凭借"真实"的力量，创新表达、深入挖掘时代所需的乡土文化内涵，推动乡土文化的角色从"存储记忆"向促进文化认同的"功能记忆"转化，实现乡土文化与乡村文化建设的同频"共振"。

一、厚植乡土文化时代内涵

新发展理念既是指引乡村文化发展的基本原则，又可作为"三农"题材纪录片挖掘与呈现乡土文化的方法论指导。在纪录片创作过程中，应对记录的乡土文化进行细致观察和认真梳理，透过表象呈现其内在的文化精神，更应积极主动地探寻如何巧妙地呈现现阶段的乡土文化内涵的方法。这要求创作者树立文化自信意识，坚持不断"深入生活、扎根人民"，只有这样，创作出的作品才会有真正的乡土气息。同时需要坚持"内容为王"，深挖乡土文化的时代价值内涵，在"三农"题材纪录片中充分利用"乡土"这一文化符号，展现正确的价值观念，起到引领乡村文化建设的作用。

（一）创新：推动乡土文化"双创"发展

乡土文化是可以创新的，其中蕴含的优秀传统文化是可持续发展的智慧，这要求我们在挖掘和呈现乡土文化价值过程中"不断赋予时代内涵、丰富表现形式"①。在传统的农耕社会，传统乡村文化是契合乡村社会发展和价值观念的，但时代在向前发展，文化也是流动的，有变化与创新。②面对城市文化的冲击，乡土文化想要继续焕发新的活力，就应该找到契合时代发展的着力点。这要求纪录片创作者扎根乡土，在对乡村社会有着深刻认识的基础上，与当下所倡导的时代精神相结合，促进纪录片所呈现的乡土文化完成创造性转化和创新性发展。

纪录片创作者唯有扎根乡土，才能深入了解乡土文化，为创作创新打下基础，这是基于乡土文化自身来源与纪录片创作需要的两方面要求决定的。一方面，乡土文化是根植于乡村社会的本土文化，其大量存在于村民的日常生产生活之中，漫长的农耕文明形成了内容丰富、形式多样的乡土文化。另一方面，纪录片创作要求以真实性为前提，一部优秀的纪录片作品一定是深入拍摄对象、贴近人物生活的。如《出山记》的导演焦波在接受采访时坦言，在拍摄纪录片的过程中，每一部都会花费一年以上的时间扎根乡村，与村民和拍摄对象一同吃住，增进彼此间的了解，让对方熟悉自己，同时也让拍摄对象习惯摄影机的存在，"在我眼里，所有的老百姓都那么可爱，老人就像我的父母，中年人就像兄弟姐妹，年轻人就像我的孩子一样"③。他从思想和行动上真正做到了扎根乡土，这也许就是焦波镜头下的中国乡村带有更浓厚的乡土气息，作品画面中村民的表现也显得十分真实自然的原因。

与时代精神相结合的乡土文化才能真正为人们所接受，这要求纪录片创作者既要挖掘和展示时代变化中的传统乡土文化，又要积极地赋予其时代内涵，在新环境下把握好乡土文化内容创新的方向，使其朝着社会主义先进文化方向发展。如《最美中国》中出现的传统蒙古族仪式——"祭敖包"，就是创作者挖掘时代变化中乡土文化的典型例子。为了适应现阶段的文化发展需要，当地居民对其本土文化活动进行了创新，传统的"敖包祭祀"活动更加注

---

① 中共中央国务院关于实施乡村振兴战略的意见[M]. 北京：人民出版社，2018：17.
② 费孝通. 对文化的历史性和社会性的思考[J]. 思想战线，2004（2）：1-6.
③ 刘兰慧. 焦波：农夫导演的影像史记[N]. 大众日报，2022-03-18（5）.

重单向的文化交流，以感恩、祈福为主，改良后的活动则更加注重现实功能，融合了文艺演出、体育竞技、商品交易等活动，一定程度上满足了更多村民的实际需求，实现了其自身价值功能的拓展。创作者应在扎根乡村、"发现"乡土文化的基础上，对乡土文化的主题进行归纳，对其中的故事进行反复演绎，提炼出符合社会主义核心价值观的内容。如《记住乡愁》系列就作出了表率，以第八季为例，其中的每一个故事都是对社会主义核心价值观的高度凝练，并体现在标题中，以"友善"为例，其中顾家善村"万事善为乐 生活如花香"、沙洲村"风雨相伴 乐善为家"。系列纪录片在呈现乡土文化的同时，展现了乡村振兴的实践成果，并且有意识地提取其中优秀的传统价值观念。对于纪录片叙事主题的主动把握，让其内容不再局限于故事和画面本身，而是与现实的文化精神相联系，探寻内蕴其中可以确立和改变人们对于乡土文化现代认知的主题。

"三农"题材纪录片创作需创新理念，挖掘乡土文化的价值，在扎根乡土社会的基础上，与时代发展所需的文化精神相结合，赋予乡土文化新的时代内涵。这既能让纪录片受众在感受真实自然的乡土气息的同时，更好地理解和接受国家的方针政策，又有利于在现实中开展移风易俗活动，消除乡村文化中落后的封建文化残余。此外，创作者应对传统的民俗文化、家风文化、乡贤文化进行深入解读，不仅仅停留在表面的呈现上，更要让受众感受到其中所蕴含的优秀乡土文化精神，在创新中传承，在传承中创新，展现当下新农民的精神风貌。

（二）协调：探索城乡文化互补机制

城乡之间发展不平衡的问题，是现阶段我国社会发展过程中存在的现实问题。协调发展是"发展平衡与不平衡的统一"[①]。协调理念的总体思路是在承认乡村和城市之间存在发展不平衡，承认其文化内容存在矛盾和差异的基础上实现综合平衡与整体和谐，这要求现阶段"三农"题材纪录片的创作者在

---

① 习近平. 深入理解新发展理念[J]. 求是，2019（10）：4-16.

挖掘和呈现乡土文化的过程中，找到其中的平衡点，在展现二者现实矛盾差异的同时，积极地去探索城乡文化之间互补的可能性。城乡文化发展并不是简单地从城市到农村的单向流动，更应该是两者的融合发展。

纪录片创作主体应该"改进'城市=先进、乡村=落后'的思维定式"[①]，明确乡土文化的重要价值。城市与乡村之间只存在地域和生存方式的区别，并没有高低优劣的等级划分，既不能以城市的主观视角对乡村进行"不平等的窥视"纪录，又不应该对乡土文化进行过分的夸大，城市和乡村应该各具特色，功能互补。我们应该以尊重传统的乡土文化为前提，充分发挥纪录片创作者的主观能动性，积极探索城乡文化融合发展之道。"三农"题材纪录片在此方面也有所尝试，比如浙江卫视创作的纪录片《美美乡村》，其意在通过"艺术点亮乡村"来讲述现阶段乡村文化发展的故事，其选取的主题就蕴含着传统文化与现代文化的碰撞与融合，同时也体现出了"敢为人先"的浙江精神。观影过程中，该片以"艺术点亮乡村"的新颖方式，带给受众探索感，展现了挖掘乡村艺术的过程。用纪录片最后一期一位学生接受采访的回答进行概括，"……将我们从漂浮的空中拽入到真真切切的中国大地上，真实地感受那种从中国的土地当中生长出来的朴素的、真诚的、实实在在的情感"，这表明"乡建艺术家"是这种融合的探索者和推动者，也展现了乡村文化艺术与现代文化艺术如何在现阶段的乡村景观建设中发挥各自的优势，让受众得以窥见现阶段乡村振兴是如何实现的，以及共同富裕是如何在文化和艺术领域开花结果的。

"三农"题材纪录片创作者在挖掘乡土文化价值的过程中，应该努力去突出乡土文化自身的神韵和特色。现代化的乡村景观并非千篇一律的"小康村"，乡村文化也不应该是现代文化对于乡村文化的"霸凌"，更不是城市和乡村简单的同一化。纪录片创作者应该找到"各美其美，美美与共"的动态平衡点，在纪录片中既要做到突出各方特点，又要让乡土文化和城市文化在融合发展中实现互补，为当下城乡协调发展努力找寻现实的共进路径。中国正在从"乡

[①] 欧阳雪梅. 振兴乡村文化面临的挑战及实践路径[J]. 毛泽东邓小平理论研究，2018（5）：30-36.

土中国"步入"城乡中国"的发展新阶段,城乡文化的有机融合、共同发展既是中华文化未来的发展方向,又是"三农"题材纪录片创作的重要着力点。

(三)绿色:优先融入生态文化

绿色发展的要义是要解决好人与自然和谐共生的问题。[①]绿色发展的思想汲取了朴素生态观的思想精华,这也是中华优秀传统文化的重要组成部分。乡村生态同乡土文化存在着逻辑勾连,乡土文化本身就是根植于乡村自然生态的,乡村的生态文化也深深地嵌入在乡土文化中,其中暗含的"天人合一""道法自然"的生态观念是中华优秀传统文化的重要组成部分,可见,生态发展与可持续发展的理念应该在乡土题材纪录片中得到更多的呈现。挖掘和呈现现阶段乡村生态建设的伟大成果,将人与自然和谐共生的思想理念以纪录片形式进行传播也是现阶段"三农"题材纪录片创作者的重要使命。

纪录片创作者应该深入挖掘乡土文化中的生态思想,其价值内涵可以为现阶段乡村文化振兴战略提供助益。在传统的乡土文化中,我们可以发现,其生态价值积极倡导尊重自然、顺应天道,以实现万物和谐的理想境界。以此为基础衍生出的中华民族传统生态道德,可作为乡村生态振兴的思想源泉。如《万物之生》中展现的延续了1500多年的摩梭人的转山节,就是以认知自然、敬畏自然、感恩自然、与自然和谐相处为出发点,体现了传统生态文化"万物有灵"的思想。传统乡土文化中还有很多与绿色发展、可持续发展类似的观点和理念值得我们深入挖掘。农耕文化推崇因地制宜、农牧结合、用养结合的生产理念,对于保护乡村生物多样性、促进乡村自然生态环境的平衡有重要意义。绿色理念要求我们不仅要全然地以传统"天人合一"的理念去敬畏自然,而且应该在现阶段的乡村建设中发挥主观能动性。纪录片创作者应该注意人与自然的对立统一关系,充分认识到人们可以通过把握自然规律,主动地适应环境,建设美丽生态家园。如《中国村落》中的人造桃花林、《瀚海绿洲》中的沙漠绿洲,这些展现乡村生态建设的故事更具现实意义,也更能让受众

---

① 习近平. 深入理解新发展理念[J]. 求是, 2019(10): 4-16.

了解到"美丽乡村"的来之不易。纪录片中真实存在的乡村自然生态环境场景可以唤起受众的绿色生态意识，使其自觉地保护自然、爱护环境，同时也是"绿水青山就是金山银山"的具象化呈现。乡村的生态环境是纪录片创作者重要的素材来源，也是国家政策的重点关注对象，相较于刻板印象中贫瘠落后的乡村景观，现阶段"三农"题材纪录片展示了一个又一个生态与人和谐相处的美丽乡村，可以说纪录片创作和呈现的乡土景观对受众心中的乡村形象构建起着关键作用。

"三农"题材纪录片创作者应当积极挖掘和呈现乡村生态文明，为现阶段中国生态文明建设生动留影，通过纪录片这一媒介优先传播绿色发展的理念，不仅可以推出一个个乡村绿色发展的典型案例，而且可以传达绿色生活方式，促进乡村文化的健康发展。这样的纪录片呈现既体现了我国推进生态文明建设的坚定决心，又具象化地诠释了我们所呼吁构建的人与自然生命共同体的愿景。

（四）开放：倡导多元乡土文化

赫伯特·乔治·威尔斯（Herbert G. Wells）曾这样评价中国："当西方人的精神被神学的黑暗蒙蔽时，中国人的精神却充满着开放、包容和探索欲望。"[①]兼容并蓄的开放精神是乡土文化的内在属性之一。习近平总书记指出："……只有处于开放交流之中，经常与外界保持经济文化的吐纳关系，才能得到发展，这是历史的规律。"[②]乡村题材纪录片创作者在挖掘和呈现乡土文化内涵的过程中，应该保持开放的思想理念。传统的乡土文化因地域等原因形成较强的固定性，传播效率以及同外部有效沟通的效率不高，虽然曾在地域文化发展中占据主导地位，但其统治地位面临诸多挑战，其地位已经不比从前。现阶段所倡导的乡土文化并非仅仅是传统地域性的乡土文化，更是多元包容且不断发展的新乡土文化。这里的多元不只是不同地域的不同乡土文化，而且包含时代发展吸纳的不同类型的外来文化，这要求创作者在挖掘乡土文化内涵

---

① 赫伯特·乔治·威尔斯. 世界简史[M]. 谢凯，译. 北京：民主与建设出版社，2015：189-190.
② 习近平. 摆脱贫困[M]. 福州：福建人民出版社，1992：81.

的过程中主动吸收外来文化的精髓，积极借鉴并充实乡土文化的时代内涵，增强纪录片呈现乡土文化的影响力和传播力。

"三农"题材纪录片创作者应遵循开放的思想去挖掘和呈现现阶段的乡土文化，这既是理念也是现实。随着城市化与对外开放的逐步深入，传统的乡土文化与外来文化之间的交流、碰撞与融合变得更加频繁。传统的乡土文化有其开放包容的一面，也有其保守滞后的一面，当然，与之相对的外来文化也并非尽善尽美。城市文化具有鲜明的现代性，但其发展中也存在功利性和世俗性的桎梏。将眼光转向东西方文明的对比，可以发现西方文化在当今世界上仍具有较强的代表性，但其文化自身仍旧存在诸多不足。在中华文化的发展进程中，乡土文化依旧保持着传承中国历史的理性务实的传统，其自身也在不断地对外来文化进行着整合和优化。在"三农"题材纪录片中我们可以看到，多元文化在乡村社会和谐发展中激烈碰撞，推动乡土文化为乡村建设和时代发展提供更多的优质文化资源。

纪录片创作者在创作过程中应该注意到，可以通过纪录片这一媒介主动促进乡村多元文化与其他文化主体的碰撞与交流，以开放的思想进行内容创作，获得更大范围的影响力。如《做客中国》将三位外籍主持人带入9个乡村被帮扶的家庭进行生活体验，通过聚焦"终结贫困"的共通性议题，展现中国的脱贫经验。借助宏观议题来展现中国乡村丰富多彩的精神文化，就是基于此种观念创作的一种凝聚跨文化共识、构建话语认同的有效尝试。《同饮一江水》同样采用多国合作拍摄的方式主动对话交流，以大湄公河次区域为地域共性讲述现阶段的中国故事。将不同文化进行比较，可以更好地明确发展中国特色的乡土文化精髓和意义。在国际传播的舞台上，纪录片这一媒介以乡土文化为核心内容积极"自塑"，展现出多元、开放的新乡土中国形象。只有以开放的理念去讲好现阶段的中国故事，才能提升话语表达的有效性与感染力，也可以唤醒国际受众的认同感。

（五）共享：平衡群众现实关切

共享理念既是乡村文化的内在属性，又是乡村文化发展的目的。习近平总书记指出，"共享理念实质就是坚持以人民为中心的发展思想"①。共享理念是传统文化中"大同"理念的现阶段理解与创新性发展。党的十九大报告进一步指出"满足人民过上美好生活的新期待，必须提供丰富的精神食粮"。"三农"题材纪录片作为一种文化成果，天然地具有满足农民群众文化需要的属性。结合"三农"题材纪录片呈现乡土文化的过程，这提醒我们应当将创作视角下沉，在选题和创作的过程中加强与群众的互动与交流，提高问题意识，反映现实生活，有针对性地满足受众的文化需要，在潜移默化的过程中传播和弘扬乡土文化，将现阶段的乡土文化精神广泛传播，唤醒纪录片受众的主体责任，从我做起，为实现美丽乡村建设和伟大复兴的中国梦贡献力量。

共享理念要求纪录片创作者生产出满足群众需要的文化产品，提供丰富的精神食粮，因此，如何找准群众需求成了问题的关键。这要求"三农"题材纪录片创作者们在不断地扎根乡土、感受乡土的过程中，保持高度的"文化自觉"，深刻地了解乡土文化的本质，明白其自何处来、如何形成、自身具有的特色和它未来发展的方向。扎根乡土，即让创作者汲取"泥土"的气息。文化自觉则可以帮助他们积淀知识，更加深入地了解乡土文化这一概念。费孝通先生认为，"知识分子对自己的文化使命和操守应该有清醒的认知"②，这要求纪录片创作者们应该加强对乡土文化精神的认知，更好地理解乡土空间所蕴含的文化精神和内涵，搜集和整理翔实的资料，有效地加以发掘整理和运用。同时树立问题意识，积极关注社会热点和群众关心的问题，针对社会上的突出问题，通过真实的呈现消除质疑，回应群众关心。

"三农"题材纪录片可以充分发挥其文化产品的作用，从内容层面满足群众多样化的文化需求，充分利用自身独特的真实性特点，树立问题意识，呈现现阶段的乡土文化精神，构建话语认同，更好地推动乡土文化的传承与发展。在纪录片创作过程中秉持共享的理念，积极践行纪录片作为文化产品的现实功能，以农民的生活实践为创作内容，提高纪录片受众在观看过程中的获得感，以优质的内容引导受众积极参与到共建共治共享的文化建设中。

---

① 习近平. 习近平谈治国理政（第2卷）[M]. 北京：外文出版社，2017：214.
② 费孝通. 费孝通论文化自觉[M]. 呼和浩特：内蒙古人民出版社，2009：201.

二、丰富乡土文化表达形式

随着全媒体传播时代的到来，电视媒体"一家独大"的状况渐被打破，可供受众选择的文化接受渠道和方式变得更加多样，这给"三农"题材纪录片在现阶段的发展带来了新的机遇和挑战。"三农"题材纪录片是一种传达乡村文化和乡土精神的重要方式。然而，随着时代的变迁和受众需求的多元化，传统的纪录片表现形式已经无法完全满足现代受众的需求。因此，创新"三农"题材纪录片的表达形式显得尤为必要。创新"三农"题材纪录片的表达形式可以使纪录片更好地适应全媒体时代受众的审美需求，进而提高其传播效果。此外，创新"三农"题材纪录片的表达形式也有利于促进乡村文化的传承与发展，更好地传达现阶段文化的内涵和价值，吸引更多的年轻人和城市受众了解和关注乡村文化。

（一）善用新兴技术扩展表现空间

麦克卢汉提出，一切技术都是知识从一种形态变为另一种形态的转换器。[①] 纪录片的发展历史是与技术进步息息相关的，从格里尔逊模式对有声电影的普及到 16 mm 摄像机和同步录音技术的成熟，催生了直接电影和真实电影的创作实践，从雅克·贝汉（Jacques Perrin）的《微观世界》到约翰·布鲁诺（John Bruno）的《深海挑战》，都是技术和艺术双向促进的结果。目前我们正处在新一轮媒介技术革新浪潮中，各种新兴的技术形态陆续出现并且迅速普及，这也是我们追赶国际先进纪录片制作水平的一次机会。这要求"三农"题材纪录片创作者在制作纪录片的过程中要在深挖细节、强化乡土文化内蕴的基础上，主动提高自身对于技术应用的敏感性和前瞻性，要善于利用新兴技术进行创新，进一步扩展纪录片所呈现的乡土文化表现空间。

媒介技术的飞速发展使得纪录片制作逐渐朝着数字化、智能化的方向转变。"三农"题材纪录片也已经开始尝试引入数字化制作手段来强化自身的表

[①] 马歇尔·麦克卢汉. 理解媒介：论人的延伸[M]. 何道宽，译. 北京：译林出版社，2011：76.

达效果，比如以联合国《生物多样性公约》第十五次缔约方大会为创作背景的《万物之生》，该片创造性地引入了 8K 全流程的制作技术，让画面构图和光影设计变得更加精细，其中所出现的滇金丝猴的每一根毛发都清晰可见，达到了超高清电影级的画面水准，呈现出了极致的美感。在影片宣发时期，制片方还制作了裸眼 3D 的宣传片为其进行预热，给受众呈现了一个以假乱真的云南秘境。其声音搭配了单独的全景声录制，让受众身临其境，如处其中。《万物之生》上映后斩获了多项大奖，受众好评如潮，也受到了行业的广泛认可，其超高清技术在 5G 时代的应用探索具有里程碑意义。除此之外，电脑动画、3D 成像、数字地图、虚拟现实等新兴技术也在纪录片生产制作过程中大有可为，在纪录片呈现乡土文化景观及其中的古老民间工艺、传统习俗过程中都可以起到重要的辅助作用。总之，这些先进技术已经改变了传统纪录片制作的方式，让纪录片制作更具技术含量，也更能够吸引受众的注意力和兴趣。

新技术的出现也促使"三农"题材纪录片创作者积极探索如何更好地运用技术去完成叙事进而呈现乡土文化，如何使技术美学与主题表达有效结合以契合全媒体传播的要求。当下视觉文化盛行，"三农"题材纪录片的视觉审美得到空前的关注，纪录片创作者可以首先通过新兴技术构建影像，引起受众的好奇和关注，进而通过精品内容去呈现乡土文化，唤醒受众的乡土情感，塑造文化认同。

（二）积极打造乡土中国叙事话语

党的二十大报告提出，"加快构建中国话语和中国叙事体系，讲好中国故事、传播好中国声音，展现可信、可爱、可敬的中国形象"[1]。这对现阶段的"三农"题材纪录片创作者提出了新的要求，乡土文化作为中国特色文化体系中的重要组成部分，其中蕴含的众多优秀的具有共性的文化品质，无论是国内传播还是跨文化传播都具有很强的文化感染力。如何让国产纪录片呈现出鲜明的中国美学、中国气派、中国范式，传统中国绘画中写意的创作思想给了

---

[1] 习近平. 高举中国特色社会主义伟大旗帜 为全面建设社会主义现代化国家而团结奋斗：在中国共产党第二十次全国代表大会上的报告[M]. 北京：人民出版社，2022：19.

我们很大的启发。①

意境的营造是构建中国纪录片自身话语体系和叙事风格的重要途径。如《土地 我们的故事》中就采用了颇具中国特色的"讲古"这种原始的社会记忆传承的叙事方式。全片采用"肖像+水墨动画"的叙事风格谱写了一曲土地的赞歌，其写意的画面风格让人记忆深刻。全片采用"口述史"的方式，让一个个生动而又真实的经历缓缓呈现开来，配合"肖像式"的拍摄方式，显得质朴而又真实，没有绚丽的画面表达和复杂的叙事技巧，但一切显得真实而自然。镜头前的受众仿佛是在听家里的老人讲述过去的故事，意境的营造让其内容更加传神，其间穿插着富有年代色彩的广播音响和独具中国特色的水墨动画，仿佛带受众一起回到了那个时代，将老人经历过的有关土地的故事传达到受众的心田。片中的水墨动画不但弥补了镜头的缺失，而且也辅助完成了叙事，把那时记忆中的画面用大写意的笔法，将兼具历史感和乡土气的画面呈现给了受众。在充满乡音的故事讲述中让乡土文化焕发生机，青年人也不再是远离乡土的旁观者，更像是厚重文化的继承者，承载着过去，肩负着建设现阶段的责任，开辟更美好的未来。《土地 我们的故事》为"三农"题材纪录片创作者的生产指明了方向，在兼收并蓄的基础上合理建构，凸显乡土文化精神的纪录片美学，彰显民族特色，讲好中国故事。

为了更好地达到"三农"题材纪录片呈现和传播乡土文化的效果，创作者们需要从多方面对纪录片进行整体的把握，不断地提高自身对乡土文化的认知，秉持着发展的理念深入发掘；同时为了确保在纪录片市场上的良好表现，也应该在形式上创新方法，兼容并蓄，以受众为导向，广泛汲取优秀经验，努力探索并构建乡土中国的话语体系，使乡土文化通过"三农"题材纪录片这一媒介得到更加广泛且有效的传播。

（三）年轻语态表达拓展用户圈层

"三农"题材纪录片在呈现乡土文化、唤醒"乡愁"的同时，应该积极地

---

① 唐俊，张延利. 关于加快构建中国纪录片话语和叙事体系的思考[J]. 当代电视，2023（3）：90-94.

吸引年轻受众对乡村发展变化的关注，更大范围地增强年轻受众对乡土文化的了解和认同。纪录片是一种以写实创作为主要手段的艺术形式，其拍摄过程通常需要较长的时间投入并运用较多的技术手段，以确保纪录的真实性和客观性。这对纪录片创作设置了较高的门槛，要求从业者具备相应的专业素养和创作技能。另外，纪录片的观看门槛也较高，这导致了传统纪录片观众主要集中在中年精英男性群体。在2017年我国纪录片的收视结构中，男性、中年、中高学历及中等收入观众是收看纪录片的中坚力量，45岁及以上中老年观众对于纪实类节目的喜爱程度十分明显，并且随着年龄的增大，喜爱程度也有所提升。[1]新媒体传播时代，网生纪录片[2]这一新的创作模式迅速崛起，纪录片本体的刻板印象随即被打破，青年人成为纪录片的主要受众群体。2019年中国国际电影节上，优酷公布了人文类节目的受众数据，年轻人占比高达3/4。2020年广州国际纪录片节中，腾讯视频在其发布会上公布了平台纪录片的受众年龄占比，"90—95后"的受众占比26%，"95后"的用户更达到了40%，Z世代用户占比高达66%。可见，在市场化竞争的大趋势下，满足年轻群体的需求将会拥有较大的市场潜力。各地多家卫视尝试积极破局，纪录片创作者也在多种不同的表达风格和叙事方式上积极探索，不断扩展"纪实+"的边界。"纪实+综艺""纪实+剧情演绎"等不同的类型组合，可以帮助纪录片超越自身限制的叙事框架，在遵循客观真实的基础上，更具趣味性和感染力，实现更加青春化的表达，这种积极探索也在响应现阶段受众审美需求的变化。

以芒果TV为例，其创作生产的"三农"题材纪录片作品主要以年轻人为目标受众，积极探索以年轻态的风格呈现现阶段的乡土文化。如《不负青春不负村》从选题入手，聚焦奋斗在乡村振兴村一线的青年精英，讲述他们的扶贫故事；《扶贫村里的年轻人》关注了或是坚守或是返乡的"90后"致富带头人

---

[1] 张广彦.迈入"大片时代"的中国纪录片：创新与收视分析[EB/OL].（2018-08-26）.https://www.163.com/dy/article/DQ5R60TJ0517STOQ.html.
[2] 网生纪录片是指通过互联网平台驱动，面向互联网用户进行制作和传播的纪录片，它的主要目标受众是互联网时代之后出生的人群，具有内容求真、形态多变、人本主义、注重互动等特点。

助力脱贫攻坚的故事；《闪耀的平凡：青春接力》从跨文化传播的视角，邀请外国友人探访青年党员，通过发生在年轻党员身上的故事来呈现当下中国的新变化和新风貌。这些纪录片用同龄人的真实故事打动 Z 世代的用户，唤起他们对乡村建设的关注，也弘扬了青年建设者们的时代精神。此外，也有纪录片从年轻人更喜欢的视角切入，如《果味乡村》尝试采用"纪实+综艺"的叙事模式邀请艺人集体走访各地，以地区特色水果为线索，展现乡村振兴的实践成果和与众不同的乡土风情风貌。

全媒体时代，信息渠道的宽广和信息内容的庞杂远胜以往，如何吸引更多年轻人的关注，让"乡土文化"这个古老的命题在现阶段焕发活力，让乡土文化的精髓切实发挥其时代价值，是每一个纪录片创作者需要深思的问题，这要求纪录片创作者应当勇于打破原有的叙事框架，积极探索更加符合纪录片受众消费需求的表达形式，贴近年轻人的审美喜好，让更多年轻人明白乡村振兴对于他们的意义，将乡土文化的表现内容与更多的受众需求进行连接，扩大"三农"题材纪录片的受众圈层，唤起更多人对了解和感知乡土文化的兴趣。

（四）"微"转型契合用户收视习惯

全媒体传播时代，传统的纪录片创作和传播陷入困境，用户的收看习惯发生了巨大变化，适应现在新媒体传播的需求成为必然趋势。美国学者比尔·尼克尔斯（Bill Nichols）曾提出，"纪录片的制作实践是一个动态的、变化的领域，在其发展与演进的过程中，包含了诸多完全不同、差异巨大的影片样式和类型，纪录片创作者始终在实践各种新的方法"[①]。这要求"三农"题材纪录片的创作者应该在创作风格上寻求创新和突破，努力把握时代脉搏，以不同的叙事风格来满足愈发多元的受众需求，加强实践创新，实现纪录片创作与传播的实时转向，以不同的创作风格来满足多样化的受众需求，进而更好地传递蕴含其中的乡土文化精髓。

传播手段的更新、社交媒体的普及与移动终端的全覆盖，让受众的观看习

---

① 比尔·尼克尔斯. 纪录片导论[M]. 2 版. 陈犀禾, 刘宇清, 译. 北京：中国电影出版社, 2015：119-120.

惯朝着个性化、碎片化、短视频化方向转换，纪录片制作必须以受众的需求为导向进行调整，微转型契合用户观看纪录片的习惯。传统纪录片通常节奏偏慢，篇幅过长，并且逻辑性较强，以整体为一个叙事逻辑，需要长时间沉浸式地观赏，这种传统风格的创作方式虽然有叙事完整、主题深刻等优点，但与新媒体时代的传播生态明显不符。受到纪录片受众新需求的导引，传统纪录片传播模式应该进行微调，需要注意的是，这并非片面地要求纪录片传播全部短视频化。如《舌尖上的中国》在结构设计上就受到新媒体传播特点的影响进行了一定的微调，它以板块化的叙事取代传统的长篇幅叙事，每集间彼此独立，每一集之中也包含多个段落内容，以主题进行串联，既可以作为一个整体全篇欣赏，又支持分拆后在社交媒体平台上传播。从内容层面来看，这要求创作者在把握纪录片的内容完整性和叙事流畅性的同时，可以将纪录片的主题或主要的故事脉络进行"分拆"，以"点"串起整个主题，每个"点"也能各具特色，可以独立成为传播单元。当然，这种创作风格的转变需要"三农"题材纪录片创作者们付出更多的精力，让纪录片内容的呈现更加精炼，情节更加紧凑，更能吸引受众的注意。

新媒体时代纪录片快节奏、碎片化传播成为新常态，"三农"题材纪录片要想保持其吸引力和影响力，"微"转型不失为一种有效的实践探索。近年涌现了一大批15分钟以内的微纪录片作品，如《了不起的村落》《我们村》《四十年四十村》《第一书记》等，都采用了这种微结构化的故事表现形式，以各自独具特色的风格和审美，在急速传播和广泛讨论的过程中，也让更多纪录片受众受到其中蕴含的乡土文化的熏染。

（五）强化互动体验，打破创作局限

传统纪录片创作是创作者主观感受的表达，听取反馈意见多数依赖"观众来信"，现阶段视频化传播理念及媒介技术的发展，让"互动"传播真正成为可能。"互动"在纪录片中可"左右"故事走向，与创作者直接对话，甚至直接参与纪录片内容创作的全过程，这也是纪录片创作者下一步生产制作时可以借鉴的形式。

互动视频的出现让"三农"题材纪录片的受众可以更加沉浸式地体验到乡村振兴的实践成果。新华网络电视台采用互动视频技术制作出了反映脱贫攻坚的微纪录片《一个也不能少》，该片最具特色之处是受众可以主动参与体验纪录片的内容生产。创作者在纪录片中设置了多线程的可互动式引导，指向了五个真实发生的扶贫故事，让受众在任何地点都可以沉浸式地体验中国脱贫攻坚征途中一线干部群众的酸甜苦辣。这种互动体验式的微纪录片呈现方式，更加注重沉浸感和参与感，便于受众情感代入。虽然此片制作还略显粗糙，但是这种互动视频技术所带来的叙事形式的创新，可以为"三农"题材纪录片在全媒体时代的呈现形式提供一个新思路。

社交媒体的快速崛起促使纪录片创作者传播思维的转变，他们开始弱化精英视角，主动顺应受众的需求，以适应全媒体时代的传播环境。让纪录片受众参与到纪录片内容创作中，这种方式其实并不新鲜，早在1982年播出的纪录片《话说长江》中就有两集是回答观众提问的，当时组织开展的主题歌词征集活动更是收到了无数观众的来信。传统信件往来耗费时间长，信息获取的时效性有限，且一般都在节目制作完成之后，不能在作品播放过程中直接进行反馈。现阶段纪录片制作模式的调整和社交媒体的普及改变了这种状况，传播渠道不再局限于传统电视媒体和影视录像，视频网站实现了"三农"题材纪录片的"即点即播"，社交媒体更是实现了链接加评论的"即看互议"，将纪录片创作者与其核心受众密切联系起来。以新浪微博为例，账号"了不起的村落"的粉丝有39.2万，"CCTV记住乡愁"的粉丝有78.6万，《舌尖上的中国》总导演陈晓卿的粉丝有216.1万。①微博为纪录片创作者与节目受众提供了一个即时沟通的平台。在接受采访时，陈晓卿曾透露在《风味人间》的更新期间，"创作团队将根据上一集的情况，通过用户在网站上的评论反馈和即时弹幕浏览量来调整下一集的内容。"这提示了"三农"题材纪录片创作者应该有效利用社交媒体平台与受众沟通，收集和了解受众的意见，进而有针对性地优化纪录片的呈现效果。

---

① 该数据统计于2024年11月27日。

Chapter 3

第三章
纪录片中乡土文化传播的乡愁呈现

前文已经从创作者"编码"的视角，对"三农"题材纪录片中乡土文化呈现的表征、维度和选择进行了符号学等阐释，并结合 2017 年至 2022 年间国内纪录片领域的创作实践，对其中乡土文化呈现带来的问题进行了解析，并提出一些积极的应对之策。"乡愁"是研究中国乡土文化的核心概念之一。本章继续对纪录片乡土文化呈现中的"乡愁"进行"解码"，以中央电视台纪录频道（CCTV-9）、上海纪实人文频道、湖南金鹰纪实频道等专业纪录频道中公开传播的"乡愁"纪录片为例进行全方位的诠释。

第一节　专业纪录频道中乡愁的建构

一、"乡愁"的不同类型

传统"乡愁"多被解释为"思乡之情"，它在表达怀乡的情感时，多是借对故乡亲人的思念和对往昔生活的眷恋来抒发的。现阶段背景下，央视纪录频道、上海纪实人文频道、湖南金鹰纪实频道、腾讯视频纪录片频道等播出了大量关于"乡愁"的优秀纪录片，这些纪录片反映了社会发展进程中民众的情感流动。随着社会转型的加速，工业文明的兴盛对农业文明产生了巨大冲击，导致了"乡愁"的内涵也可以有多种解读。

（一）情感乡愁与文化乡愁

乡愁因乡村地缘关系而生，因乡村地缘生活而成，因背井离乡而起，构成中国人独特的乡土文化。乡愁是情感的，也是物质的；是文化的，也是社会的；是历史的，也是现实的；是农村的，也是城市的。①其实，每一个中国人都有自己的乡愁。"乡愁"的本义是人思念家乡时的忧伤心情，它具有物质载体属性，可作为一种文化符号。同时乡愁是指怀念某一事物或对象，通常怀念的对象是故乡的亲人、朋友等，怀念的事物是生活习俗、民居建筑等。②因此，乡愁具有精神载体和物质载体，可以将乡愁分为情感乡愁和文化乡愁。③

情感乡愁是深切思念家乡的忧伤的心情，是一种对家乡眷恋的情感状态。远离故乡的游子、漂泊者、流浪汉、移民等，都会思念自己的家乡，对故土的眷恋是人类共同而永恒的情感。

文化乡愁可分为物态构成、行为构成、制度构成、精神构成四个维度。④物态构成是乡愁的基础层面，它指代的是乡村的古迹、祠堂、古树等，与人们的日常生活需求息息相关；行为构成是乡愁的实践条件，它指代乡民劳动习惯与生活方式的标准范式，如民俗表演、非遗制作、祖先祭祀等，具有鲜明的地方性与文化性特征；制度构成是乡愁的基础保障，它指代的是各民族在社会生活中需要遵守的各种规定约束的构成，如乡约村规、组织条约等，具有一定的约束性；精神构成是乡愁的核心内容，它指代的是一种文化现象，如乡贤文化、家规祖训、爱国情怀等。文化是一种符号，所以文化可以作为乡愁的载体。文化乡愁中的文化部分是具有历史纵深感的文化，中华优秀传统文化所具有的历史性、民族性，决定了其在传承中的优势和代表意义，因此传统文化是我国乡愁情感最为匹配的载体。

---

① 李华胤. 习近平关于乡愁重要论述的核心要义与现实价值[J]. 中国农村观察，2022（3）：2-18.
② 王怡涵，何得桂. 在乡村振兴中"留住乡愁"：价值、困境与路径[J]. 理论月刊，2022（10）：56-64.
③ 李雯. 乡愁：海外华人编织的文化记忆[D]. 重庆：四川外国语大学，2020：14.
④ 赵雅馨. "三农"题材纪录片中的"乡愁记忆"研究（2012—2019）[D]. 保定：河北大学：11.

（二）村落乡愁与都市乡愁

"乡愁"一词中的"乡"，既可以指"乡村"，又可以指"家乡""故乡"，还可以指更广泛意义的"故乡"——祖国或国家等。生活在城市和乡村的人会拥有不同的乡愁，由此，乡愁可分为村落乡愁和都市乡愁两种。祖祖辈辈都在乡村生活、个体的成长过程也发生在乡村的村民，由于乡村很难满足自身的发展，于是不少村民会选择离开出生地前往大城市谋求发展，当他们在城市生活工作较长时间后，他们会因为自身情感的需求，或是返回乡村寻求精神上的归宿，或是因为离村入城而产生怀念故土的情感，这种情感可以称为村落乡愁。这种乡愁多产生于在外工作和升学留城工作的乡村人群中。

现代乡愁产生于中国式现代化进程中的城乡之间、城城之间以及城市内部的人口流动之中。那些长时间在城市生活工作的群体，由于某些因素在某一时间搬离其长期生活、居住的空间所产生的情感可以称为都市乡愁。这类城市人群因职业改变或升学需求等原因，需要改变居住地点，离开熟悉的居住地；或者受城市建设发展的影响，城市的建筑、道路等发生变化，该类人群失去了记忆载体，由此而引发都市群体的怀旧心理。[①]这是与村落乡愁不同的另一种怀旧情绪，城市乡愁中的"乡"更多是指原来生活的熟悉的地点，而非乡村或家乡之意。

二、"乡愁"内涵的呈现方式

乡愁存在于每个人的心中，无论时代怎么流转，人们都不会忘记"乡愁"。影像创作者将注意力放到乡愁创作中是当下纪录片创作的重要转向。纪录片中的"乡愁"不仅仅是对故乡、亲人的怀念之情，更是在文化层面上对人们精神状态和价值追求的反映。

[①] 万可歆. 现代乡愁的文化表达——村落乡愁与都市乡愁的对比研究[J]. 中国民族博览，2018（5）：19-20.

改革开放之后,纪录片多注重民族情感的抒发,像《话说长江》《话说运河》等纪录片皆属此类,该类具有"乡愁"意蕴的纪录片主要表达对国家和民族的认同,"乡愁"体现在公众的精神层面。20世纪90年代以来,乡土文化与城市文化的碰撞和冲突使传统文化陷入危机之中,但是人们远离故乡,家乡的一切又成为他们怀旧的对象,所以纪录片的创作方向发生了改变。因此,90年代的纪录片将创作主题转向对普罗大众的生活叙事,以此来展现90年代人们的"乡愁"。如《最后的山神》《神鹿啊!我们的神鹿》《最后的马帮》等纪录片,表现了人们在城市生活中心理不适应的状态,反映出他们对乡村的难舍难分和对城市生活的无所适从。此时的"乡愁"表现为对乡土的依恋和对城市的抗拒。

21世纪以来,"乡愁"在纪录片中的表达变得多样化。纪录片创作依然没有"去城市化",离乡入城群体成为纪录片的主要人物,纪录片通过纪录他们在城市生活打拼的坎坷经历,揭示社会发展中存在的问题。随着大批农民离乡入城务工,他们的家庭生活条件有了极大改善,然而,这些务工群体多数时间居住在务工城市,偶尔往返于乡村与城市之间,与家乡之间逐渐形成了较强的心理阻隔,因此这类群体对于自己的身份产生了质疑。"三农"题材纪录片揭示了时代变迁背景下人们所表现出的心理不适感和精神失落感,这种"乡愁"也成了城镇化建设影响下的农民对个体身份的不确定而产生的愁苦情绪。如导演张世伟的作品《何处才是我的家》中的李敏锋,其在北漂进城寻找婚姻与梦想中的迷茫和失落,就是这个群体心理的缩影。

当然,现阶段纪录片中的"乡愁"还有另外一种呈现,主要通过介绍历史遗迹、民俗手艺来弘扬中华优秀传统文化,激起受众的民族自豪情感,如《故宫》《留住手艺》等。这些纪录片中的"乡愁",已经超越了一般个体意义的层面,上升为对民族文化和家国的认同层面。也就是说,虽然"乡愁"的核心内涵是相对稳定的,但其在当代社会(尤其是纪录片媒介中)的具体表现形式、承载对象、情感面向和社会功能极其丰富,且已经发生了极大的变化。这些纪录片看似并没有直接讲述"乡愁",但是在现代化语境中,通过纪录片回顾历史,将那些尘封已久的传统文化记忆重新打开,能够增强民族的凝聚力和民众对国家的认同感,并激励每一位公民紧紧簇拥在一起,重拾文化自信。此外,大量讲述中华美食的纪录片也层出不穷,这些纪录片凭借对中国人的饮食习俗的特别介绍,让失落已久的文化传统复现,使一度遭受质疑的乡土文化再度振兴,如《舌尖上的中国》《寻味顺德》《味道中山》等纪录片获得极大成功就是例证。总之,乡愁体现的不一定是"愁",乡愁体现的是人内心深处对家乡或曾经生活过的地方的文化依恋和精神需求。①

三、"乡愁"纪录片的类型

近年来,有不少学者在对纪录片中的"乡愁"进行研究时,发现一大批以"乡愁"为主题的纪录片。为了更好地研究纪录片中的"乡愁",学者们开始使用"乡愁纪录片"这一学术名词。

(一)乡愁纪录片的定义

刘丹阳认为,"乡愁纪录片"是以"乡愁"为创作的感情基调,以承载乡愁的故事、美食、器物、仪式为表现内容,为了唤起人们对"乡愁"记忆的纪录片。②薛烨尧认为,乡愁纪录片主要是指中国大陆导演拍摄的,以乡村或者城市为叙事空间,反映现阶段背景下中国乡村社会文化、人们日常生活故事的纪录片。③任彦函认为,乡愁纪录片以其独特的视角展现当下中国乡村的发展,从各个方面反映乡村景观、民风民俗以及农民的生活状态。④乡愁纪录片与乡村题材纪录片的内容存在交叉,但是乡愁纪录片不只是简单地呈现乡村景观的变化,也不是一味展现乡村文化和乡土人情,更不是以乡村问题和乡村生产为主要内容,而是将浓厚的"乡愁情感"融入充满历史文化色彩和人文情怀的纪录片当中。

---

① 刘沛林. 新型城镇化建设中"留住乡愁"的理论与实践探索[J]. 地理研究,2015(7):1205-1212.
② 刘丹阳. 集体记忆的激活与重构:纪录片中的"乡愁"研究[D]. 苏州:苏州大学,2017:11.
③ 薛烨尧. 现阶段乡愁纪录片叙事研究[D]. 武汉:中南民族大学,2019:12.
④ 任彦函. 乡村纪录片情感表达研究[D]. 济南:山东师范大学,2021:8.

在部分学者的观点中，那种城乡情感交织的乡村题材纪录片也可以被称为"乡愁纪录片"。本书所言的乡愁纪录片，是指现阶段反映乡村景观、民风民俗以及农民日常生活故事，并传递浓浓乡情、拥有乡愁意蕴的纪录片。

（二）乡愁纪录片的产生背景

乡愁纪录片的产生并非偶然，它是在经济全球化浪潮的推动与乡村振兴战略实践的现实困境下催生出的一种纪录片类型。

1. 全球化发展趋势下的"乡愁"

随着全球各国经济交流越来越深入，文化交流也越来越频繁。西方发达国家文化在大众传媒与网络新媒介的加持下，加大了对其他国家和地区的输出，对中国传统文化也产生了不小的冲击，引发有关方面的警惕和注意。因此，为了进一步增强公众的文化认同，通过纪录片重燃国人的爱国热情，已成为众多纪录片创作者的共识。21世纪以来，纪录片的创作者们开始将视线聚焦于反映中华优秀传统文化的人文历史纪录片。用纪录片追溯中华民族历史发展脉络，探寻家族文化之根，激发国人内心深处的"乡愁"，通过叙述个体与家族、宗族、民族之间的联系，引发人们对自我身份、家族渊源、国家记忆的深刻思考，增强对中华民族的认同感。

2. 乡村振兴战略下纪录片中的乡愁意蕴

在市场化和城镇化建设共同影响下，传统村落开始衰落，乡村文化的繁华不再，传统文化逐渐呈现出式微之势。习近平总书记在2013年的中央城镇化工作会议上提出"让居民望得见山、看得见水、记得住乡愁"[①]的口号后，大众媒介宣传开始重视"乡愁"传播，并赋予它新的时代内涵。中华优秀传统文化的基因在乡村，中华优秀传统文化植根于乡土社会，所以，关注乡愁实际上体现了对乡村优秀传统文化的重视，可以借助乡愁传播实现建设美好乡村的

---

① 彭俊.中央城镇化工作会议：好一句"记得住乡愁"[N].人民日报，2013-12-16-10.

愿望。乡村振兴主题纪录片是在习近平总书记号召人民"记住乡愁"和满足人民的情感需求下催生的,所以该类纪录片包含了丰富的"乡愁"意蕴。乡村振兴类纪录片的出现,不仅能让民众更好地传承中华优秀传统文化,而且能对现代乡村的发展起到促进作用。

3. 现实困境下公众对理想生活的向往

长期生活在都市的人们,面对快节奏的生活和繁杂的都市环境,内心或多或少存在一些焦虑、紧张情绪,为了消解这些负面情绪,一些人会通过欣赏美丽乡村图景来激活隐藏在自己记忆深处的美好回忆,以抚慰疲惫的心灵。民众的这种精神文化需求直接刺激了电视节目的生产,于是,呈现美丽乡村风景的纪录片应运而生。

(三)乡愁纪录片的类型

乡愁纪录片归属于乡土文化类人文纪录片,按照不同的细分主题,目前可分为以下四种类型:第一类是思乡型的纪录片。"思乡"是在外游子们广泛讨论的话题,也是乡愁纪录片的核心主题。中国人素有浓厚的乡土情结,"家"是人们永恒的归处。当人们被迫远走,远离家乡和亲人时,思乡之情便油然而生。第二类是"寻根"型纪录片。"寻根"也是乡愁纪录片的一个重要主题,这类纪录片通过不同的形式记录相同的"寻根"故事,以"寻根"为出发点,通过家谱、祖训等载体追溯先辈足迹,了解家族历史。第三类是传统文化型纪录片。中华文化源远流长,博大精深,在五千年历史长河的冲刷下,凝聚为中华民族伟大的精神力量。乡愁纪录片的一个重要主题就是弘扬中华优秀传统文化。这类纪录片旨在寻找根植于家族、宗族中的传统文化,让优秀传统文化能够继续传承下去,抚慰饱受城市之苦的人受伤的心灵,丰富缺乏传统文化涵养的受众的精神世界。第四类是美食类纪录片。这类纪录片通过介绍全国各地的美食,勾起远在他乡的游子对家乡美食的思念,进而回忆起过去的点滴,泛起各自的乡愁。

第二节　专业纪录频道乡愁传播的语境

专业纪录频道，顾名思义，是指以播放纪录片为主的国家级或省级的专业频道，通常是指传统媒体的电视频道，国内目前上星的四家专业纪录频道有总台央视纪录频道 CCTV-9、上海纪实人文频道、北京冬奥纪实频道、湖南金鹰纪实频道。下文讨论就是以此类专业纪录频道中播放的纪录片为基础进行的。

2013 年 11 月，习近平总书记在党的十八届三中全会上指出："我们要认识到，山水林田湖是一个生命共同体，人的命脉在田，田的命脉在水，水的命脉在山，山的命脉在土，土的命脉在树。"[①]同年 12 月，他在中央城镇化工作会议上进一步强调："城镇建设要实事求是确定城市定位，科学规划和务实行动，避免走弯路；要依托现有的山水脉络等独特风光，让城市融入大自然，让居民望得见山、看得见水、记得住乡愁。"[②]这里所说的"乡愁"，是指根植于中国广大农村地区的乡土文化。乡土文化在历史的长河中孕育出不朽的生态智慧，这些生态智慧在现代语境下凝结成一抹"乡愁"。我们中华文明传承五千多年，积淀了丰富的生态智慧。要把农耕文明的优秀遗产和现代文明要素结合起来，并赋予新的时代内涵，让中华优秀传统文化生生不息，让历史悠久的农耕文明在新时代展现其魅力和风采。中华优秀传统文化可以追溯到从古至今拥有延续千年岁月积淀的农耕文明，因此，整个中华民族的乡愁便是对农耕文化的依恋与不舍。"记得住乡愁"就是要传承流传千年的家规祖训、仪式活动等文化传统。在大力推进乡村振兴之时，要延续原本的乡土景观特色，尽量保护当地的山水田园、历史建筑和文化器物等景观不被破坏。留住乡愁，实现了城乡融合发展，就能为其他方面城乡融合发展奠定基础。习近平总书记认为："现在的城里人，往上数三代，大都来自农村，只要有机会，很多人都有回报家乡的愿望。'乡情牌''乡愁牌'打好了，积极性调动起来了，渠道

---

① 中央文献研究室. 十八大以来重要文献选编(上)[M]. 北京：中央文献出版社，2014：507.
② 中共中央党史和文献研究院. 十八大以来重要文献选编(下)[M]. 北京：中央文献出版社，2018：88.

疏通了，对乡村振兴将会产生很大作用。"①习近平总书记关于"乡愁"的一系列论述，深刻指出乡愁承载着中华农耕文明的根脉记忆，是民族文化认同和精神归属的重要载体；将乡愁融入乡村振兴战略，要求保护好传统村落和乡村风貌，改善人居环境，体现了对农民群众深厚情感的尊重和对美好生活向往的回应；为推进城乡融合、建设美丽中国提供了价值遵循，指明了在中国式现代化进程中留住文化根魂、实现高质量发展的路径，体现了城乡现代化建设的系统性发展理念，有利于对"乡愁"作系列阐释和多维解读。

一、生态语境：乡村生态振兴

马克思认为，"社会是人同自然界完成的本质统一"②，人与自然生态之间的关系密不可分，人离开自然便很难生存下去。乡村生态振兴是乡村振兴中重要的一环，习近平总书记明确指出："实施乡村振兴战略，一个重要任务就是推行绿色发展方式和生活方式，让生态美起来、环境靓起来，再现山清水秀、天蓝地绿、村美人和的美丽画卷。"③乡村振兴必须要为广大老百姓营造和维持一个良好的生活环境，因此，振兴乡村生态是党和人民的共同期盼。

人与自然之间存在着辩证统一的关系。从马克思的物质交换理论出发，人与自然之间不断在进行着物质的交换，如果自然一方受到了破坏，那么人与自然之间的平衡便会被打破，造成难以预料的影响。只有人与自然之间的物质交换不影响生态平衡，人类各方面的发展才能顺利进行，才不会遭到自然的反噬。乡村生态振兴便是为实现人与自然的和谐共生而提出的战略决策，为广大民众获得更加美好的生活提供了指引，将人与自然融合为生命共同体。在人类社会不断向前发展的过程中，自然界给予了人类巨大的物质帮助，促进了人类文明的诞生。因此，在工业文明发展到一定程度后，不应忘记大自然

---

① 中共中央党史和文献研究院. 习近平关于"三农"工作论述摘编[M]. 北京：中央文献出版社，2019：39-40.
② 中共中央马克思恩格斯列宁斯大林著作编译局. 马克思恩格斯文集（第1卷）[M]. 北京：人民出版社，2009：187.
③ 中共中央党史和文献研究院. 习近平关于"三农"工作论述摘编[M]. 北京：中央文献出版社，2019：111.

的馈赠，应该用实际行动保护和关爱大自然，让自然生态变得越来越好。只有这样，人类的文明才会永续发展，这也是马克思主义生态观的主要内容。良好的乡村生态环境才能吸引村民就地就业、安居乐业，因此，乡村生态振兴需要人们认识到乡村生态环境的重要性，在强化生态环境保护的同时，推动绿色经济、可持续发展经济的发展。

习近平生态文明思想通过阐述生态与发展之间的重要关系，将国家和民族的兴衰与生态紧密联系在一起，强调"绿水青山就是金山银山"。乡村生态振兴让绿水青山成为"金山银山"，化解了人与自然之间的矛盾。只有乡村生态宜居，风景优美，村民们在乡村才会安居乐业。

在中华民族悠久的历史长河中，诞生了众多生态智慧，这些生态智慧对当今生态文明建设起到了重要的指导作用。如传统文化中"天人合一"思想的内涵是"人与自然的和谐共生"，表明宇宙万物与人类生存发展息息相关。我国古代先贤们留下的诸多生态智慧还充分体现了可持续发展观和对自然的敬畏，如"取之有度，用之有节，则常足。取之无度，用之无节，则常不足""竭泽而渔，岂不获得，而明年无鱼；焚薮而田，岂不获得，而明年无兽""斩伐养长，不失其时，故山林不童，而百姓有余材也"等。这些内容也在告诫我们，不尊重自然规律，向大自然过度索取必将使人类走向灭亡。生态振兴的本质也是追求人与自然的和谐共生，在农业生产时注重传统节律，顺应自然法则，以促进更好的发展。

通过纪录片讲述乡村生态振兴能够弘扬我国乡村文明积累的丰富生态智慧。专业视纪录频道，是中国纪录片制作与传播的主阵地，肩负着宣传党中央政策的重任。通过专业纪录频道，公众能够较清楚地了解我国乡村生态振兴的情况。乡村生态的振兴，能够缓解乡村居民和离乡入城的村民在怀念过去和家乡时产生的"乡愁"。专业纪录频道展播的关于乡村生态振兴的乡愁纪录片有《故乡的风景》《乡间》等，能够唤醒受众的集体记忆，引发"乡愁"共鸣。《故乡的风景》中对美丽乡村风貌、美好农事活动和美味乡土食物等内容的乡愁叙事能够促进中华优秀传统文化的传承，并缓解个体在城市生活中的焦虑情绪。《乡间》则呈现了关中大地乡村振兴的图景，通过聚焦三个不同身份的农民家庭，生动展示了西安市周至县猕猴桃产业的发展,其中涉及猕猴桃品种、病虫害、土地板结,以及自然灾害等问题,指出猕猴桃产业发展与生态维护之间的关系。《乡间》凝聚着乡愁的记忆,反映乡村振兴语境下的生态发展理念。

二、经济语境:城乡融合发展

现行的城镇化建设方略促进了经济社会的极大发展,但是农业发展和乡村文化传承等方面也存在着不能忽视的问题。只有城乡融合发展,才能让百姓安居乐业、社会和平安定,因此,城市和乡村的发展必须齐头并进,谱写城乡融合发展新篇章。

一般而言,城市化、工业化程度越高,越能凸显一个国家的实力,所以乡村的兴衰一度未能引起足够的重视,中国城市与乡村发展在一段时间里处于二元对立状态,但是应当承认两者亦是相互作用的统一体。所以,只有加快落实城乡融合发展,才能实现国家和民族的繁荣昌盛。新中国成立以来,中国的城市和乡村经历了从城乡二元发展到城乡融合发展的曲折过程,现阶段国家实施的乡村振兴战略,使城乡得以深度融合发展,满足了人民对美好生活的需要。

党的十九大报告中明确指出,要建立健全城乡融合发展的体制机制和政策体系,进一步对城乡融合发展做出规划部署;党的十九届五中全会中提出要通过健全城乡融合发展机制,推动城乡要素平等交换、双向流动,增强农业农村发展活力,解决城乡区域发展不平衡的问题。中国共产党第二十届中央委员会第三次全体会议对"完善城乡融合发展体制机制"作出部署,要求必须统筹新型工业化、新型城镇化和乡村全面振兴,全面提高城乡规划、建设、治理融合水平,促进城乡要素平等交换、双向流动,缩小城乡差别,促进城乡共同繁荣发展。

城与乡的融合是一个动态的过程,它需要城乡互融共通才能实现。城乡融合的关键点就在于"融合"二字,融合意味着两者和谐共生,资源互补,经济流通,互为一体。城乡融合体现在城乡区域、产业融为一体,通过调整城乡规划,推动城乡共同发展,改善城乡空间结构,让城乡经济相互融合,城乡社会均衡发展,居民生活水平协调一致。当下城乡融合发展正在如火如荼地进行中，在新型城镇化建设和乡村振兴战略的影响下，城乡融合发展机制需要认真设计，城乡融合发展路径需要重新探寻，并且减少城乡发展不均衡引起系列问题，促进城乡共同进步。

专业纪录频道在宣传城乡融合政策时，既要展现工业化的城市社会发展，又要呈现农村日新月异的变化。当城市和农村都发展起来之后，人们不会再过于迷恋都市生活，相反，人们对于安静闲适的乡村生活心向往之，想要远离工业社会的喧嚣，寻找一片宁静的、能让自己的内心沉静下来的沃土，从而缓解他们的乡愁。为此，央视纪录频道倾力打造了关于城乡融合发展的乡愁纪录片《乡间一年》等。《乡间一年》纪录了五个村庄农民整整一年时间的生活状态，在村民努力追求美好生活的过程中，受众能够感受到现代乡村发展的美好，从而重拾乡愁。纪录片中曾经生活在城市里的村民在取得一定成绩之后返回家乡，试图利用自己在城里学到的本领建设乡村、保护乡村文化；村干部也在积极为村民增收作各种努力；老辈农民仍然不放弃传统农耕生活，与自然灾害斗争到底……这些村民为村庄文化的延续和发展努力坚守，在与自然灾害斗争中展现了他们的勤劳和智慧，在为村庄文化复兴中展现出他们的勇敢和淳朴。

从中国式现代化的角度看，乡愁是城乡融合发展的问题。中国每一个村庄和城市都有独特的历史文化基因，从而形成不同的乡愁记忆。中国式现代化既不是西方现代化翻版，又不是简单的城市化，而是因地制宜，精准施策，乡愁面向的既是乡村和城市，又是城乡居民。乡愁是为乡村发展而生愁，最终要以乡村振兴与城乡融合发展来解愁。

三、文化语境：乡村文化振兴

乡村振兴离不开文化的振兴。中共中央历来都对乡村文化建设高度重视，强调乡村文明是中华民族文明的主体，村庄是中华传统文化的载体，乡村文明中包含了乡土文化的基本构成。"文化"原本指的是文治教化，刘向《说苑·指武》中说："凡武之兴，为不服也，文化不改，然后加诛。"[1]这是"文化"最

---

[1] 向宗鲁. 说苑校证[M]. 北京：中华书局，1987：380.

早的相关表述之一。英国人类学家爱德华·泰勒（Edward Teller）在1871年出版的《原始文化》一书中，较早地明确了"文化"概念，他认为，文化是一个包括全部的知识、信仰、艺术、道德、法律、风俗以及人作为一名社会成员而获得的任何能力和习惯在内的复杂群体。①中国地域辽阔，各地的乡村风土人情大不相同，主要是地理区隔、人口流动、历史渊源等原因所造成的。因此，中国各个乡村的文化各具特色，这些不同村落的文化哺育出的村民具有显著的地域特征，例如北方人比较豪迈，南方人显得婉约等。需要强调一下，这里所言的乡村文化，本质上与乡土文化是相通的，没有太大的差异，都包括物质和精神两个层次。这里的乡村文化包括乡村的建筑风格、饮食习惯、仪式活动等。而对于乡村文化振兴，讲究的是思想文化素养的提高、历史文化的传承、文化仪式活动的复演等，本质上也是乡土文化的振兴。

乡土文化具有典型的乡土型特征。人们对于乡土孕育的文化总是怀有一种眷恋之情。所有中国人无一不对自己的故土饱含深深的爱意，安土重迁的文化观念早已刻在中国人的骨子里，他们的鲜活生命是靠土地滋养的，他们的性格和品行受到乡土浸染。然而，当人们为了前途和生计不得不离开家乡，在异乡漂泊过着颠沛流离的生活时，他们难免感到孤独落寞，思乡之情不由得从心底涌出，这样的情感在精神上折磨着离家的游子们。这种"乡愁"特质逐渐演化为中华民族的一种传统标识。无论乡村如何发展，乡村的乡土性都不可抹除，因为它寄托着游子的乡愁。

专业纪录频道在宣传乡村文化振兴建设时，充分展现了乡村的自然风貌、房屋建筑和家规族谱，也呈现了民间传统技艺、仪式活动和饮食习惯等。此外，还大力弘扬了内涵丰富的农耕文化，鼓励中华儿女继承中华优秀传统文化。

四、多维乡愁传播语境的重构

在大力发展乡村经济和传承乡土文化的过程中，乡愁一直是热门话题。随

---

① 爱德华·泰勒. 原始文化[M]. 上海：上海文艺出版社，1992: 1.

着社会的发展，乡愁含义也在不断丰富和改变。乡村生态振兴的实施使乡村自然生态环境得到了很大改观，也唤醒了人们心中回归山水田园的乡愁。此外，久居城市的人厌倦了城市的快节奏生活，想要逃离城市，乡村成为他们向往的理想生活之地，乡村的山水风景成了"田园牧歌式"乡愁的具象化呈现。国家针对乡村生态振兴出台了一系列政策，乡村的生态环境得到了保护，留住了美丽的乡愁，乡村题材纪录片提高了人们对乡土文化的认同，也表达出了对国家的认同。

城乡结构的改变引发了乡愁内涵的变化。改革开放后，国家以经济建设为中心，大力发展城市，大量农村人口迁入城市，部分农村开始"空心化"，城乡发展不平衡的矛盾日渐突出。为了缩减城乡差距，党的十八大提出了"城乡一体化"的战略，但是城市化步伐愈益加快，有不少村庄逐渐消失，大量农民离乡入城，与家乡的联系弱化，从而产生了乡愁。在这种情形下，城乡融合承载了"记得住乡愁"的文化诉求，在党和人民的共同努力下，出现诸多承载乡愁的古村落、特色小镇等物质文化符号，丰富了乡愁的文化内涵，满足了人们亲近乡土的心愿。

在工业化与新型城镇化发展的推动下，城乡经济得到了飞速发展，人们的生活水平日益提高，但是技术的先进性和物质的满足感却让人们产生了精神上的焦虑、认知上的迷惘，以致难以确定自我身份。在这些因素的共同影响下，人们通常会陷入对过往恬淡生活的怀念。因此，乡愁增加了对自我文化身份确定的内涵。为了加强民众对乡土文化的认识，国家提出了乡村文化振兴的战略，推动了相关政策的实施，这在一定程度上缓解民众的乡愁，让民众能够在精神上得以"还乡"，期望能够抵御都市文化带来的冲击。

总之，在新时代的各项方针政策影响下，乡村的生态得到保护、经济飞速发展、文化得以复兴，乡愁也被赋予了新的内涵。人们从远离乡村到想念乡村，再到回归乡村的态度转变从侧面反映了乡村振兴战略实施的必要性，也阐明了乡愁是对乡村美好图景的向往、对厚重的乡土文化的渴望、对自身身份的重新确认。

第三节　专业纪录频道中乡愁的符号传播

为了探究专业纪录频道的"乡愁"传播，按照乡村生态振兴背景下的生态语境、城乡融合发展背景下的经济语境，以及乡村文化振兴背景下的文化语境，本节选取了《故乡的风景》《乡间一年》和《记住乡愁》等具有代表性的乡愁纪录片文本进行分析，对这些乡愁纪录片中的"乡愁"进行建构、叙事和唤醒，探究乡愁纪录片是如何利用特殊的文化符号和故事传说等架起"传统"与"现代"的桥梁，让受众感受到历史的厚重和人文精神的力量的，并从个体记忆和集体记忆入手，帮助受众找到自我认同、身份认同和文化认同等路径。

一、使用多元符号建构"乡愁"

专业纪录频道的纪录片中设置了丰富的"乡愁"符号，这些符号分为物态乡愁符号和非物态乡愁符号。物态乡愁符号通过自然风景、房屋建筑、器物和美食等物态实体来承载乡愁的文化内涵；非物态乡愁符号通过仪式活动、音乐歌曲和乡风等非物态实体来呈现"乡愁"。

（一）物态乡愁符号

1. 自然景观符号

在现代社会中，人们常因为工作忙碌而无暇亲近自然，然而，人们早已厌恶给予他们沉重压力的纷繁城市，他们渴望寻找到一个轻松无压力的处所来缓解紧张感与疲惫感，而恬静安详的乡村正是他们梦寐以求的休闲空间，由此，他们的内心燃起了回归田园的想法。央视纪录频道的乡愁纪录片积极发挥影像传播功能，通过建构乡村自然景观符号，为受众营造舒适惬意的环境氛围，使受众情绪得到释放，心态得到休整。如《记住乡愁》中的古树，便是乡愁纪录片中常见的一种自然景观符号。该片在培田村篇中介绍了雷公子树，这棵树在一代又一代培田村人的精心培育下，如今长得又高又直，寄寓着培田先祖对后世子孙的期望。在杨家堂村篇中也介绍了一棵老樟树，这棵树被村里人称为"干娘"，足见这棵树对村庄的恩情是多么深厚。在秀水村篇中还介绍了一棵古树，这棵古树又粗又大，要四五个人合抱才围得起来。这棵树至少有上千年的历史了，而片中表现的秀水村人对树的敬畏，体现出人与自然和谐共生的理念。正因如此，秀水村的毛氏家族才会绵延至今。

《故乡的风景》主要介绍城市之外的乡土风景，包括乡村的自然风光、民俗风景、劳动场景等。其中最引人注目的是乡村的自然景观，这里远离城市喧嚣，有青翠欲滴的竹林、修建在山腰上的梯田、云雾缭绕的青山、炊烟袅袅的村庄、缓缓流淌的溪水、高大葱茏的树木、金灿灿的稻田、晶莹剔透的冰枝、挂着"灯笼"的柿子树、凌寒盛开的梅花、美丽不俗的野花、整整齐齐的菜地、绿意盎然的茶园等风景。需要强调的是，这些自然景观符号不仅凝聚了民族文化内涵，而且表现出乡土文化的传承性。现阶段这些自然景观符号同样具有"乡愁"的意味，反复使用这些符号是唤起受众"乡愁"的有效手段。

《美丽乡村》和《故乡的风景》都是以乡村自然风景为呈现对象的纪录片。表 3-1 以两部影片第一集开头的解说词为例，解析两部纪录片是如何通过零聚焦视角来展现乡村自然景观的。零聚焦视角是一种全知视角，叙述者可以从多角度观察被讲述的对象，其最大的特点是依靠解说词来配合画面。这两部纪录片都使用了这一叙事手法，片头的解说词部分尤为突出。

表 3-1　《美丽乡村》与《故乡的风景》片头比较

片名	景别	画面内容	声音及字幕
《美丽乡村》	全景与特写穿插	蓝天、白云、雪山、湖泊河流与土地等高原风光以及带有藏族特色的彩色经幡、转经筒等器物符号	配乐
	全景	高原之上，白云翻滚和流转	解说词：如果把中国的地形从西到东分为三个阶梯，这里是最高一级。

续表

片名	景别	画面内容	声音及字幕
《美丽乡村》	全景和近景穿插	藏民在山上放牧，藏民在湖边拨动转经筒、在寺庙转动转经轮，在石滩上放牧，火车从雪山下驶过，藏民和僧人的身影，最后是雪山、蓝天、白云和湖泊的组合美景	从最西部的帕米尔高原到拥有"世界屋脊"之称的青藏高原，它们的平均海拔超过四千米，也是中国疆域中最接近天空的土地。
	全景、近景、中景和特写穿插	太阳从远处的山峦升起，阳光照射在藏族民居以及布达拉宫上；藏族妇女做针线活，老藏民用手转动转经轮，一排穿着藏族服饰的妇女在微笑，一名藏族妇女在山坡上放牧，两名藏族儿童的身影，两名藏族小伙向人打招呼，一列火车驶来，藏民向天上抛洒布状物，两人在朝圣；最后是组合藏族标志特色景观	当新一天的第一缕阳光投射在雪域高原，延续了千年的生活传统也许就在今天，悄然翻开新的一页。
《故乡的风景》	无	黑色背景中间显示白色字	你有多久不曾听过蛙鸣，你有多久不曾感受过山风的惬意，不曾聆听过乡音的亲切，或者换一种方式问问自己，您上一次想起故乡是在何时，是在哪一个红绿灯口，哪一扇落地窗前。
	全景、特写	夜晚亮着灯光的城市高架，高架上来往的汽车，地铁上下客的拥挤场景，城市建筑、路上汽车车轮	配乐

续表

片名	景别	画面内容	声音及字幕
	全景、特写与近景穿插	城市鸟瞰图，高楼大厦仰视图，人行天桥上人们步履匆匆以及天桥下车流不息，红绿灯转变颜色，高楼大厦的城市图景，地铁内人员流动，密密麻麻的人群过马路的场景，地铁在轨道中前进的场景，城市中努力奋斗的男女特写，城市车水马龙，青年与狗在街头互动，画面转向美丽的乡村风光	城市，现代文明凝聚的钢铁丛林，便利、快捷、梦想、汇聚、速度与创造，是这里永恒的要求。生存与拼搏，不断地助推着这里24小时的喧嚣与繁荣。偶尔感到疲惫，却始终充满激情，这就是城市的味道。然而或许在某个等待的片刻，嘈杂中一个走神的瞬间，乡愁突如其来，却又不由分说地在你的心底泛起。
	全景和特写	一只站在电线停留的鸟，雨天荷塘景观，山水田园风光	一个标准中国人的乡愁，或许应有着流水的声响。山峦的余晖，乡人的笑脸，田埂上晚霞的静默。
	全景	太阳在天空中发出耀眼的光芒	慢，慢慢地，慢慢地，你沉没于故乡柔软而香甜的梦境。
	全景	上海浦东和黄浦江上的都市景观	回到故乡去看看吧，无论是芒种还是端午，秋分还是夏至，又或者只不过是一个普通而闲散的下午。
	无	屏幕上出现"心有归期，未忘来路"的字样	配乐
	近景，全景与特写穿插	一只鸟儿站在枝头，一条瀑布倾泻而下，激流的水，溪流在山林间穿过，一群鸟儿在红海滩上飞过，一颗红果子掉落在水中，与一只蛙擦身而过	大可不必近乡情怯，也无须对应记忆中的坐标，故乡的风景自然而然地会——唤醒你深藏的记忆。

从表 3-1 可以看到两部纪录片片头都采用了全知视角来展现乡村自然风光,并使用"解说词+画面+同期声+画外音"的叙事方式将自然景观呈现出来。但是两者之间的不同也显而易见:《美丽乡村》所呈现的自然景观多为波澜壮阔的大全景,在该片的第一集片头中通过拍摄巍峨雄伟的雪山、翻滚流动的白云和沉静神秘的河流来反映青藏高原的大气磅礴。而《故乡的风景》片头所呈现的自然景观采用了全景、近景和特写等多种镜头,它既有高山和梯田组成的壮美景观,又有雨天荷塘的秀丽景色,还有枝头上的鸟儿、叶片上的蛙和落入水中的红果等特写镜头。另外,《故乡的风景》还采用了大量的城市景观,通过展现城市的高楼大厦、奔流不息的交通和拥挤嘈杂的人群,让受众感受到城市钢铁丛林给人带来的压迫感,这正好与后面美丽静谧的田园风光形成鲜明对比,因此,《故乡的风景》的片头设计为后面呈现的乡村自然景观作了很好的铺垫。

2. 建筑符号

每个地方的建筑都会因为地理环境的不同而有所不同,如北方因为气候比较干旱,房屋大都是平顶,而南方因为多雨水,所以通常会在屋顶中间架起高高的房梁,让雨水能够顺势滑落。在乡愁纪录片中,建筑符号属于人造符号,一般是故事空间的媒介载体。建筑历经风霜雨雪见证了村落历史的变迁,作为一种凝固的历史艺术,凝聚着乡愁情绪的历史,也是时间的载体。

在专业纪录频道的乡愁纪录片中,祠堂是一个家族的象征符号,具有神圣性和权威性。它在村中所承担的功能是举办家族祭祀活动和其他仪式庆典。祭祀活动是为了纪念先人和告慰亡灵,表达对祖先的敬仰之情;仪式庆典活动则是为了传承中华优秀传统文化、鼓励后人奋发向上。无论是祭祀活动还是仪式庆典活动,无不展现了祠堂对于乡村社会的重要性。祠堂千百年来一直担负着文治教化的空间功能,因为有它的存在,村民们的人生观和价值观得以正确塑造,行为规范得到严格约束。祭祖是中华民族世代相传的一种文化仪式,村民们每到祭祖时都会根据当地的习俗规定来缅怀先人。

《记住乡愁》第一季第二集中提到了安徽省黄山市黟县宏村镇屏山村的舒氏祠堂,在北宋年间,因为村里读书风气很浓厚,不到五十年舒家产生了"一门四进士"的景象。为了铭记这种家族荣耀,屏山村在明代就建立起祠堂并刻牌匾"世科甲第",祠堂取名光裕堂,有光前裕后之意:将先祖的公德发扬光大,为后人积下功德。屏山村朴素的建筑和生活在那里的质朴人们,给受众带来了淡淡的乡愁。

此外,牌坊是《记住乡愁》中出现频次较高的一种建筑符号。牌坊的存在具有一定的纪念意义,它多是因为古代朝廷为表彰品德高尚之人所立,所属家族会不断对外宣扬这个光彩事迹。牌坊有外在设计精美、质地牢固耐腐蚀、矗立位置显眼等特点,因而能够长久地保存下来,并且容易引起人的关注,让观者了解牌坊所记录的人物荣耀,成为村庄的集体记忆。《记住乡愁》的荻浦村篇中记录了一座孝子牌坊,是为了表彰申屠氏的祖先申屠开基的孝行而建造的。传说申屠开基冬天时会用他的体温为父母焐热被窝,夏天时为父母驱蚊纳凉。当他的父亲患疽病时,他会用嘴巴吸尽父亲创伤里的脓血,甚至为父亲求医问药行百里路夜宿深山。在他去世十多年后,荻浦村的村民整理了他的孝子事迹并呈交给了朝廷,乾隆皇帝得知后大为赞赏,于是批准荻浦村为申屠开基修建一座三间四柱五楼式的牌坊,以彰显申屠开基的孝道。

建筑符号之所以能够让后世子孙念念不忘,还因为它具有一定的审美性。《记住乡愁》中介绍了诸葛亮后裔的最大聚居地——诸葛村,该村的建筑古朴,青砖灰瓦,巷子或宽或窄,或曲或直。从上空俯视房屋,每家每户都有一口天井,象征"四水归堂",汇四方之福。村庄中心是一个鱼形的水塘,雅称"钟池"。与之相对称的是一片陆地,二者互补,组成一幅若有若无的太极图。每间房屋的门口都设有屋檐,屋檐或大或小,大的像门上的帽子,小的则像门的眉毛。房屋的白墙经过常年雨水的浸染,虽已变得斑驳,呈黑白之色,却平添了几分水墨气韵。整个村落的房屋高高低低、层层叠叠,整体上呈现出一种参差错落之美。

3. 器物符号

《周易·系辞上》："形而上者谓之道，形而下者谓之器。"[①]器物符号是古时人们智慧的结晶，其中包含了灿烂的中华文化。乡愁纪录片所呈现的器物符号具有历史性和文化性，乡愁纪录片中出现的器物，如族谱、先人画像、印章、年画等，既是传统文化的载体，又承载着集体的记忆。当这些器物符号通过纪实影像传播给受众时，受众尘封的记忆便会苏醒，从而产生乡愁情思。《记住乡愁》中呈现了诸多的器物符号，如族谱、印章、年画等。

中国人一向注重家族的传承，因此对于家族族谱尤为重视。族谱记录了一个宗族的繁衍历程，也记载着宗族重要人物的光辉事迹，还保留了祖先对后世子孙的遗训。族谱的存在，能够让子孙后代了解自己的根脉，进而使家族文化得以传承。《记住乡愁》中出现了很多族谱符号，如屏山村的《舒氏族谱》、龙宫村的《陈氏族谱》、河阳村的《朱氏家谱》、小河村的《石家族谱》、三德范村《牛氏族谱》等。通过屏山村的《舒氏族谱》，可以了解屏山舒家发展演进的历史脉络，从而掌握村庄的文化根源。族谱上记载："祖舒氏出于叔子，封于庐江数千余年。"通过旁白介绍可以了解这句话的意思，舒氏家族是叔子的后裔，从庐江迁徙到屏山已有数千年的历史。由此可以看出族谱对于中华儿女追根溯源的重要性。通过追根溯源，人们会为自己繁盛的家族而自豪，为祖先不畏艰险长途跋涉迁徙至此的精神所折服，进而明白只要不断奋斗就能获得美好生活的道理。

《记住乡愁》第一季第 37 集中山西省阳泉市小河村中周家的一枚小小的印章表达着仁善之意。二百多年前，周金元的爷爷 12 岁时到石家打工做会计。石家当时经营着一家名为"三义兴"的杂货店，这个印章是石家交给他爷爷的，印章上篆刻着"三义兴"三个字，"三"代表劝诫人们对"天、地、人"要有敬畏之心，"义"是儒家最高道德标准之一，意为无论做生意还是做人都要童叟无欺，要以和为贵，要积善余庆，"兴"为兴隆之意。这枚小小的印章见证着石家对周家祖祖辈辈的善待之情，也见证着小河村人的善心与仁心。

[①] 黄寿祺，张善文.周易译注[M].上海：上海古籍出版社，1989：563.

《记住乡愁》第一季第47集中天津杨柳青镇的杨柳青年画不仅仅是民俗，更是乡愁，它能用最直观的方法，通过画中的故事，宣扬忠孝节义等中华传统美德。自明朝末年诞生之后，杨柳青年画在清朝乾隆、嘉庆年间步入鼎盛时期。一幅杨柳青年画的诞生，要经过出稿、刻板、印刷、彩绘、装裱五大工序，每一道工序都包含着复杂的工艺，年画代表老百姓心中美好的祈愿，一直是人们过年常备的年货。

4. 美食符号

美食这一物象符号与人们的生活密切相关。日常生活中人们离不开食物，需要获得源源不断的能量才能生存下去。人们在获取食物的过程中，总会伴随着情感的产生，与食物逐渐形成情感连接，使个体透过食物感受到曾经产生的情感，从而形成个体记忆。不同地域的饮食文化是不同的，这些地域美食往往能够与群体形成情感连接，成为群体的集体记忆。哈布瓦赫在《记忆的社会性结构》一文中将集体记忆定义为"一个特定社会群体之中成员共享往事的过程和结果，保证集体记忆传承的条件是社会交往及群体意识需要提取该记忆的延续性"①。如今，美食可以作为唤醒集体记忆的媒介，把拥有同样集体记忆的人卷入共同情感的漩涡中去。食物虽普通，但是经过人们长久享用，已经成为一种饮食文化，这种饮食文化逐渐演变为人们的集体记忆。

美食符号往往带有地域文化特色，当个体在陌生环境想要找到归属感，或者想与过去的美好生活产生连接，那些带有个体和集体记忆的美食能够帮助他们找到身份认同和文化认同，并且给予他们情感能量，让他们能够应对现实中的困难。《舌尖上的中国》通过讲述人与美食之间的美好故事，呈现具有集体记忆的传统美食，成功唤起受众对家乡的记忆，进而引发了他们的"乡愁"。因此，美食符号能够作为人们对过去美好记忆的载体。2014年4月《舌尖上的中国 第二季》在央视纪录频道播出，这部历时一年半艰苦摄制而成的纪录片饱含中国人的浓郁情感、生活智慧、文化传统，为海内外电视受众带来

---

① 莫里斯·哈布瓦赫. 论集体记忆[M]. 上海：上海人民出版社，2002：39.

了文化的滋养和情感的共鸣。人们的味觉记忆往往比较强大，能够让人们对故乡的食物产生深深的迷恋，从而故乡的食物被赋予了"乡愁"的含义。《舌尖上的中国》带来了一种浓郁的乡愁，这种乡愁全部包裹在令人垂涎的中华美食中。第二季分集《脚步》跟随那些奔波在路上的人们，品尝辛劳与汗水中的苦辣酸甜。"路菜"是人们远行时会携带的能长期保存的食物，体现着先人保存食物的智慧，进而被演化成具有代表性的中国美食。来自四川的老谭夫妇常年为养蜂而到处奔波，他们所携带的路菜，有烟熏腊肉、麻辣香肠、四川泡菜等。这些家乡的食物让他们即使身在家乡万里之外也能够享受到家乡的味道，这些美食中所包含的情感便是老谭夫妇浓浓的乡愁。

地理环境和历史文化往往能够孕育一个地方的饮食文化，饮食来源于人们的日常生活习惯，能够体现人对某种味觉的追求，因此中国的饮食具有地域风味，并且能够在人的舌尖形成味觉记忆，当人们再次品尝到与过去相似的味道时，那些尘封的记忆便会涌现在人们的脑海中。这些记忆或是每逢佳节一个地方制作的特色美食，或是某个地方举办婚丧嫁娶仪式时宴席上的传统菜肴，或是童年时家人为自己做的可口饭菜，等等，这些美食总能让人在品尝时感受到过去的美好，引发人们对过去生活的怀念。久而久之，这些故乡的美食便成为乡愁的载体。

（二）非物态乡愁符号

1. 仪式符号

中国是礼仪之邦，代表中国礼仪文化的传统仪式一直是国人的骄傲。仪式符号是历史文化的沉淀，也是一种民俗信仰活动，仪式活动营造出的文化场域氛围往往能够唤起人们的集体记忆，而纪录片的纪录功能能把仪式符号保存下来，让受众在欣赏纪录片时产生情感波动，进而引发人们的"乡愁"。央视纪录频道中的乡愁纪录片使用了多种多样的仪式符号，这些符号有祭祖仪式、嫁娶仪式、敬老仪式等，通过纪录片了解这些仪式活动，能够帮助人们联想到过去，唤起乡愁。

纪录片《记住乡愁》中呈现了多种传统仪式，如庙会仪式、破蒙启智仪式、"状元游"仪式等。其中，龙宫村每年农历十月十五都会举办庙会，这是该村一年一度最盛大的节日，按照民间习俗，村民们会从真君殿中请出真君帝的塑像进行大巡游，告诫后世子孙不忘忠义，傍晚人们还会在溪边放河灯，表达他们会认真践行先祖"义字当头，仁行天下"的教诲。真君帝的原型是宋朝抗金名将宗泽，他对岳飞有知遇之恩，因其一生刚正不阿、忠义善战，被龙宫村人视作忠义的化身。

《记住乡愁 第二季》第13集中介绍了河南平顶山市张店村的破蒙启智仪式。张店村人希望通过仪式来传承祖先智慧，提醒后代注重文化教育。这项仪式十分隆重，声势尤为浩大，能够充分展现张良后人对仪式的重视，不仅主持祭祀仪式的长辈德高望重，而且仪式中的活动也十分有意义。为了让后辈子孙牢记张良为黄石公拾鞋的故事，学习其谦卑处世的精神和追求智慧的志向，仪式活动中会让孩子们将一双双鞋子整齐地摆放在祭祀的桌子上，寓意是要让孩子们好好学习，养成坚持不懈、始终如一的好品德。

《记住乡愁》中还纪录了秀水村每年农历九月初八都会举行的"状元游"活动。活动开始后，鼓乐齐鸣，龙腾狮舞，家族长老以隆重的礼仪请出"状元公"塑像，在全村男女老少的簇拥下，人们抬着塑像绕12个门楼巡游一圈，所到之处，人们自发地摆上供品，表达他们对先祖的缅怀和对状元的敬仰。状元塑像巡游和状元故事的讲述，让状元的功名和功德得以宣传，进而激励后世族人奋发向上，为国家作贡献。

2. 歌曲符号

专业纪录频道的"乡愁"之所以能够成功传播给广大受众，还得益于精心制作的乡愁主题歌曲，这些插曲能点燃受众的"乡愁"情感，让受众在观看纪录片时情感得到释放。这些传递浓浓"乡愁"的歌曲与纪录片的结合，实际是声音与画面的融合，在声与画的共同作用下，往往能够获得更加理想的传播效果。在《记住乡愁》第一季中，歌曲与画面紧密联系在一起，但歌曲的声音与画面不是随意地剪辑堆放，而是通过声画蒙太奇的手法将声音与画面进行巧妙搭配来表达"乡愁"的主题。声画蒙太奇有三类表现方式：一是声画并行，即声音与画面彼此间处于绝对平行的状态，以两类媒介的交相辉映来揭示影视思想内容；二是声画叠加，即做到有声语言与画面语言的结合，实现画中有话、话在画中；三是声画对立，指声音与画面之间在情绪、节奏以及内容等方面相互对立，使声音具有寓意性或暗示性，从而深化影视的核心主旨。将声画蒙太奇方法应用于乡愁纪录片的歌曲中，既能让受众产生真实感，又能给受众带来良好的观赏体验。

专业纪录频道中的乡愁歌曲主要集中在大型系列纪录片《记住乡愁》中，以第一季为例，60 集纪录片中，片头曲使用的是雷佳深情演唱的《乡愁》，这首歌曲传播面最广，甚至登上了 2015 年央视的春晚。除此之外，纪录片每五集便会更换一首片尾曲，总共更换了 12 首乡愁歌曲。每一首歌曲都深刻演绎了游子对故乡的思念之情，这种以歌传情的方式，让乡愁得以广泛传播，进而受众对故土、祖先、亲人和乡土文化产生了深深的怀念。

在声画蒙太奇手法的运用中，声画并行的表现形式多用于纪录片的叙事中，通过两种媒介表达同一内容，将截然不同的声画符号统一于既定的主题、叙事与风格中，形成一种"貌合神离"的状态；声画相悖的表现形式同样多用于纪录片的叙事中，通过彼此相悖的声画形象，反衬叙事策略来表达片中人物的主观情感；只有声画叠加的表现形式是用于纪录片的情感表达上，它强调声音与画面协调一致，统一成一个视听结合体，其依托的内容和情感等方面的共性形成了一种和合之美。画面与声音如影随形、相伴相生，并互相作为形象的描绘。[①]因此，声画叠加的表现形式不仅能够表达歌词的含义，而且能将乡愁情感巧妙地融入声画所建构的语境之中，在视听上给人以更多的想象空间。

声画叠加主要有声画和合、声画互文和声画延伸三种类型。在《记住乡愁》第一季中有众多传播乡愁的歌曲，如雷佳的《乡愁》、韩磊的《游子吟》、徐千雅的《记住乡愁》、孙楠的《记住乡愁》、王庆爽的《乡愁》、周澎的《江城子·乡

---

① 秦瑜明，高鹏宇. 形式主义美学的遗响——蒙太奇美学极致追求与纪录片先锋探索间的爱森斯坦[J]. 当代电影，2018（11）：86-90.

愁》、曹芙嘉的《思念故乡》、王丽达和汤子星的《月儿圆》、尚雯婕的《记住乡愁》、毛阿敏的《走进你心里》、汤非的《乡愁不老》、沙宝亮的《千古一脉》和秦勇的《归》等。《记住乡愁》在传播这些歌曲时，都是采用声画叠加的表现形式来呈现，通过声画和合、声画互文和声画延伸的使用，让这些乡愁歌曲在纪录片中引发受众的情感共鸣。为了更加清晰透彻地了解乡愁歌曲在纪录片中声画叠加的传播效果，有必要对纪录片乡愁歌曲进行深入分析。徐千雅的歌曲《记住乡愁》是其中一首脍炙人口、回味悠长的歌曲，《记住乡愁》在传播这首歌曲时，同时使用了声画和合、声画互文和声画延伸三种声画叠加表现形式。画面赋予声音以形态，声音给予画面以生命，两者既互为形象的描绘，又互为内容的指称，组构形成统一的视听合体，带动情感的整体升华。①这种画面内容与音乐歌词相对应的编排方式就是声画和合。徐千雅演唱的《记住乡愁》便使用了声画和合的编排方式，通过歌词与画面的相互照应来增强呈现效果，既让受众在听觉上获得情感的抚慰，又让受众在视觉上得到物象的补偿。表3-2是徐千雅的歌曲《记住乡愁》中歌词与画面的对应情况。

表3-2 《记住乡愁》歌词与画面的对应情况

歌词	画面
乡愁是慈母手中的那根丝线	母亲团毛线球
缝缝补补的岁月还那么好看	母亲织布
乡愁是老家屋顶那缕炊烟	村庄里家家户户的屋顶上冒着缕缕炊烟
远远近近的呼唤还那么温暖	几位老奶奶的笑脸
乡愁是故乡门前的那条小河	故乡的小河：有原野上的小河、村庄内停泊小船的河、紧邻人家的小桥流水
活蹦乱跳的童年在心中撒欢	儿童在一起玩耍，在河里游泳
乡愁是老家树冠上那只鸟窝	老家房屋、树、大铃铛、树冠、两只鸽子
岁岁年年的梦里总能孵化春天	爷爷看书、爷爷吃面、马头墙、水中小榭

① 耿红霞.浅析音乐纪录片《时光的旋律》(第二季)的声画蒙太奇叙事手法[J].当代电视,2020(6):87-90.

从表 3-2 我们可以看出，这些歌词与画面内容极度接近或者完全吻合，这种表现形式便是声画和合，能够让受众在欣赏音乐的同时，获得视觉上的满足。

声画互文是一类将声画主文本和其他互文文本纳入自身的过程，通过与其他互文文本发生某些联系或产生呼应来激发受众的情感共鸣。[①]通俗来讲，就是画面内容与音乐歌词所表达的情感相对应，表 3-3 是徐千雅的歌曲《记住乡愁》中歌词与画面的声画互文情况。

表 3-3 《记住乡愁》歌词与画面的声画互文情况

歌词	画面
记住乡愁	绵延的山、依山而建的村庄
只要一轮明月	家乡的酱园
你就记住了梦的来源	老爷爷在研磨草药、老奶奶在微笑，满是玉米的庭院
记住乡愁	老爷爷在剃头的场景
只要一声轻唤	老爷爷的微笑
你就拨动了思念的心弦	老奶奶在院子里晒玉米、美丽的村庄画卷、女儿给年迈的妈妈梳头

从表 3-3 的歌词和画面的对应情况来看，虽然歌词与画面内容并不匹配，但是从情感的角度来看，这些画面内容在音乐的帮助下，能流露出真挚的情感，给受众带来一种回味悠长的审美感受。

声画延伸旨在通过声音、画面间的交互式扩张来模糊画内画外的界限，让受众完全忽略摄像机的存在而沉浸在乡愁纪录片所营造的情感自由流动场域之中，并产生强烈的浸入感体验。[②]简单来说，就是画面内容与歌词情感融合后，让人身临其境，表 3-4 是徐千雅的歌曲《记住乡愁》中歌词与画面的声画延伸情况。

---

① 耿红霞. 浅析音乐纪录片《时光的旋律》(第二季)的声画蒙太奇叙事手法[J]. 当代电视, 2020(6): 87-90.
② 耿红霞. 浅析音乐纪录片《时光的旋律》(第二季)的声画蒙太奇叙事手法[J]. 当代电视, 2020(6): 87-90.

表3-4 《记住乡愁》歌词与画面的声画延伸情况

歌词	画面
乡愁是抓不住回不去的从前	庭院、花草、阳光照射、老屋、木窗棂
忘了告别的变迁	宗祠
像风筝断了线	芦苇
乡愁是剪不断理还乱的怀念	祠堂、老家的屋顶
唱在歌里 醉在酒里 越久越浓烈	村庄房屋

从表3-4的歌词和画面的对应情况来看，这里的歌词与画面看似已经完全脱离了关系，但是在歌词含义的作用下，再通过画面的渲染，能使人很容易回忆起往昔岁月，这时沉寂在受众心中的乡愁便会苏醒，跟随音乐与画面的节奏释放出来。

乡愁纪录片在传播乡愁歌曲时，先是通过声画和合的方式，将歌词与画面一一对应，使歌词意象具象化，让受众的听觉和视觉同时受到冲击，进而让乡愁在受众心中开始酝酿。随后，使用声画互文的方式编排画面，用歌词来强调乡愁，而受众在相关画面内容的触发下，乡愁情感愈发浓烈。最后，使用声画延伸的方式让歌词中的乡愁情感达到极致，此时，画面呈现的乡愁意象成为引发受众乡愁情感的"启动器"，抚慰了受众心中的乡愁情感。

3. 乡风符号

乡风，既可以指乡村中的风气，又可以指乡村的风俗。乡风是一种乡土文化，能够反映当地的人文风貌，并且与乡村发展有着密不可分的关系，良好的乡风能够促进乡村的发展。有学者将乡风界定为，"共同生活在一定区域内的特定群体的生活环境、思想文化、价值观念、道德品质、风俗习惯、人际关系、精神面貌、行为方式、社会风气的综合，它体现着整个乡村的价值取向和行为选择，是乡村在长期发展过程中的历史文化积淀"[①]。还有学者认为，乡风是指乡村的整体风气，可以将乡村的风气理解为农民在社会劳动和交往实践中

---

① 边惠霞. 乡风文明建设中的问题及对策研究[D]. 太原：山西师范大学，2019：11.

形成的本土性的风土人情、习俗风气；也可以将风气理解为特定地域内乡村劳动人民在社会劳动实践中形成的价值观念、生活方式和风俗习惯的总和，是一种地域性乡村文化。①乡风作为乡村里的风气，是乡村群体在社会实践中逐渐形成的思想观念、道德准则和处世之法，能反映乡村人的精神面貌和乡村文明程度。文明的乡风能够引领良好社会风尚，规范人们的行为方式，匡正人们思维观念，从而促进乡村发展，实现乡村文化振兴。

纪录片《记住乡愁》中讲述了"诚、和、善、廉、忠、孝"等多个乡风主题。第一季讲了广东省清远市围镇村刘氏一族的家训是"重教育才，奋发创业，勤俭廉明，慈孝团结"，"慈孝团结"一直被认为是其中最为重要的一条，因此后世子孙将"家和万事兴"铭记于心。村民周金玲刚嫁到围镇村，便与婆婆因为一床被单闹不和，后来经她丈夫解释过后误会才被解开。周金玲为了得到婆婆的原谅，主动向婆婆示好，她的婆婆也因"家和"的传统选择宽容儿媳，两人因此重归于好。第二季讲述了西古堡村十二字祖训"修嘴不如修心，修心不如修事"。"修心修事"不仅仅是西古堡村融入血脉的村德祖训的核心，更是一种积极向上的"自律文化"。西古堡村以"修心修事"为指导，将"行善"融入生活之中。该村村民自发修缮了村里拥有几百年历史的建筑——地藏寺、北瓮城、东庙和西庙等。正是因为西古堡村民践行善事，不断修筑古迹，使得古建筑保存完好，吸引了大批游客前来观赏，从而增加了村民们的收入。《记住乡愁》第三季中讲述了汪口村"诚信为本"的祖训。汪口村的祖先为了改善村里的风水，需要在村庄对面的向山上种满树木，因此规定在外的汪村人回来时必须带两棵树苗栽种到山上。离开汪口的村民始终信守着这一承诺，最终形成了汪口村"诚信为本"的祖训。汪口村村民俞友鸿是一名古建筑修复师，他在修缮村民家的古建筑时，发现房梁出现了腐烂的情况，但是工程款预算中却并没有囊括更换房梁的费用。然而，他经过一番思索后，毅然更换了腐坏的房梁，在结账时，也没有向村民追加房梁的更换费用。这是汪口村人的"诚信为本"的生动实践，也是汪口村人共同遵奉的行为规范。

---

① 吴宇. 石泉县乡风文明建设问题研究[D]. 西安：中共陕西省委党校，2022：9.

二、依托魅力故事叙述"乡愁"

(一) 古老地方传说

专业纪录频道的纪录片在讲述乡愁时也花了不少时间叙述地方传说。古老的地方传说凝聚着当地百姓的智慧，能够传播善行，对当地百姓进行道德约束，从而树立良好和谐的地方风气。在纪录片《记住乡愁》中讲述了大量古老的地方传说，如安徽黟县的屏山村以"孝"传家。相传在明朝时，屏山村人舒善天高中探花，在衣锦还乡时，发现母亲在家中病倒，无人照看。于是，他违抗朝廷圣旨，拒不赴任。朝廷派官员调查此事原委，皇帝了解真相后被舒善天的孝行感动，下令为他修建了一座孝字牌坊，并允许他留在家中照顾母亲。这座孝字牌坊至今犹存，舒善天的孝行故事也通过村民口耳相传，留存至今。《记住乡愁》的东明村篇讲述了东明村从明朝流传至今的"水龙节"故事。"水龙"过去是村里的灭火工具，相传明朝时期东明村的先贤们运用智慧来消除火灾风险，并把为邻村服务作为一种义务。村里共有五支水龙队，每年都会在村里举办一场水龙大赛，以此来检查消防设备的完好性。如今，水龙队早已失去了过去的功用，但是水龙节却保留了下来，时刻提醒村民做事行义。"水龙节"属于东明村祖先"义"精神的延续，是一个充满纪念意义的传统节日。东明村的村民不忘传统，通过比赛的形式来纪念义薄云天的先祖，让后世子孙永远牢记先祖的教诲。

一个地方的传说往往具有鲜明的地方特色，能够反映地方的历史文化传承；同时这些古老传说也是经过岁月的洗礼才得以流传至今的，这些传说越古老，越能体现中华优秀传统文化的博大精深和源远流长。

(二) 历史人物事迹

专业纪录频道在讲述乡愁时加入历史人物事迹，通过叙述这些历史人物的光辉事迹，颂扬他们身上的高贵品质和崇高精神，在受众心中为历史人物塑造了一座精神丰碑，鼓励后人学习他们的优点，继承中华优秀传统美德。如《记住乡愁》中每集都讲述了村落的优秀精神文化，其中就收集了大量历史人物的事迹来叙述乡土文化中传承至今的美德。

《记住乡愁》中有许多历史人物故事，如荻浦村篇中记述了申屠氏族的"孝义"故事，荻浦村孝女携子建戏台的故事流传至今。相传明朝时，荻浦村人申屠妙玉因丈夫离世，生活负担重，回到荻浦村居住，她的儿子姚夔在他舅舅的培养下，在京城做了吏部尚书。姚夔的舅舅想向他索取回报，这让姚夔陷入了两难。申屠妙玉便让姚夔为宗族重修宗庙和搭一座戏台，让姚夔把戏台作为寿礼献给他舅舅和所有母族的人。这里的孝义就从"小孝"上升为"大孝"，也即从保护家庭传统上升到忠于国家。鹏城村篇中讲述了赖恩爵的"忠义"故事。清朝时期，赖恩爵任广东水师提督，负责镇守大片海疆，其指挥的九龙海战是中国近代史上反侵略战争的首战。1839年9月4日下午，英国人以"求为买食"为名试探清军，突然炮击我方水师，此时赖恩爵率领水师与九龙炮台守军协同作战，奋起反击，击伤了一艘英国的军舰，最后取得了海战的胜利。九龙海战是中国近代史上极为重要的一次海战。赖恩爵的光辉事迹至今仍在当地广为流传。

（三）现代乡贤故事

专业纪录频道的乡愁纪录片还讲述了现代乡贤的故事。这些新乡贤故事虽然没有历史人物事迹的底蕴厚重，但仍然继承了历史人物的精神品质，并以一种现实可接触的真实感获得更多人的赞许，促使更多人去学习和效仿，为村庄民风建设作出了重要贡献。《记住乡愁》《乡间一年》等纪录片中都有呈现。

《记住乡愁》龙湖寨篇中记述了在海南事业有成的李惠智回乡做慈善的故事。李惠智小时候家里非常穷，当他的弟弟生病无钱可医时，是他家邻居给了他们家两块钱，才救治了他的弟弟。如今，他回想往事，依然感念过去乡亲们的帮助，于是他回乡修葺家族院落，修筑水泥路，铺设自来水管线，还资助村里生病的老人治病，为村里做了许多力所能及的事。此外，因曾经受到当地学校减免他学费的恩惠和得到老师和同学们的真诚帮助，他对家乡的学校也予以回报，给学校捐书本、买器材、建教工宿舍，还特别成立了李惠智教育基金会，资助家庭经济困难的学生。

《乡间一年》中也记述了许多乡贤回乡建设美好乡村的故事。如杨立斌，他是延祥村的新任村委会主任，过去在上海开物流公司，并在泉州开了一家餐厅，看着延祥村逐渐"空心化"，他召集了延祥村在外的年轻人成立了公益组织——延祥村乡贤会，专门为乡村振兴服务，共同建设美丽延祥，让所有在外的延祥村人记住乡愁。延祥村的花灯属于非物质文化遗产，临近年关之际，杨立斌联系乡贤会成员共同商议花灯巡游活动的举行。在乡贤会的努力下，延祥村人重新开始制作非遗花灯，在过年期间举办了一场盛大的花灯巡游活动，村里张灯结彩，热闹非凡，更有味道，村民的反应非常强烈。不仅如此，杨立斌还为延祥村做了很多事，他联合乡贤会在清明期间举行了大型祭祖活动，邀请了各地的杨氏族人回延祥村祠堂祭拜；延祥村入选中国古村落保护名录，杨立斌向国家申请资金修缮古民居，并进行监督；重阳节，杨立斌在村里举办敬老活动，帮老人理发，请老人吃饭等。再如杨涛杰，现任延祥村村委会副主任，几年前他还在厦门打工，如今回乡想要成立茶叶合作社带领村民发家致富，于是他想通过改变茶叶的传统生产方式，引进新工艺，与村民合作承包他们的茶园来扩大产量。村民们却始终存在顾虑，他的计划最终没能成功。但他毫不气馁，自己先在山上承包一处土地做茶园，然后去茶学院进修，学习新的制茶技术。回村之后，他为了打响延祥茶的名声，向村里老人寻求帮助，从族谱中寻找延祥茶的历史，发现延祥孔坑茶曾被作为贡茶，于是着手为延祥茶申请市级非物质文化遗产名录，以此来为茶叶增加销路。

三、借助怀旧记忆唤起"乡愁"

纵观专业纪录频道中纪录片讲述的"乡愁"，其中所呈现的内容与个体息息相关，与集体密不可分。而有关乡愁的内容，在纪录片创作者和被拍摄对象的共同努力下，能够引起集体的广泛的情感共鸣。

（一）个体记忆

每个个体受到的思想教育、文化熏陶背景不同，因而形成了个体独有的生活故事。当个体需要认清自己的身份时，通常会通过回忆自己的生活故事来建构自己的身份。凯伦·沃克曼（Karen Volkman）将生活故事定义为，有选择地从每个个体记忆中构建出来的故事。[1]个体身份认同需要依靠个体记忆才能实现，而个体记忆的形成往往受思想文化和社会环境的影响。因此，个体记忆、社会记忆和文化记忆彼此之间存在密切的关系。个体记忆是个体通过叙事建构起来的关于过去社会生活的记忆，个体往往会沉湎其中，其主要特点是零散，记忆以片段画面的方式在思绪中闪回，并赋予意义。[2]远离家乡的人在回忆过去的点点滴滴时，通常也是如此。人们从前认为稀松平常的事物在时过境迁后便成为人们朝思暮想的"乡愁"载体，当这些事物在人们的眼前复现时，他们内心的情感便情不自禁地开始翻涌起来，这样的个体记忆如果要上升成为社会记忆，就需要使这种社会记忆在技术的加持下进行有目的性的筛选和传播，以此形成广泛的社会共识。

在乡愁纪录片中，个体记忆的叙事往往通过人物故事来呈现，而人物故事的叙述首先需要进行记忆建构，然后将记忆进行转化，最后再将记忆传播出去，这样才算实现完整的个人记忆叙事。首先是建构记忆阶段，需要把重心放在个体故事上，着重讲述个体的回忆。个体自己建构的故事能够让他们重新认识自己，不再沉湎于过去，以此来探寻人生的意义；然后是转化记忆阶段，需要将个体故事转变成社会资料，因为个体的故事具有独特性和历史性，每个人的生活习惯和语言文化是不同的，所以每个人的生活故事具有独特性，每个人的生活与其所处的历史时代背景也密切相关；最后，是传播记忆阶段，个体记忆故事被制作成纪录片后便开始传播了，在传播过程中，其内容成为社会记忆，它的价值和作用因此得以显现。纪录片讲述个体生活故事，就是一个建构记忆、转化记忆和传播记忆的过程。

个体故事的讲述有利于个体的身份认同以及对家族历史与传统文化的认识。纪录片在讲述家族历史的乡愁故事时，对中华传统优秀文化的集体记忆进行纪录和传递，以此来还原集体记忆，并表征出中华优秀传统文化的深厚

---

[1] WORCMAN K. Social Memory Technology[M]. Abingdon: Taylor and Francis, 2016: 19.
[2] 余宏. 建构、转化和分享: 个体记忆社会化的叙事建构研究[J]. 大理大学学报, 2022（5）: 51-57.

底蕴。古老村落里的家族，对于礼义廉耻的教育都是通过家规族谱等实体形式进行传承的，这种文化传承方式逐渐成为中华儿女的集体记忆，成为一种薪火相传的传统文化精神。通过纪录片这种可视化的故事表述，让年轻一辈对于传统文化能够有更清晰的认识，极大地促进了中华优秀传统文化的继承和弘扬。

专业纪录频道的纪录片在讲述"乡愁"时，内容中所呈现的人物即为被摄者，纪录片在讲述他们的"乡愁"故事时，注重展现他们的身份背景和生活故事，为"乡愁"情感的抒发奠定了情感基调，通过视听符号来展现他们的"乡愁"。在同一时代背景下，人物的命运往往具有某些共性，人物的乡愁也是一样。经济高速发展和社会日新月异的今天，多少农村青年涌入城市中，当他乡成为故乡，有多少人想回到曾经的故乡却求而不得。纪录片无法将所有人的乡愁都纪录下来，但是在同一时代下，个体的乡愁却惊人地相似。《故乡的风景·秋思》中 65 岁的戴冬兰在外拼搏半生，最终为了照顾家里的老人，选择回归故里，过着简单的生活。《故乡的风景·春望》中浙江养蜂人周方超年轻时，也曾向往外面的风景，离乡多年后却选择了重返故里，不仅仅是承袭祖先数百年的养蜂之道，更是迷恋故乡山野间的那一抹香甜。

（二）集体记忆

乡愁产生于空间上的疏离和时间上的流逝，它是对故乡和过去记忆的一种怀念之情。在古代，不少文人墨客通过诗词文章表达对故乡的思念，李白有"此夜曲中闻折柳，何人不起故园情"的诗句；杜甫有"露从今夜白，月是故乡明"的诗句；苏轼有"试问岭南应不好，却道，此心安处是吾乡"的词句……这些诗词中无一不表现诗人满怀的乡愁。随着社会的不断进步和时代的不断发展，离乡入城的人越来越多，人们的乡愁情绪也越来越高涨。在如今的社会大环境下，"乡愁"已经从个体记忆转变为整个社会的集体记忆。由此可见，个人的乡愁已经融入了集体记忆之中，集体记忆已经成为现代乡愁的核心内容。集体记忆有记忆主体和记忆客体。就乡村而言，集体记忆的主体是指乡村留守村民以及在他乡漂泊的村民。集体记忆的客体便是记忆载体。记忆主体在外在因素的刺激和时间的影响下，将记忆客体转变成集体记忆。集体记忆需要依赖载体才能被唤起，这些载体包括仪式活动、民居建筑、自然景观、家乡美食等。①

集体记忆不是个体记忆的简单相加，而是拥有共同经历和感受的群体所建构的记忆。因此，集体记忆是在特定社会时期的群体对往昔经历具有共同的感受的记忆，它能使群体在回忆时获得身份认同感和归属感。每个社会存在着很多不同的群体，每一个群体都会有专属于该群体的集体记忆，因此，寻找集体记忆是群体获得身份认同的有效方法。当现代人对所处的空间感到十分陌生时，他们会试图从集体记忆中找寻历史存在感，寻求身份认同。然而，当下集体记忆客体的消失，引发了主体的"身份认同危机"，导致集体记忆的唤起成为一道难题。集体记忆的唤起迫切需要仪式、建筑、食物、景观等客体符号的再现。纪录片通过纪实影像将消失的客体符号再现，能够将主体的过去记忆重新唤起，并构建牢固的记忆堡垒。哈布瓦赫认为，集体记忆并不会表现在他们对物与人的直接回忆中，而是通过某种讲述、象征符号、纪念活动或仪式得以体现。②对离乡入城的群体来说，乡村的所有事物都能够引起他们集体记忆，触发他们的乡愁。过年是国人所共同期盼的喜事，关于过年的一系列活动的呈现极易引起离乡入城群体的情感共鸣。《故乡的风景·年味》中为受众呈现了各个村落的过年习俗，如伏义河村过年闹秧歌，延祥村过年要进行花灯巡游，右龙村元宵节进行板凳龙巡游，新和村在正月进行马社火表演，等等。

集体记忆的内容包括集体表征和集体意义，集体表征是群体内共享各种各样对社会事实的呈现和描述，社会事实和集体表征中包含着集体意义。③"社会事实"作为集体记忆内容结构的原点，可以分为"过去发生的"和"当

---

① 汪芳，孙瑞敏. 传统村落的集体记忆研究——对纪录片《记住乡愁》进行内容分析为例[J]. 地理研究，2015（12）：2368-2380.
② 莫里斯·哈布瓦赫. 论集体记忆[M]. 毕然，金华，译. 上海：上海人民出版社，2002：59.
③ 张庆园. 传播视野下的集体记忆建构[M]. 北京：中国社会科学出版社，2006：196，194.

前进行的"两类。①在乡愁纪录片中，过去发生的事才是受众回忆的对象。例如，美食所承载的味觉记忆可以看成是过去已经发生的"社会事实"。纪录片中所呈现的"社会事实"经过可视性转化，使受众群体通过联想便可唤起记忆，从而产生情感认同。例如，受众在纪录片中看到的不仅仅是怀旧的场景和传统方法制作出来的美食所诱发的单纯味觉记忆，更多的是这些记忆载体所承载的受众自身的美好记忆与经历。由此可见，受众赋予了普通食物并不普通的意义。从符号学角度来看，"美食"被塑造成悠闲美好的家园生活的符号性存在，纪录片给受众建构了一个美好生活的具象化想象空间。乡愁纪录片将中国人共通的乡村记忆和乡土情怀塑造成集体记忆。在纪实影像符号上，不仅美食承载集体记忆，是包含乡愁的记忆载体，而且族谱、牌匾、牌坊、祠堂等也承载集体记忆。乡愁纪录片能通过呈现这些乡愁符号，唤醒大众的记忆，引发情感共鸣，进而使其认同纪录片这一媒介所建构的记忆。

（三）多重认同

在瞬息万变的当代社会，人们在不断寻求认同，其实，他们所想要寻找的认同，实际上是为了解决"我是谁"的问题。②从社会认同理论来看，认同和自我存在密切关联。人生活在繁杂的社会中，除了应对生存问题，还需要在精神上寻找自我认同、群体认同和文化认同等。吉登斯（Anthony Giddens）认为，认同是个体依据个人的经历所反思性地理解到的自我。③亨廷顿（Samuel P. Huntington）对于认同有不同理解：个人有认同，群体也有认同；绝大多数情况下，认同都是构建起来的概念；个人有多重身份，包括归属性的、地域性的、经济的、文化的、政治的、社会的以及国别的；认同由自我界定，但又是自我与他人交往的产物。④根据吉登斯和亨廷顿的观点，个体能够通过对自身

---

① 吴月. 集体记忆的味觉书写——美食短视频建构城市记忆研究[J]. 东南传播，2022（2）：128-131.
② 佐斌，温芳芳. 当代中国人的文化认同[J]. 中国科学院院刊，2017（2）：175-187.
③ 安东尼·吉登斯. 现代性与自我认同. 赵旭东，方文，译. 上海：三联书店，1998：58.
④ 塞缪尔·亨廷顿. 我们是谁？美国国家特性面临的挑战. 程克雄，译. 北京：新华出版社，2005：21-22.

经历进行反思找到自我,从而使个体对自我的归属性身份、地域性身份和文化身份更加清晰,进而产生身份认同、地域认同和文化认同。身份认同是主体对自身的一种认知,主体的身份认同往往受文化主体的影响。因此,身份认同本质上也属于文化认同的问题,受主体的自身属性以及历史文化的影响。文化认同是指主体对特定文化产生的归属感。①人们把对应文化中的精神信仰、道德观念、风俗习惯等融于自身,并将他们的文化认同作为自我认同的核心内容。文化认同是民族共同体对本民族文化的强烈认同。

  从现代人的生存境遇来看,工作生活中的各种不确定让他们疲惫不堪,高速发展的时代也在不断刷新他们的认知,生活方式的改变和现实中的压力让他们感到身心疲惫。这种情况催生了个体身份认同的危机,个体的乡愁情绪喷薄而出,难以抑制。个体尝试通过怀旧来缓解自身的乡愁情绪,获得身份认同。他们试图通过回溯过去和追忆往昔,拼贴出过去的生活碎片,通过想象性建构在一定程度上还原美好的精神世界,进而抵制现代性生活对个体信念的冲击。从古登斯的"脱域"理论可以看出,现代社会催生了"缺场"的各种要素,使得空间与地点逐渐分离,从而产生了"脱域"现象。②随着现代生活节奏的加快,个体与个体之间的陌生感和疏离感增加了,亲密感和信任感降低了,人与人之间的关系完全依从于利益关系。由此可以看出,"乡愁"群体的精神异化问题逐渐显现,人们难以实现情感认同,最终导致"思乡病"的泛滥。离乡入城群体是一群在他乡不断拼搏奋斗的人。他们为了梦想而成为异乡人,却在离家的时空场域中无法获得身份认同、自我认同和文化认同。离乡入城群体因为长期生活在外,与家乡久不联系,渐渐地不知道自己身处何处。不熟悉的城市空间、对前途的迷茫以及在外谋生的孤寂无助,都会迫使他们产生对过去的无限向往之情。他们向往的是那个充满安全感和无忧无虑的过去,把"过去的时光"想象成"乌托邦",从而让自己劳累而寂寞的心灵找到栖息之所。

  怀旧是一种个体怀念流逝岁月的情结,是个体建构自我认同、身份认同和

---

① 任裕海. 全球化、身份认同与超文化能力[M]. 南京:南京大学出版社,2015:17.
② 安东尼·吉登斯. 现代性的后果[M]. 田禾,译;黄平,校. 上海:译林出版社,2000:16.

文化认同的重要节点，更是个体一种自我救赎的方式。离乡入城群体在生活中难免会遇见各种困厄，不断地挫败他们打拼的信心并逐渐磨灭他们对未来的希望，所以他们在面对这些工作生活中的苦难时，往往借助怀旧来抚平现实的不快，进行自我救赎。个体在怀旧的过程中，获得暂时脱离当下所遭遇的痛苦的机会，让个体在他乡漂泊的状态下产生一种回归乡土的幸福感。生活在他乡的离乡入城群体很难找到他们的情感寄托之物，只能通过怀旧来实现自我认同。

第四节 专业纪录频道乡愁传播的困境

专业纪录频道中的纪录片在进行"乡愁"传播时，深刻全面地建构了乡愁符号，深情细腻地叙述了乡愁故事，设身处地地复现了怀旧记忆。然而，专业纪录频道的"乡愁"传播依然存在一些迷思。

一、弱化了乡愁都市面向的意义

"乡愁"概念中的"乡"不仅是指"乡村"，而且应包括城市，这里的"乡"可理解为"城乡"。情感意义上的乡愁通常以某一空间为载体，这里的空间载体不仅包含乡村空间，而且包含城市空间。专业纪录频道中的纪录片在讲述乡愁时多数都在讲述面向田园的乡愁，对都市的"城愁"[①]却未能得到较为清晰的呈现。唐亚林认为，城愁是指城市这种奠基在人类文明历史进程中，集神

[①] "城愁"一词学界已较为常用，该词系国内学者王光明教授于2001年在《从"望乡"到"望城"——香港城市诗歌的一个侧面》一文中首次提出，是指诗歌创作者作品中的一种情感。"乡愁"一词中的"原乡"观念被扬弃，且与城市化和城市现代化发展结果的"城愁"意蕴相通。关于"城愁"内涵的具体阐释可参阅南京大学胡小武著《城市社会学：文化、空间与结构研究》（南京大学出版社，2014）。城市搬迁居民的空间迁移造成了居住环境、邻里关系、生活方式的变迁，产生了中国式"城愁"，从"乡愁"到"城愁"，体现了社会迁移的时空变换及其主体变更。"乡愁"是一个泛指意义上的离乡情怀，这里的"乡"，是故乡而非乡村，后文的"城愁"也正是在此语境下展开的讨论。"乡愁"其实也是"城愁"，"城愁"也是一种"乡愁"，这是对学界关于"乡愁"研究前沿的积极回应，也是本书对相关研究的推进。

圣、安全、繁忙"三位一体"普遍价值，生产、生活、生存、生态、生命"五生一脉"共同体于一身的理想优良生活形态。①他还将"乡愁"与"城愁"作了比较，他把乡愁理解成一种"回不去的生存状态和精神寄托"，而"城愁"则是一种"不得不忍受的日常生活与精神荒漠"。

梳理"城愁"的既有研究，并结合本研究的需要，本书中的"城愁"主要是指那些在城市生活的人（主要指在城市出生并长大的年轻群体）所产生的情感，这种忧愁更多是对当下现实生活的无奈，对美好前程的向往，对宏图伟业的追求。需要指出的是，现在越来越多的农村青年进入城市学习、生活和工作，并最终选择在城市组建家庭，逐渐在城市扎根，从离乡入城群体转变成在城务工群体，这个群体兼有"乡愁"与"城愁"两种情感。但这群人没有受到研究者的足够重视，本书第四章就是对"三农"短视频中这一青年群体文化认同进行的实证研究。"城愁"具有一体两面性，它推动了城市社会的发展进步，但也使乡村社会"空心化"的现象加剧。农村青壮年劳动力大量流失，致使农业生产只能依靠老弱病残群体来支撑；自给自足和熟人社会的守望相助等传统美德被利益主导的现代观念所取代；传统乡村治理方法难以适应现代乡村社会的快速发展。这些在城群体的"城愁"所包含的传统与现代的强烈冲突更加明显。充满诱惑和各种欲望的都市，促使大批涌入城市的农村年轻人和城市本地人不得不投入时间和精力来换取回报，满足自身对美好生活向往的需要。然而，他们在追逐物质利益时，个体自身也发生异化。对利益的追求、对生存压力的抵抗和对无助失落的自我调节已经成为在城群体的生活常态，城市中边缘群体倍感生活压力之大，生存处境变得更加艰难。"城愁"让原本平静的心灵逐渐变得疲惫不堪，但是在城群体却又无法彻底摆脱这种桎梏，只能选择不断负重前行。

当人们远离故乡，城乡二元对立带给他们不安与恐慌能够唤醒他们尘封已久的乡愁记忆，也容易激发出他们对"城愁"的体悟。"城愁"本质上是空

---

① 唐亚林. 区域中国：乡愁和城愁的交融与舒解——兼与李昌平、贺雪峰、熊万胜商榷[J]. 探索与争鸣，2018（2）：89-94.

间变迁倒逼出的精神震荡，是个体面对城市生存困境产生的文化心理反馈。[①]"城愁"则直指当下，唯有正视"城愁"的人，才真正具备直面现实的勇气。由此可见，正视"城愁"是一种正视现实困境的积极处世态度，而不是逃避现实的消极处世态度。

专业纪录频道中的纪录片在叙述乡愁时，并没有将"城愁"呈现出来，这导致了"乡愁"叙事显得不够完整。《故乡的风景》是一部紧紧围绕田园乡愁的纪录片，虽然每集的开头都展现了高楼林立的都市风景，但它并不是在表达都市乡愁，而是意在引出受众对山水田园的乡愁。人们迷恋的山水田园风光，可能是连绵的青山，静静的碧水，广阔的田野，干净的院落。片中呈现的许多乡村风貌，如耕种时节，农民们在田里穿着蓑衣戴着斗笠用牛耕田的画面，他们用秧架挑秧苗的画面，以及他们人工插秧的画面，都充满了古老的农耕气息，极易让受众的身心得到净化，感受到难得的舒适与放松。乡村题材纪录片里集聚的青翠欲滴的竹林、在水里嬉戏的鸭子、关在圈舍里的羊羔，以及从烟囱里冒出来的炊烟等，组成的美好乡村图景不断地在为受众建构田园乡愁。然而，专业纪录频道中的纪录片的"城愁"叙事则鲜见，比如，可以呈现一些诸如拥有城市户口的居民因城市的快速扩张，遭遇不断攀升的房价、生活成本上升、交通环境拥挤、教育医疗等公共服务供给不均与工作压力的综合挤压，成为失去精神信仰为生活而战的"奔波族"的场景或形象；同时也可以呈现一些拥有城市暂住证的外来务工人员与较高学历的高级打工者，既无法享受到均等化的城市公共服务，又无法融入已成为"他者"聚居的城市社会，成为失去精神寄托的为生活而战的"谋生者"形象[②]，等等。

二、缺少现代性焦虑的乡愁叙事

在 2014 年"乡愁中国与新型城镇化建设论坛"中，研究者认为乡愁"是

[①] 苏喜庆. 城愁与乡愁——21 世纪初文学空间的变奏镜像[J]. 当代文坛，2017：78-81.
[②] 唐亚林. 区域中国：乡愁和城愁的交融与舒解——兼与李昌平、贺雪峰、熊万胜商榷[J]. 探索与争鸣，2018（2）：89-94.

乡民涌入城市后对传统生活模式的依恋和对当下城市生活的失重感相互交织融合而形成的一种困顿体验"①。"乡愁"是人的一种怀旧心理，是人对过去记忆的一种怀念，这些记忆中包含了美丽的自然美景、精彩的民俗仪式、美味的乡土食物等。专业纪录频道中的纪录片在讲述"乡愁"故事时，多是通过展现田园牧歌式的乡村生活来进行情感传递，但是现代化引发的焦虑心理没有展现出来。

现阶段的乡愁纪录片摆脱了对农民的成见，深入农民的内心去观察他们的生存状态，理解他们的精神面貌，但是仍没有揭示农民身心分离的异化情况，以此来展现他们的"乡愁"表达。乡愁纪录片创作者们关注的焦点并没有放在城市打拼的农民工身上，这些农民工带着梦想走出村庄来到城市寻找机遇，渴望通过自己的奋斗为家人提供更好的生活。然而，城市务工农民们的身体虽然不再需要承受耕作的劳累，但是仍然需要面对城市生活带来的困境，他们不得不从事繁重的体力劳动，承受其他诸多压力。他们是乡愁纪录片进行"乡愁"叙事的重要对象，但现阶段的乡愁纪录片很少有体现这一群体的叙事。

在中国社会现代化的进程中，任何身处社会转型期的人都能感知到自己的故乡在变化，很难寻找到自己的"根"，尽管他们的肉身能从城市回到乡村，但是他们的灵魂却很难在乡村找到归属感，尤其是在城市里谋生的乡村游子们，他们经历着乡村从物理形态到内在肌理的危机，容易陷入自我认同的身份危机中。②远离乡村的游子因身份认同所带来的灵魂无依感，应该成为现阶段乡愁纪录片叙事的重点内容。现阶段专业纪录频道中的纪录片较少批判现代化带来的问题，而是专注于现阶段城乡矛盾问题的调解，以帮助游子消解心中的"乡愁"。中华文明起源于乡村，乡村兴，则文化兴；文化兴，则民族兴；民族兴，则国家兴。然而，面对中国的现代化进程的不断加快，国家富裕了，人民生活水平提高了，中国的国际地位也提高了，但是很多带有乡土文化

---

① 张帅. 乡愁中国的问题意识与文化自觉——乡愁中国与新型城镇化建设论坛述评[J]. 民俗研究，2014（2）：156-159.
② 吴莎莎. 乡土的失落与现代性焦虑[D]. 保定：河北大学，2017：28.

印记的事物却渐渐被遗忘。传统的乡村文化在都市文化的冲击下逐渐走向式微，引发了乡村游子们的乡愁。

乡村曾经被视为现代化的对立面，在有的人眼里是荒蛮破败的代名词，乡土文化也一度被认为是落后保守的，如今田园牧歌式的乡村生活却成为人们的理想生活，乡土文化成为乡愁群体"疗伤"的妙药。在现代化浪潮的冲击下，乡村虽然是灵魂的栖息之地，但却难以成为现代人肉身长久存留的空间，这种矛盾话语在纪录片中未曾出现。《舌尖上的中国》系列中的乡村更是幸福的聚集地，各种美食素材书写着乡村的神秘与美好；《记住乡愁》将村落打造成诗意的空间，每一个村落似乎都是一个象征美好的艺术作品，给予人们无限的想象与回味。但事实上，现代社会改变了人们长久以来养成的固定习惯，让人们常常陷入一种不确定性中，从而产生紧张和焦虑的情绪，但这种情状并没有被呈现出来，这其实是对现代性焦虑的一种选择性遮蔽，暂时地放下并不能消除人们焦灼不安的情绪。

三、乡愁载体的商业化倾向

"乡愁"作为人的一种情感，是具有物质载体的。对于"乡愁"传播的研究，离不开对乡愁载体的研究。"乡愁"是个人的情感表达，也是集体的情感表达，每个人因为生活经历不同，引起他们乡愁的物质载体也各不相同。例如，各地为具有重要意义的日子举办的民俗活动既是人们的情感依托，又是乡愁的载体；饮食习惯方面也是如此，个体的乡愁可以融入当地的特色美食之中，让游子一见到这些美食符号就想起自己的家乡、自己的过往和自己的亲人朋友等；房屋建筑、家规族谱等物质载体亦是如此。央视纪录频道中的纪录片在讲述"乡愁"时，使用了极大篇幅来叙述乡愁物质载体的文化内涵，但是对于乡愁载体的商业化问题少有提及。

乡愁载体作为一种媒介，蕴含着某一地方的文化，它对乡愁的记忆建构起着重要的作用。人们往往是通过对物态和非物态载体的故事叙述和意义挖掘来构建乡愁的，如讲述古树、古建筑、仪式活动的历史以及意义。然而，深受当下消费社会的影响,承载乡愁的物态载体和非物态载体正在不断商业化,乡村的文化传承遭遇严重危机,流传千年之久的乡土文化正面临消费文化的不断侵蚀。

记忆场所的存在具有一定的历史意义。当人们靠近它时,能够产生一种穿越时空回到过去的感觉,因而它承载着许多文化乡愁。记忆场所主要是指由于人们的意愿或者时间的洗礼而变成一个群体记忆遗产中代表性的场所。① 在现代化发展大潮的影响下,"记忆场所"正在不断地商业化。以皖中地区最具徽派特色的三河古镇为例,该古镇有2500多年历史,原是巢湖中的一处沙洲高地,经过千百年的沧海桑田,才与陆地连为一体。古镇的特色,一为水,二为古,三为河镇。不仅水美,而且其历史底蕴也不可小觑。三河镇内街巷纵横、河道环绕,至今还保存着古桥、古街巷、古民居等历史遗迹。三河古镇的悠久历史和徽派水韵特色吸引了大批游客到此游览。随着旅游人数和旅游收入的增长,三河古镇也吸引了不少投资者的青睐。由于资本的过度入侵,景区内购物场所的数量不断增多、商铺面积逐渐变大,从而使整个古镇商业化色彩严重。商业街过长、景观质量变差等一系列问题导致原本古色古香的房屋被打造成用来经济变现的工具。随着市场化进程的不断加快,依托文化搭台经济唱戏的把式早已被人识破,这种对文化资源的滥用是对乡愁情感的伤害。

第五节 专业纪录频道乡愁传播的路径

现阶段专业纪录频道在传播"乡愁"时,向受众呈现了乡土文化语境下的乡愁,创造了乌托邦式的田园牧歌生活场景,讲述了乡愁载体的文化内涵,但是"乡愁"不仅存在于乡村,而且存在于城市,这种城市里的"乡愁"被称为"城愁"。习近平总书记高度重视乡村发展与传统文化保护,多次强调要"让城市融入大自然,让居民望得见山、看得见水、记得住乡愁"②。他在多地实地

---

① 陆邵明. 本土视野下的记忆场所保护探索[J]. 中国名城,2020(7):4-9.
② 中国政府网. 中央城镇化工作会议举行 习近平、李克强作重要讲话[EB/OL].(2013-12-14). https://www.gov.cn/guowuyuan/2013-12/14/content_2591043.htm.

考察时，对传统村落保护等相关内容作出重要指示。这些指示为新时代在留住乡愁中实现城乡一体现代化指明了方向，为中国特色社会主义乡村振兴道路、新型城镇化道路、生态文明建设奠定了价值基础。[①]这也给专业纪录频道乡愁传播策略的改进提供了启发。

一、融合"城愁"的二元叙事

"城愁"是现代人对城市的一种深刻的情感，生活在城市里的人会因城市交通的便捷、生活的方便等而眷恋它，会因城市物价的上涨速度高于薪资的涨幅速度而忧虑，会因城市环境污染日益严重而感到愤怒，也会因城市给人们带来更多的工作和学习的机会而充满期望……对于已经步入现代社会的人来说，城市居民和移民（离乡入城）都是"城里人"，"乡愁"之中融有"城愁"，"城愁"之中含有"乡愁"，因此，"乡愁"中"乡"字不应仅仅理解为"乡村"或"农村"，可以进一步理解为"家乡""生活之地"或"居住之地"等，这种理解与我国城镇化率不断提升的现实是相吻合的，讨论"乡愁"不能局限于传统意义上的"乡愁"，应拓展到现代乡愁意义层面来探讨。城市虽然不是所有人享受平静生活的地方，但却是大部分人迫切想要进入和期望实现人生理想之地。

"城愁"不仅是渴望在城市发展的人所产生的向往之情，而且是城市居民因时代发展导致城市面貌改变而对城市老建筑、老环境等产生的怀念之情。在城市日新月异的变化中，现代人对于过去的城市记忆逐渐变得模糊，像石库门、四合院、胡同、老弄堂、筒子楼等，都成了城市特有的记忆，也承载了几代人的"城愁"。如今的城市高楼大厦取代了古老的房屋建筑，历史遗迹也在现代化城市建设的规划需求下变成了笔直的马路。那些令人难忘的城市记忆载体，在快速发展的城市化进程中，逐渐湮灭在城市人尘封的记忆里。这些城市记忆载体不仅承载了历史文化，而且见证了岁月更替。城市的变迁是一

---

① 李华胤. 习近平关于乡愁重要论述的核心要义与现实价值[J]. 中国农村观察, 2022（3）: 2-19.

个漫长的过程，但也是一个丰富而独特的过程，从一座座古老的城市建筑中往往能够发现城市变迁的印记。这些古老的建筑是一代代人辛劳的付出，智慧的创造，即使那些高楼大厦能创造巨大的经济效益，但是很难换来一座城市深厚的历史文化底蕴。那些墙壁斑驳的旧式建筑和窄小破旧的简陋房屋无一不是纪录真实城市文化与历史的"书籍"，这些历史文化能让一座城市展现出独特的个性，散发出无穷的魅力，从某种程度上来说，这是另一种形态的"乡土文化"。由此可见，央视纪录频道可以从渴望在城市发展的人所拥有的"城愁"和怀念城市老建筑的人所产生的"城愁"角度进行叙事，以此来扩大"乡愁"的叙事范围。

随着城市发展和规划不断推进，尊重传统文化、保护文化遗产越来越得到党和国家的关心和重视。2014年2月，习近平总书记在北京市考察时指出，历史文化是城市的灵魂，要像爱惜自己的生命一样保护好城市历史文化遗产，处理好城市改造开发和历史文化遗产保护利用的关系。①2015年12月，中央城市工作会议指出，要加强对城市的空间立体性、平面协调性、风貌整体性、文脉延续性等方面的规划和管控，留住城市特有的地域环境、文化特色、建筑风格等"基因"。2017年4月，住房城乡建设部印发了《关于将北京等20个城市列为第一批城市设计试点城市的通知》，明确了传承历史文物，探索通过城市设计，精细化管理城市各类空间，保护城市历史格局，延续城市文脉。2018年10月，习近平总书记在广州考察时指出，城市规划和建设要高度重视历史文化保护，不急功近利，不大拆大建。要突出地方特色，注重人居环境改善，更多采用微改造这种"绣花"功夫，注重文明传承、文化延续，让城市留下记忆，让人们记住乡愁。②2020年4月，住房和城乡建设部、国家发展改革委印发《关于进一步加强城市与建筑风貌管理的通知》，倡导优秀的传统建筑文化传承和发扬，引导建设单位增强文化自觉，设计建造符合文化传承、功能优先、融合环境、环保节能等要求的建筑产品，满足人民日益增长的美好生活

---

① 习近平总书记在北京考察时的讲话[N]. 光明日报，2014-02-27（1）
② 中国政府网. 习近平总书记广东考察重要讲话引发热烈反响[EB/OL].（2018-10-29）. https://www.gov.cn/xinwen/2018-10/29/content_5335277.htm.

需要。

无论经过多久的时光流转,在城市里总能找到历史文化的遗留痕迹,这些历史遗迹逐渐成为一个城市独有的文化记忆。社会发展与历史文化遗迹保护二者之间似乎相互矛盾,旧的建筑不拆除,新的建筑在无从建起,想要做到既保护历史遗存,又能够促进城市更新,这需要进行多番思考。然而,许多城市在城市改造中,依然存在文化遗产遭到损毁和破坏的现象,政府对于城市面貌的升级改造,虽然是为了城市能够变得更加现代化,提高居民生活的舒适度,让城市的物质空间变得越来越好,但是城市的历史文化空间却因此衰落,这种行为显然不可取,相关负面的案例常见诸媒体报道中,不再赘述。

"城愁"与城市历史文化遗产有着密切的关系。当旧城改造影响了城市历史文化遗产的存在,人们的城市记忆便会受到破坏,从而引发城市人的"城愁"。

二、平衡现代性焦虑的乡愁叙事

乡愁在某种程度上,既具有文化上的积极意义,在现实生活中又存在着消极的一面。因此,专业纪录频道中的乡愁纪录片既要呈现现代人所期盼的舒适美好的生态环境、和睦友好的邻里关系、精彩丰富的地方风俗和治家明理的文化精神所产生的积极意义上的乡愁,又要反映受众在现代化社会所感受到的不适与精神焦虑等消极意义上的乡愁。

随着中国式现代化的不断推进,社会发展的速度也在加快,这要求城市人提高工作效率,以期与社会发展同步。近年,不少企业推出了"996"的加班制度,让原本的"八小时工作制"离工作者越来越远,在高强度、高压力的工作环境下,个体很容易产生现代性焦虑,这些焦虑包括空间焦虑和时间焦虑。空间焦虑是现代性焦虑的一个外在表征,是指个体在某一地理空间受到外在因素的限制和歧视,或是个体在转换生存空间时难以适应新环境的无助感,或是理想的生存空间与现实的生存空间存在的差距,让个体感到痛苦迷茫、焦虑不安和不知所措。空间的有限性以及未来的不确定性,给大众造成的不安全感是形成空间焦虑的重要原因,这种空间焦虑不仅来自个体与地域空间的疏离，而且包含个体所在空间因现实的情况与理想不符所感受到的失望与忧虑，以及个体最后综合考量时在空间抉择上的矛盾心理。现代性焦虑不仅表现为个体对空间的焦虑，而且体现在他们对时间的渴求。现代化社会的发展需要高效率，生产技术在加速，生活节奏在变快，以至于社会变迁的速度也在加快。"快"节奏的时代要求易使人们产生时间焦虑感。过去的农耕社会长期处于一种相对稳定的状态，根据传统节气进行农事安排，生活节奏缓慢有序，不急不躁，当传统的生活规律被高速的现代发展要求打破，高经济收益成为人们所追求的目标，人们急于完成目标却无法掌控时间便会产生极度的焦虑感。

吉登斯在《现代性与自我认同》一书中提到"焦虑"的内涵，他认为焦虑是个体情感的一种一般化的状态，焦虑必须在与个体所发展的整体安全体系的关系中得到理解，而不能仅仅被看成与特定风险或危险相联结的独特性现象。[1]焦虑具有弥散性，呈现一种游离状态，可能依附于一些物件、特质或者情景。现代社会到处充满着焦虑，人们想要摆脱焦虑情绪的困扰，就需要借助习惯和日常惯例的养成，从而获得本体感，进而让自己远离焦虑。

当今社会，新生代农民受到现代化影响产生的焦虑情绪最为突出。所谓"新生代农民工"是指出生于20世纪80年代以后，年龄在16岁以上，在异地以非农就业为主的农业户籍人口。[2]在社会转型期，新生代农民工的生存问题一直是一个重大的社会民生问题，这一群体在社会上无法找到自己准确的身份定位，已经认不清自己到底是农民还是城市居民。新生代农民的户籍虽然是农业户口，但是他们并不从事农业活动，因此无法融入农村生活中。然而，当他们进入城市，虽然他们能够在城市找到一份可供自己生存的工作，但是城市的高房价和高消费却让他们无法在城市扎根，实现身份的真正转变。在他们追求城市居民身份认同的过程中，因为长期远离故土，与老家的联系越来越少，他们成了回不去乡村、融不进城市的边缘群体，新生代农民工在这种身份困境中，逐渐被焦虑的情绪缠绕，难以自拔。

---

[1] 安东尼·吉登斯. 现代性与自我认同[M]. 赵旭东, 方文, 译. 上海：三联书店, 1998：48.
[2] 林超琴. 新制度经济学视域下新生代农民工个人发展：困境与出路[J]. 山东农业工程学院学报, 2021（2）：20-26.

还有部分新生代农民工虽然在城市工作和生活，但是他们具有浓厚的乡土意识，依然会选择以"农村人"自居，他们不会因为生存空间的不同而忘记自己的身份，城市对他们来说只是一个谋生之地，而乡村才是他们真正的归属地。在城市中他们扮演着"外来者"角色，而回到农村自然还原本来的身份。可以看出，这一类新生代农民工始终坚持自己的"农村人"身份，他们在年老体衰或者厌倦城市生活后，便可以直接返回农村的家乡生活。

尽管新生代农民工长期在城市打拼，但是繁华的都市阻止不了他们对自己家乡的思念。受地缘关系和血缘关系的影响，故乡是所有离乡入城者难以忘怀的地方。乡村的地域空间能够让新生代农民工获得身份认同，而充满陌生感的城市往往让他们难以获得归属感。一部分城市工作的新生代农民工没有固定的工作岗位，经常处于一种漂泊的状态，而工作的压力和人与人之间的陌生感使得他们备受孤独的折磨，对家乡的熟人社会格外怀念。这部分人到城市工作、生活的目的是希望在城市获得更多的财富，然后回到故乡与亲人团聚。除此之外，该类群体中还有一部分人随着与城市接触时间越来越长，已经逐步适应城市社会的生活。但是，他们并不打算在城市长久居住，只是会在城市继续努力工作和生活，等到合适时机再重返家园。

专业纪录频道中的纪录片对新生代农民工的问题并没有过多呈现，但是这个群体所反映出的现代性焦虑问题不应被回避。专业纪录频道应该重视新生代农民工的城市生活问题，通过纪录此类人群的真实生活，为他们找到可以学习和模仿的成功案例，帮助他们走出困境，从而缓解他们心中的乡愁。概而言之，纪录片中平衡现代性焦虑的乡愁叙事策略可以包括：第一，时空对照。以慢节奏长镜头（如田野耕作、手工劳作）对抗现代快生活，构建"故乡时间"；穿插城市快剪画面（地铁人流、霓虹闪烁）形成张力，突显差异却不贬斥现代性。第二，感官疗愈。聚焦原生性感官符号，如麦浪声、柴火味、溪水温感等，将乡愁转化为可触的身体记忆，缓解精神焦虑。第三，去浪漫化真实。记录乡村困境（留守老人、荒废田地），避免美化过去。通过儿童视角（如追逐萤火虫）或代际对话，在苦难中提炼韧性，赋予乡愁成长性。第四，仪式重构。捕捉消逝中的传统仪式（祭祀、手工技艺），但以现代技术（微距拍陶土纹理、无人机俯瞰民俗表演）赋予新审美形态，使传统成为可携带的精神资源。这些策略的本质在于将乡愁转化为"反思性怀旧"，即不沉溺过去，而是提取对抗异化的精神内核，为现代人提供情感锚点。

三、警惕乡愁载体的商业化

当下社会经济快速发展，越来越多的人需要缓释现代化带来的疲惫与压力，想要在乡野自然中获得身心放松。正因如此，各个地方对当地资源的商业化开发越来越多，他们计划通过开发当地的旅游资源吸引更多游客来游览体验，进而增加当地的经济收入。这本无可厚非，但是对资源的过度开发也引起了人们的担忧，使得人们开始反思乡愁物质载体商业化的问题。

当人们渴望回归的地方变得过于商业化，一切向"钱"看齐，有些原本不属于某个地区的物产也出现在某地，例如，像"某某臭豆腐"如今在各个乡村旅游接待地都会见到，且真假难辨；一些城市常见的奶茶店也神奇地出现于各地乡村景区中，这使乡村与城市的界限越来越模糊，很难体验到不同乡村旅游景点的原初独特之美。原本令人向往的乡愁景观也变了味道，让人一时难以接受。因此，专业纪录频道中的纪录片对于乡愁载体的商业化问题应该予以重视，让"看得见"的乡愁最后成为记得住的乡愁。

传统村落中留存着很多文化遗产，但是现在不少农村地区的旅游业已经开始试图通过打造现代人工景观来吸引更多的游客前来打卡拍照，这种行为实际上是对村落文化遗产的一种过度消费。近年来，由于国家大力支持乡村旅游业的发展，越来越多的乡村开始开发旅游资源，在发展旅游与地方特色文化保护方面引起争议的案例，不胜枚举。这种商业化、同质化的乡村旅游发展模式，已经引起不少有识之士的批评。

乡愁载体的商业化不仅体现在建筑、自然景观等物态符号上，而且体现在民风等非物态符号上。乡愁传播之于乡村振兴，具有重要价值和意义。从乡村振兴角度来看，乡愁实际上是在为乡村谋发展。乡愁与乡村振兴二者看似相互区别，但从唯物辩证法的角度来看，它们是相互联系的，如果将二者有机统一起来，乡愁便可起到促进乡村振兴的作用，乡村振兴失去乡愁便失去了一大发展的动力。

传播乡愁可以促进乡村文化振兴。通过纪录片传播乡愁，能够为乡村文化振兴注入精神力量，有效加强民众的向心力，增强民众的文化自信，提高大众的文化认同感。在乡土文化传承方面，纪录片乡愁叙事中对于传统文化的传播能够实现乡土文化的留存，促进乡土文化的发展。传播乡愁，能让人们的乡土意识觉醒，发掘乡土文化的重要价值，为传承和发扬乡土文化不懈努力，从而助力乡村文化振兴。

传播乡愁可以促进乡村人才振兴。自古以来，乡愁都是离家游子所共有的情感。传播乡愁，能让更多的离家游子感受到家乡的美好以及家乡对他们的需求，激发他们对于家乡发展的责任意识，从而促使他们返回家乡，积极参与乡村振兴的实践以解他们的乡愁。乡村承载着乡村居民和乡村游子的集体记忆，他们能从中获得自我认同、身份认同和文化认同，进而对生养自己的故土产生极深的情感。传播乡愁，能够聚焦更多社会人才的目光，吸引他们来乡村发展，建设更加美好的乡村家园。

传播乡愁可以促进乡村产业振兴。当大量社会人才流入乡村之后，他们会为乡村的发展带来丰厚的发展资金、高效的管理方法、高超的生产技术等，以此来建设乡村产业，打造优质乡村品牌，从而推动乡村产业振兴。

传播乡愁可以促进乡村生态振兴。乡村振兴离不开良好的生态环境。可以说，生态兴，则乡村兴。传播乡愁，能够在人们心中树立尊重自然、保护自然的生态意识，在乡村发展的过程中保持高度的环保自觉性，共同打造美丽乡村。

现阶段的乡愁虽然有积极的一面，但也有消极的一面。在现阶段进行乡愁传播时，既要发挥乡愁的积极效用，帮助乡村发展乡愁经济，延续乡土文化，又要警惕乡愁中的乡愁情绪对乡村振兴的消极影响。此外，还要充分发挥乡愁载体的文化和经济作用，帮助乡村更好更快发展；防止乡村向过度商业化方向发展，使农民失去主体性，谨防乡村过度商业化导致乡土文化的衰落。

Chapter 4

第四章
纪录片中乡土文化认同的传播实证

前文对专业纪录频道中乡土文化的"乡愁"内涵呈现作了分析，发现乡愁纪录片的生产与传播对当今社会产生了广泛的影响，同时对当下正在积极推进的乡村振兴也产生了全方位的影响。随着新媒体平台井喷式的发展，"三农"题材纪录片的传播方式更加多元，纪录片的创作者们依据不同平台的用户特点，可以选择短视频、长视频、直播等不同传播方式和呈现方式，以吸引更多用户的注意力，实现纪实类短视频传播效果的倍增。可见，新媒体平台为纪录片在当下的发展创造了的新生态。本章把"三农"题材泛纪实类短视频（简称"三农"短视频）视为纪录片的新形态，考察其在社交平台中传播的效果，将离乡入城的青年农民群体对"三农"短视频中乡土文化认同的效果进行实证分析，以抖音平台中具有泛纪实属性的"三农"短视频为实证分析样本，探寻社交平台中乡土文化传播对当代农村青年的实际影响。

第一节 "三农"短视频中乡土文化的传播

从本研究的需要出发，首先要明确"农村青年"的概念。从年龄看，联合国将15~24岁作为"青年人群"的标准定义，世界卫生组织以44岁作为"青年人群"的界定分割线；从户籍角度考虑，我国户籍种类分为农村户籍和城市户籍两大类。广义上，农村青年群体可视为农村户籍的群体；狭义上，农村青年应包含在农村、长期居住农村并从事农业生产，致力于农村建设的人群。[①]然而，随着社会人口流动加速，生产力发展和教育水平提高，众多农村青年选择赶赴户籍地以外的城市务工或接受教育。因此，"农村青年"的生活范畴不再局限于户籍所在地，生活地区和户籍也并不能完全作为概念界定的依据。

当前 18~35 岁的青年群体是伴随 Web 3.0 技术成长的一代，他们的生活方式和选择深受互联网技术影响，这类人群的同质性较高，对本章的对比和分析具有更大价值。近年来，在关于新媒体平台用户的研究中，许多学者也选择将此类人群作为重点分析对象。流动性是这类群体的基本特征，他们对乡土文化的认同度对于考察城乡文化融合发展是一个重要的学术观察点。基于上述理由，本书将"农村青年"定义为，拥有农村户籍或具有超过半年农村地区生活经历的 18~35 岁人群，并以他们为本章的研究对象。短视频是这类群体日常媒介接触和消费的主要选择，他们尤其关注"三农"短视频，这些具有泛纪实类的短视频中呈现的乡土文化是他们实现认同的主要载体。本章以他们对抖音平台中具有纪实特征的"三农"短视频中的乡土文化认同为研究落点。

一、"三农"短视频中的乡土文化类型

作为泛纪实类的"三农"题材短视频，其内容生产多是围绕"日常生活"进行，这些短视频的生产主体通常以农村青年为主，短视频内容在经过他们个人的吸收、体验和理解后重新编码与解码，所展示的生活与日常生活是不完全相同的，因此也就产生了不同类型的"三农"短视频。关于"三农"短视频内容的分类目前学界的说法不一，有学者将"三农"题材短视频划分为农村见闻类、农产品及乡村美食、农村情感类和农技知识类四大常见类别；[②]也有学者认为"三农"短视频包括家庭型、才艺型、报道型、美食型、混合型五大

[①] 徐云秀. 当代农村青年思想状况及教育对策研究[D]. 沈阳：沈阳农业大学，2016：14-18.
[②] 张操. 从 UGC 到 OGC 传统电视媒体能不能抓住"三农"类短视频风口？[J]. 新闻传播，2018(13)：22.

类型。①本书结合既往学者观点,通过选取和观看抖音平台中大量的"三农"短视频样本,将其所展示的乡土文化大致分为乡土风光、生活美食、劳动生产和民俗仪式四大类型。需要特别说明的是,同一个视频作品并不一定只属于某一单一类型。"三农"短视频内容离不开"农业、农村、农民"和"生产、生活、生态"的融合②,因此,某个视频作品往往会夹杂其他的内容类型,或者是一个作品同时包含了多种类型。

(一) 乡土风光类

乡土文化以土地为根基,衍生出传统乡村的社会生活印记。③我国国土疆域辽阔,不同地区的自然地理环境、社会文化等有着各自不同的特色。新媒介的快速发展打破现实空间的局限性,凭借短视频平台呈现的移动化场景,给受众带来沉浸式的观看体验,因此,在抖音平台中"三农"短视频中所展示的自然风光、农村风貌具有显著的差异性,这也使不同的自然景观各有特色。

在建筑方面,如以华中地区的抖音创作者"龚某某"的视频为例,在她的视频中,从封面开始,就以碧瓦青砖和绿地花墙为背景,视频中的情景多是在一处以石砖和水泥砌成的二层小楼前展开,墙体和地板颜色多以青、红为主,温馨而简单;而西南地区的"云南王某某"的作品中,白色的墙面和烟灰色的屋顶则成为视频中多数建筑的面貌风格,与前者相比,风格更加简单干练。福建土楼、傣家竹楼等建筑同样在不同的短视频中展现着它们各自神秘的魅力,无处不折射出地区文化悠久的历史底蕴。在自然方面,如"念乡人周某"的视频展现的往往是竹林、辣蓼草、柚子、莲蓬等颜色鲜艳的农作物,由于贵州气候湿润,一年四季都充斥着绿色,与"楠哥和某某"的新疆景观形成鲜明对比,新疆的冬天都被漫天大雪所覆盖,白雪皑皑一片,视频画面中经常能够看到大片的白菜地、农家小院、畜牧放羊等具有浓烈地方

---

① 韩春秋. 乡音 乡情 乡土气——管窥乡村原创短视频传播动向[J]. 电视研究, 2019 (3): 21-24.
② 涂浩. 生成、形态与定位——试论乡村振兴背景下的三农短视频文化产品[J]. 电视研究, 2020(5): 62-65.
③ 刘彦宏, 周明芹. 乡村振兴背景下的乡土文化发展探究[J]. 现代园艺, 2020 (24): 218-219.

特色的景观。除此以外，沿海地区的赶海生活、草原地区的蓝天绿地、青藏地区的游牧生活，风景迥异的各类"三农"短视频为受众带来眼前一亮的视觉盛宴，在传播着乡土文化的同时也吸引了大批的游客前往观光，对当地的经济发展起到了重要的推动作用。

"三农"短视频的发展将农村的真实风光展现在广大受众面前，美丽的田园景色为受众提供了视觉享受和独特的审美体验；简陋的农村生活也能吸引受众，这是因为它呈现出更真实、平凡的生活细节和质朴的生活感受。一方面，它向受众展示了乡村原始状态下的面貌，感受大自然的鬼斧神工，还原了真实的乡村景色；另一方面，它向受众展示了现阶段的乡村建设成果，使受众感受到乡村现代化的进程和变化。虽然内容不同，但传达的乡村情感是一致的，能唤起受众对乡村的向往和乡愁之情。

（二）美食制作类

"民以食为天"是中华传统的俗语之一，日常生活中的饮食文化是生活中必不可少的一部分，马斯洛的需求层次理论提出，生理层次的需求是人最基本、最基础的需求，即食物、睡眠等。因此，以美食为创作主题的"三农"短视频自然成为抖音平台上传播最广也最受关注的一种，平均 100 个账号中就有 40 个是以美食为主要内容的"三农"类创作者。[①]

美食类"三农"短视频重点呈现加工烹饪过程和制作结束后的美食享用过程，视频内容循序渐进，从个人的厨艺表演到全家的美餐享受，从灶台的烟火到取材、烹饪和享用的全过程展示，较好地满足了受众放松解压的需求。通过色泽饱满、鲜香浓郁的美食，调动了受众的食欲，增加了受众产生联想和互动的欲望，这是此类视频传播的关键点。

区别于专业的美食创作者，农村地区的居民将烹饪与日常生活相结合，通过就地取材、集市买菜、自家耕种等手段获取原材料，再利用一家一口的大铁锅、烧火的灶台、超大的菜量、独特的菜品等具有大量记忆点的场景与词汇塑

---

① 徐晓庆，唐瑞蔓. 乡村振兴背景下乡村美食类短视频叙事变迁——以"蜀中桃子姐"为例[J]. 广西职业技术学院学报，2022（4）：60-68.

造出截然不同但又多姿多彩的浓郁的乡村特色。如某位拍摄乡村美食的抖音创作者，作为一个东北人，他的创作风格侧重反映地域特色的饮食形式，内容侧重对菜品的介绍和饭菜的享用过程，视频以掀开特色的"老饭盒"为开场，以东北特色的方言嗓音和具有代表性的铁锅炖大鹅、酸菜排骨、猪肉粉条、冻梨为拍摄内容，拍摄过程中没有使用专业的剪辑，更侧重以第三人称视角的形式展现他的幸福的"吃相"和享受的过程。再如"黄某琴"的作品主打美食制作，制作的场合多是自家农田，厨具设备是农家大锅和铁勺，通过一定的剪辑手法，将其结合，给受众带来原始朴实的感受。她制作的美食种类全面多样，既有辣椒炒蛋、鱼香肉丝等家常菜，又有重阳糕、桂花糕、汤圆等甜点美食，此外，还常常出现具有地域特色的南瓜丸子、猪心排骨、禾花鱼等少见菜品。如果说前者是通过朴素的农家饭菜来拉近与受众之间的距离，那么后者则是通过广阔生活景观来唤醒受众对家乡生态、劳作活动的集体记忆。

不难发现，在抖音平台众多的"三农"美食类短视频中，农村妇女作为拍摄主体的视频占据很大比重。她们凭借勤劳的形象和精湛的烹饪技巧，在手机屏幕里、在新媒体平台上、在网络空间中开辟了一番属于她们的新天地。通过拍摄美食，她们不仅介绍了家乡美食，展示了家乡方言，实现了创收致富，而且在这个过程中也实现了自我价值，重新掌握了农村妇女的话语权力，成为乡村故事的传播者和乡土文化的代言人。

（三）劳动生产类

城市居民长期与乡村土地相隔离，对于作物生长和收获过程的了解具有相对局限性，作为融合了各种媒介特性和优点的新型传播方式，"三农"短视频正在逐步成为城市居民与农民间沟通的纽带，也是农村居民向城市展示作物生产过程的窗口。

对城市居民而言，"三农"短视频呈现了植物从播种到成熟的全程，动物从幼崽到成年的各个阶段，以及农民为丰收付出的努力和各类耕种技巧，这些内容新颖有趣，与熟悉的繁华都市形成鲜明对比，在这些充满乡土气息的场景中，受众对农村生活的好奇心得以满足。通过观看视频，受众可将自己代入其中，借助纪实影像与想象，"云端体验"农村生活和劳动过程的魅力。

在抽样的 100 个抖音作品中，有 38 个作品的内容包含了劳动生产的场景，这些场景打破了传统受众对于农民在劳动过程中污手垢面、能力单一、工作枯燥、沉默寡言的刻板印象，与以往"面朝黄土背朝天"的传统农民形象相比，如今的农民形象更加立体和全面。需要说明的是，这类劳动生产的场景多是与其他类型的景观交叉融合进行展示的，如自然风光和劳动场景组合的地域宣传导向内容，又如劳动生产与美食制作组合的生产生活导向内容等。

从整体上来看，抖音平台中呈现的劳动生产类的"三农"短视频主要根据创作者的属性分为两类，一是在农村生长并长期生活于农村的本土居民凭借他们质朴的视角和对乡村生活的热爱所展示出的耕作情景。如某位创作者的 Vlog 作品中，展示了大量的作者专注于池塘捕捞、养殖乌龟、种蜜橘等生产劳动的内容，凭借其作品的诙谐风格和其进行池塘捕捞、污泥抓鱼、上山寻宝等带有未知性和刺激感的行为，展示农村养殖生活中的乐趣，满足了受众对农村生活的好奇心理，呈现了现阶段农民通过勤劳的生产增收致富的媒介景观，是农村劳动生产类视频的代表之一。二是凭借着对家乡的热爱、对本土文化的认同和对短视频平台营造的大型流量场景的追逐和向往，以"80 后""90 后"为主的年轻群体返乡创业就业。他们的返乡为农村地区的短视频行业起到了重要的推动作用，由此衍生出了产业链，包含了直播带货、运营推广、包装孵化等多个节点，帮助许多创作者完成了商业卖货和流量变现，也为更多农村居民提供了就业机会和财富积累，推动了乡村振兴的实现。如"念乡人周某"和"楚乡某某"便是两位典型的励志代表。周某在 2020 年说服了其童年的三个伙伴，共同返乡踏入了"三农"短视频行业的江湖，他的视频与本土的创作者相对比，无论是摄影角度还是剪辑技术都明显更胜一筹，更具个人特色，叙事风格轻松自然，且十分具有亲和力。周某从贵州家乡的特色出发研制出红酸汤火锅调料，并实现了大卖，特色调料的销售不仅为本地居民和周某的公司实现了大量盈利，而且帮助家乡完成了地域特色美食文化的传播。"楚乡某某"在返乡前就从事着电商行业的工作，2021 年他开始了身份角色的转变,从电商人转为新农人,将职业的经验和专业的知识带回了家乡。一口张港话、一身棉麻外套、一双布鞋的劳作情景,成了他的代表性IP。与传统农人的带货相比,他对自己账号橱窗商品的上架更为挑剔和专一,他的商品以湖北地区特色美食为根基,通过筛选,与本土厂家合作,打造了地域性极强的特色农村景观,激励了更多有志之士返乡创业。用他的话说:"回到家乡就是想尽自己的力量帮助到家乡。广大农村大有天地,希望能有更多的年轻人回到农村,为家乡发展尽一份力。"

乡村振兴战略的实施,为外出打工的农民提供了回乡创业的机会,同时,短视频平台的兴起,也为心灵手巧的新农人提供了展示自己才华和传承本土文化的机会。抖音短视频在农村的广泛推广,让农村手工艺人和文化传承人加入短视频建构的媒介景观中,为乡村振兴和新农村建设注入了新的生命力和动力,实现了经济效益和文化效益的统一。

(四)民俗仪式类

民俗仪式是乡土文化短视频所传递的核心精神内涵,文化传统的延续离不开相关活动和仪式。传统农村地区多数村落仍然保留着婚丧嫁娶和传统节日等特殊日期节点的庆祝性仪式,如小孩出生佩戴的长寿锁、身着的百家衣、抓周,春节的杀年猪,元宵节的舞狮,端午节的午时水和雄黄酒,再如黎族的跳竹竿、傣族的泼水节、蒙古族的那达慕大会、藏族的沐浴节,等等。随着短视频生产的不断活跃,这些民俗均被村民们通过手机拍摄并上传到抖音、快手等平台中,而网络空间的存储功能为每一种习俗的传承提供了新的渠道。如"侗家七仙女"是贵州省黎平县某村的抖音短视频直播团队。为了打赢脱贫攻坚战,该县具有互联网创业经验的村支部书记在短视频平台寻求创业突破口。他从当地广泛流传的"七仙女下凡把侗歌撒在河水里,村里的姑娘们喝了河水就学会了侗歌"的民间童谣中提取灵感,选拔了七位形象佳、气质优的侗家姑娘组成拍摄组合。她们通过表演踩歌堂、唱侗歌、圆桌宴等描绘原生态侗寨生活的民俗短视频,在网络上迅速走红,短短的一年内约有六七十家媒体竞相前往盖宝村采访拍摄,"侗家七仙女"甚至还登上了央视舞台。这些短视频不仅为"七仙女"提供了飞出大山的道路,而且让越来越多的人了解到了黎平县某村独特的乡土文化。①

与"七仙女"相反,"云南王某某"作为个体短视频创作者,在抖音平台中仅有 1.4 万粉丝,但获赞 12.2 万。虽然粉丝总数较少,但其总获赞数和作品数都十分可观。该账号的定位是云南特色乡土文化的传播,还原云南农村人的生活本色,同时也涉及了部分傣族的少数民族文化。在形式上,这一账号使用短视频语言,融入抖音生活化的平台,以平易近人、唯美的生活场景,配合舒缓的音乐,抓住受众群体的眼球。作品内容讲述了云南农村传统婚宴的十大碗和婚礼中不同阶段的不同唢呐吹奏音调,云南传统手艺的古法烤酒和青棚席面,云南清晨的特色小集和上山捡菌子等情景,这一账号紧紧抓住云南当地乡土文化的核心,以个人的视角展现出了一个普通云南人一天的乡俗体验。她的作品与前者相比更加贴近人心,与受众间的互动性更强,拍摄视角更深入、更接地气,能够不断激起受众对于云南的兴趣和好感,唤醒众多在滇和离滇游子的思乡之情。

抖音等平台的"三农"短视频正在成为乡土文化的传播载体,其中包括"侗家七仙女""云南王某某"等具有代表性的文化符号,还有东北秧歌、广西壮歌、潮汕英歌、安塞腰鼓、舞龙舞狮等更多的乡土元素,这些文化的传承和发展,通过短视频平台,让更多的人了解和体验到中华优秀传统乡土文化,足不出户就能够感受到各地区独特的地域文化。

二、"三农"短视频中的乡土文化呈现

(一)从男尊女卑到和谐共处:农村家庭的人际关系和解

关于家庭的概念,古今中外的界定有所不同。一般认为,家庭是由婚姻、血缘和供养关系联系起来的,具有特定社会功能的社会组织。②进一步来说,

---

① 腾讯网."侗家"七仙女":大山里的网红扶贫队[EB/OL].(2021-02-08).https://new.qq.com/rain/a/20210208A06RQV00.
② 刘茂松.家庭经济行为论[M].长沙:湖南人民出版社,2002:2.

家庭具有两个层次上的意义，一个是生活实体，一个是社会设置。[1]作为生活实体的家庭强调的是生活共同体存在的整体性，而作为社会设置的家庭，则强调了血缘、供养与继承的关系，以及由此所展开的各种家庭关系的各类分支。[2]

在传统农业社会，农村家庭关系的特质深深植根于当时的生产模式与文化土壤，呈现出"人际关系强关联性"与"家庭权力层级化"两大显著特征。受小农经济与地理环境制约，农村居民日常活动多集中于村落及周边区域，形成相对封闭的生活圈。在这种紧密的地缘空间内，家庭、宗族与邻里间的联系尤为密切，从春耕秋收的生产协作，到婚丧嫁娶的人情往来，个体生活的诸多事务都依托熟人网络运转。这种强关联性既是资源有限条件下的生存互助机制，也是维系乡村社会稳定的重要纽带。

而家庭权力结构中的"父为子纲""夫为妻纲"等伦理规范，本质上是传统宗法制度与儒家文化共同作用的结果。在以血缘为核心的宗族社会中，明确的长幼、性别秩序有助于规范代际分工、保障家族延续；"重男轻女"观念的形成，则与农业生产对男性劳动力的依赖、宗族香火传承的需求密切相关。这些观念虽在现代视角下存在局限性，但在传统社会语境中，是维持家庭与社会秩序的重要文化支撑。

值得注意的是，这些家庭关系特征并非一成不变的。随着社会发展与文明进步，传统农村的生产生活方式已发生深刻变革，家庭权力结构也在逐渐向平等化、民主化转型。回溯历史，客观认识传统农村家庭关系的形成逻辑与时代价值，既能避免片面解读，又能为理解乡村社会的演变提供更立体的视角。

在互联网时代，新媒体让过去带有刻板印象的外部群体看到了更多的内容，简单、温馨的夫妻生活，和睦、友好的婆媳关系，通过短视频平台开始进入公众视野。与此前阶段相比，新农村的家庭关系完成了从"矛盾—融洽"的转变，传统的家庭关系发生改变，"男尊女卑"的观念被弱化，展现出一

---

[1] 郑杭生. 社会学概论新修[M]. 北京：中国人民大学出版社，2003：47.
[2] 张鑫. 城乡关系视角下的农村家庭两栖化现象研究[D]. 上海：华东理工大学，2019：81-85.

副令人向往的、崭新的新农村生活面貌。在这一阶段中,短视频平台上以和谐的农村生活为内容主题的作品和创作者的数量剧增。他们以"享受生活""分享快乐"为视角,展现生活面貌,契合了短视频平台的以正能量传播为主的调性,符合了更多受众放松精神、舒缓身心的需求,迎合了各类受众的心理。

如抖音创作者"黄某琴"在作品中常以"我今天做了婆婆爱吃的……"为开头,其中也有以"婆婆,今天做了我最爱吃的……"为标题的,展现和谐新农村生活的共性:一是强调照顾彼此想法、不善表达却默默行动的生活形象;二是简朴但不简陋,充满人情和烟火味的生活理念;三是蓝天绿地、自然生态与生活场景融为一体的自然景观。从作品评论区可以看到类似"有个好婆婆真的太幸福了"的评论,说明受众在观赏作品时,潜移默化地认同了内容传递的和谐观念,乃至产生了对于其中生活个体的渴望和期盼。这类新型婆媳关系作为在"三农"短视频中异化而出的新主体,成为此类短视频中和谐家庭关系的代表性符号。

(二)从"土味"狂欢到人间桃源:农村生活的议题呈现

短视频平台出现的早期,"三农"短视频受到狂欢氛围的强烈影响,创作者们戴着面具,通过个人媒体平台的议程设置,展现符合当下氛围的、受众期待观赏的"土味"的一面。米哈伊尔·巴赫金(Mikhail Mikhailovich Bakhtin)指出:在狂欢节上,人们不是袖手旁观,而是所有的人都生活在其中,因为从观念上来说它是全民的。[1]无论是对于都市的上班族还是在城市务工的农村居民,在承受着生活的巨大压力和快节奏的生活方式时,"三农"短视频内容使他们眼前一亮,成为他们宣泄和释放压力的途径。作为受众,他们的点赞、评论、分享等行为,又反向助长了这类内容在平台的议程中被设置和推荐的概率,使该类内容点赞、评论、分享的数据在狂欢的氛围下不断提升,吸引着更多群体源源不断地加入这场狂欢。

---

[1] 巴赫金. 巴赫金全集(第四卷)[M]. 李兆林,夏忠宪,等,译. 石家庄:河北教育出版社,1998:90.

借助于互联网土壤愈发成熟和短视频 UGC 模式井喷的契机，网红们找到了良好的自我展示平台。他们生产的内容带有鲜明的个人特色，直接扼中受众的兴趣点。对于 UGC 创作者而言，通过不断吸粉，他们被网民们一次又一次地"加冕"，这种加冕一方面促进了创作者的积极性，尤其是多数生活于农村和小镇的青年，通过短视频平台提供的自我展现的舞台，从"被凝视的他者"回归到表演的主场阵地[1]，不断冲击着与之相对应的精英文化的统治地位。另一方面，狂欢的非理性螺旋限制了创作者们对于作品的更多想象和发挥空间，使其沉迷于既往热门的、低质的、土味的内容当中。过度的狂欢带来的结果正如巴赫金所言，人们只能停留在机械的复制时代，并持续单向化地发展下去。[2]

费孝通在《乡土中国》中提到，"土"字的基本意思是泥土，是城市发展壮大以来中国社会对于土头土脑的乡下人的惯有形容。在以农业生产为主的农村社会，"土"是其命根一般的存在。[3]然而，在现代社会，"土"字逐渐失去原有的意义，"土味"一词在不断更新流变中逐渐异化，大众将其的特点归纳为：具有乡土气息、低俗、不入流、简单粗糙等。[4]这类"土味"的内容，在狂欢的氛围中传播迅速，受众极易受到既往刻板印象和传播议程的影响，不自觉地将这类"土味"文化等同于农村的乡土文化。这样的传播模式不仅加深了城市居民对于农村群体的偏见，而且会在一定程度上降低农村青年群体对其本土文化的认同感，对于我国优秀传统乡土文化精髓的传承形成了阻碍。

近年，随着新一代"三农"类网络博主的兴起，短视频平台开始重构关于乡土文化的内容展现的议程设置，中国传统文化中的田园牧歌式的带有人间烟火气的新农村景观出现在大众视野，并逐渐成为新一代"三农"短视频的内

---

[1] 李宝华. "狂欢"理论视域下新一代网红传播学解读[J]. 今传媒, 2016（8）：39-41.
[2] 巴赫金. 巴赫金全集（第四卷）[M]. 李兆林, 夏忠宪, 等, 译. 石家庄：河北教育出版社, 1998：65-69.
[3] 费孝通. 乡土中国[M]. 北京：人民出版社, 2008：2.
[4] 闵媛春, 王玉琦. 乡村土味短视频"丑"的内容传播及治理研究[J]. 南昌师范学院学报, 2022（4）：83-87.

容的创作核心和推广重点，逐渐将夸张化的内容表达，回归到真实简单的描述中来。

本书从抖音平台的"三农"账号中筛选了 100 个短视频作为研究样本，通过 GooSeeker 软件的情感词汇分析发现，创作作品的主题多以正面情绪为主（见图 4-1），创作主旋律从反抗与悲伤的负面主题转向了传达自信与奋斗的正能量。这些短视频通过正面的情感关系，使创作内容与受众建立起记忆纽带和情感联结，将桃花源式的生活刻画为表征地域文化的符号，让受众在自我投射和自我类比中产生认同感，由此扩大"三农"短视频的辐射受众数量和群体类型，增加其消费的应用情景，将具有正面情绪和桃花源形象的作品议程融入受众的日常生活中，逐渐增加受众对农村新式生活与生产互动的情感认同，汇聚情感受众，将其内化为一直可持续发展的影响力与传播力。

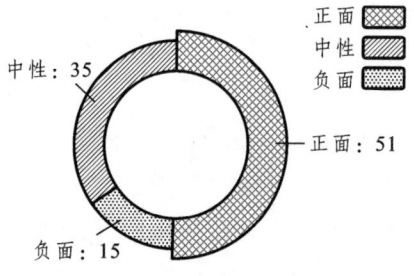

图 4-1　情感词汇属性分析图

在筛选的 100 个抖音短视频的样本中，通过对短视频中的文字文本加以整理，利用 GooSeeker 软件进行词频分析发现，"真实""简单""幸福"等词的出现频率位居前列（见图 4-2）。创作者将农村生活中的琐碎辛苦和忙碌中美好的部分加以凸显，是有意理想化的氛围营造，纵使多数受众自知真实的农村生活远远更加琐碎，不止于此，但受众依然乐意去接受、抒发个人的喜爱之情并满足自身的愉悦享受。"桃花源"式的议程主题的覆盖符合了受众一直以来对向往的生活环境的追求，建构了离乡入城群体对农村生活的期待和对乡土文化的欣赏，强化了农村群体对家乡生活的怀念和地域文化的认同。

图 4-2　短视频描述文本词频词云图

（三）从审丑盛行到审美诉说：主体形象精致化重构

欧文·戈夫曼（Erving Goffman）在《日常生活中的自我呈现》一书中提出了"拟剧理论"，以戏剧进行类比，将社会、个体与舞台、表演者一一对应，以此探究人们在日常生活中是如何在他人面前塑造自身良好形象的，并采用前台、表演、后台这三个主要概念指代个人的表演呈现。拟剧理论聚焦个体在进行社会互动时所表现的主体形象，在分析"三农"短视频中乡村形象的呈现和演变方面具有一定的适用性。

过去的"审丑"关键在于创作主体"化丑为美"的审美导向。[①]随着互联网的发展，短视频制作的门槛降低，大量水平参差不齐的创作者涌入平台，而此类平台中内容创作的原生态、洗脑性的特殊文化符号和融合后现代文化这三大特征，为"审丑"盛行提供了丰沃的土壤。[②]在短视频平台的传播语境中，部分农村创作者的形象建构与自我表达呈现出一种矛盾性特征：一方面，他们被标签化为"丑"的符号载体；另一方面，其看似荒诞的展演行为实则蕴含

---

① 易钟林，姚君喜. 新媒体产品创新的行动者网络理论研究[J]. 当代传播，2015（5）：77-80.
② 雷可儿. 短视频"审丑"盛行："他者"视角下的文化窥探与互动[J]. 新媒体研究，2022（10）：57-60.

着独特的自我认同逻辑。从拟剧理论的"前台"表演视角来看，这些创作者通过具有争议性的内容呈现（如夸张的行为表达、乡土生活场景的戏剧化演绎），在流量逻辑主导的平台生态中构建了自身的存在坐标。

然而，"审丑"的前台表演从起初粗鲁直白、充满乡土味、接地气的原生态搞笑内容逐渐变为失调、失真、失度的"恶俗化"表演。欧文·戈夫曼曾说过，"表演者却有可能去操纵受众的信念，仅仅把他的表演作为达到其他目的的一种手段，至于受众对他本人或情境会有怎样的看法，他则毫不关心"[1]。面对物质利益的诱惑和媒介素养的限制，这类表演者无暇顾及道德底线、审美风尚与价值导向等[2]，将丑到极致变成荒诞，将后台的无内涵的农村生活以夸张化的形式代入他们的前台表演当中，使这场荒诞的展演最终走向"从美到丑"和"从美到非美"的"反美学"。[3]而其"丑"的本质特性不仅注定了这种展演只能"红极一时"，而且会有碍优秀的乡土文化的传承。

随着市场的优胜劣汰、专业机构组织的踏入和平台的支持，创作者的创作和受众的目光从荒诞的泛娱乐化展演重新聚焦于注重形象美感和传达的"审美"本身。这种新式的"美"的传达不局限于传统意义上的美感，而且与农村生活的特色本质进行了融合。如在某位视频创作者的作品中，在田中干农活时以T恤和长裤为主的朴素、干练的装扮，在日常生活中穿着碎花裙的简单、美丽的样貌，进城时整洁、精致的穿着，从不同的生活状态着手，通过穿衣着装的变化将新农村场景下妇女们吃苦耐劳的精神和女性自身的美感相融合。在一位爱学习榫卯工艺的木匠的作品中，他用木头打造出八音盒、鲁班锁、拨浪鼓，为小孙子做出各式不同的玩具，刻画出一个全能的乡村手艺人形象。这种"美"是他天马行空的想象、认真钻研的工匠精神，是为家人甘心奉献、甘愿付出的情感联结。在"念乡人周某"的作品中，他利用巧妙的拍摄手法和取景角度展现的充满自然气息、美轮美奂的劳作风景和自然风光，通过后台生

---

[1] 欧文·戈夫曼. 日常生活中的自我呈现[M]. 冯钢, 译. 北京: 北京大学出版社, 2020: 37-38.
[2] 陶佳宁. 拟剧理论视域下"审丑主播"的行为解读——以"迷人的郭老师"为例[J]. 科技传播, 2021 (13): 160-164.
[3] 潘知常. 反美学[M]. 上海: 学林出版社, 1997: 3.

活的美化后的前置,将"美"的传达融入每一个作品的视觉感受、每一帧画面的展演当中。

随着乡村振兴的深入推进,农民的生活变得更加丰富多彩。他们越发敢于彰显自己的个性与风格,并展现出他们超越农民、工人或家庭妇女等身份标签的潜藏才能。村民们通过自我转变,重新树立了自己的形象,用他们自己的视角纪录了他们在乡村振兴和脱贫攻坚中取得成功的美好一面。当下抖音平台中的"三农"短视频利用"美"的元素传递了更多优秀乡土文化的信息,改变了城市居民对乡土文化的固有印象,全面展示了现阶段农村的新面貌。

第二节 农村青年对短视频中乡土文化传播认同的现状

本书主要面向具有农村生活背景的青年群体对于"三农"短视频中乡土文化的认同现状进行问卷调查,并结合抖音短视频平台中最具代表性的"三农"短视频作品进行案例分析,揭示数字媒体空间中乡土文化的再现表征及农村青年对其认同的实际效果,分析"三农"短视频在乡土文化传播过程中的表意实践及演化趋势,以期发现农村青年对乡土文化认同的现状。

一、农村青年对乡土文化认同现状的调查

(一)研究问题与研究假设

本节主要探析农村青年对抖音平台中"三农"短视频传播的乡土文化认同的现状,研究问题包括:农村青年对抖音平台上"三农"短视频中乡土文化的认同程度如何?性别、教育程度、生活居住地等因素是否会影响农村青年对短视频平台中乡土文化的认同程度?抖音平台上"三农"短视频对农村青年乡土文化认同的影响程度如何?在此基础上需要进一步对"农村青年对短视

频中乡土文化的认知认同程度""农村青年对短视频中乡土文化的情感认同程度"以及"农村青年对短视频中乡土文化的行为认同程度"等问题进行细化。基于此，本节提出以下研究问题假设：

假设 H1：农村青年对抖音平台上"三农"短视频中的乡土文化具有一定认同倾向，但在行为认同方面有所欠缺。

假设 H2：性别、教育程度、生活居住地等因素会影响农村青年对抖音平台"三农"短视频中乡土文化的认同程度。

假设 H3：抖音平台上"三农"短视频的乡土文化对农村青年的认同会产生影响，且该类视频的消费频度越高，影响程度越强。

（二）关于农村青年乡土文化认同的问卷调查

为了提高本次调查问卷的可信度和有效性，我们经过反复讨论采用了合适的问题类型和问法，以确保数据的可靠性和准确性，将问卷分发给具有不同基础属性的目标受众，并严格控制样本的选取和样本量的大小以保证调查问卷的有效性，为研究问题提供有力的数据支持。

1. 问卷设计

本次调查的主旨在于通过实证考察并了解农村青年对抖音平台"三农"短视频中乡土文化的认同现状，根据反馈的调查结果，对农村青年群体乡土文化认同的影响因素进行科学分析，从而对其问题及认同培育路径进行探讨。此次调查的"农村青年"是指出生于农村且具有半年或以上农村生活经历、年龄在 18~35 岁的群体。根据前期调研，大致分为农村居住和城市居住两大类型，也是上文提到的"乡愁"传播影响的主体。

本次调查研究问卷的问题设计主要围绕农村青年的乡土文化认同展开，从认知认同、情感认同和行为认同三个维度进行设计，旨在深入了解农村青年对于乡土文化的认同现状。问卷主要分为两大模块：农村青年基本情况和乡土文化认同现状。在基本情况调查中，我们收集了农村青年的性别、居住地、学历、媒介使用情况等信息，以便更好地了解调查对象的自然和社会背景。在乡土文化认同现状调查中，共设计 24 道选择题（见附录三），涵盖乡土文化认知、情感、行为认同三个维度，以便全面了解农村青年对抖音平台"三农"短视频中乡土文化的实际认同现状，为进一步分析农村青年乡土文化认同的影响因素、存在问题以及认同度培育路径提供准确的数据支持。

2. 问卷发放和统计

为有效测量农村青年对"三农"短视频中乡土文化的认同现状，调查问卷采取线上、线下并行的两种方式发放。此外，还在网络上发布两次预调查问卷，通过问卷回收及信度与效度检测，对问卷问题的表述方式和内容设置进行了筛选和优化。本次共发放 1712 份调查问卷，回收了 1672 份，问卷回收率为 97.66%。线上发布选择的是问卷星平台，通过样本筛选控制年龄为 18~35 岁且具有农村生活背景的用户进行问卷填写。为了保证所收集数据的有效性我们还在与"三农"短视频有关的抖音、QQ、贴吧、微信等相关群组网络进行具有群体针对性的问卷发放。线下问卷发放地点选择了华北地区的天津市静海区、北京市平谷区和河北省廊坊市三个地方进行线下问卷的发放，线下主要以非概率抽样法中的偶遇抽样形式发放。

调查问卷数据有效性检测标准包括以下 5 条：一是关于问卷中的所有题目是否完整填写；二是问卷中所有题目是否选择了相同答案；三是问卷作答总时间是否在 75 秒以上；四是问卷题目"您是否有过农村生活经历"中的回答选项；五是在"您的年龄"一题中选择的目前年龄。以此为标准对获得的问卷进行分析和排查，最终获得 1411 份有效问卷，有效回收率为 82.42%。其中线下调查问卷的有效回收率相对较高，线上问卷由于存在发放人群不准确的问题，有效回收率稍低。调查对象的基本情况为男性占比略高于女性，其中男性占比 57%，女性占比 43%，不会影响分析结果的有效性。为了提高调查数据的有效性，线上问卷中设置仅能填写一次的功能，线下问卷中设置了一户最多只能领取三份纸质问卷的数量限制。这样既保证了数据的准确性、样本分布的合理性，又能够有效地收集足够的相关信息。

3. 问卷信效度检验

信度检验采用克隆巴赫系数（Cronbach's Coefficient Alpha）检验，系数值均达到 0.80 以上，表明问卷的量表具有很好的可信性。如表 4-1 所示，本次调查问卷关于认知认同程度量表的克隆巴赫信度系数为 0.838，信度通过；情感认同程度量表的克隆巴赫信度系数为 0.846，信度较高；行为认同程度量表的克隆巴赫信度系数为 0.912，信度较高。由此，表明本次问卷整体通过了信度检验。

我们同时运用 SPSS21.0 中 KMO 和巴特利特球形（Bartlett's Test of Sphericity）检验对问卷进行效度验证，若 KMO 的检测结果大于 0.6 且巴特利特球形度检验显著性系数小于 0.05，则证明其具有良好的效度，分析结果如表 4-2 所示：

表 4-1　问卷调查的信度检验表

测量内容	克隆巴赫 Alpha	项数
认知认同	0.838	4
情感认同	0.846	4
行为认同	0.912	4

表 4-2　问卷调查的效度检验表

KMO 取样适切性量数		0.852
巴特利特球形度检验	近似卡方	1008.711
	自由度	46
	显著性	.000

经过 KMO 和巴特利特检验，得知本研究的 KMO 到达 0.852，接近于 1，效度合适；根据巴特利特球形检验的显著性也可以看出，本次检验的显著性无限接近于 0，能够较好地测出农村青年对于抖音平台"三农"短视频中乡土文化认同程度。

（三）"三农"短视频中乡土文化认同的分析

1. 选取平台

根据《中国短视频行业现状深度分析与投资前景预测报告（2022—2029

年）》，目前国内的短视频市场主要以抖音、快手、抖音极速版和快手极速版为主要阵地，截至2024年10月底，抖音月活跃用户数已达到7.86亿排行第一，较月活跃排名第二的快手平台高出0.72亿。①因此，抖音是目前用户群体最大、最具传播和竞争力的平台。在短视频内容不断向着精细化和垂直化发展的过程中，抖音平台正在不断突破原有定位，向着更加下沉的市场进发，"三农"短视频正是下沉市场竞争中的主要赛道之一。相对于快手保持专注于三四线城市的下沉市场的发展定位，抖音的全领域用户覆盖的发展定位和对新下沉领域的用户增长和扶持策略，对本书的问题分析更具价值，这也是我们选择抖音平台作为研究"三农"短视频传播效果的依据。

2. 样本选择

为了确保研究问题的准确性、客观性和前沿性，我们选取了抖音官方为扶持"三农"内容垂直类视频创作而推出的"2022新农人计划"进行样本采集，选取该活动中排名靠前（排名标准包含视频播放量及用户互动量）且内容优质的"三农"短视频创作者、作品及作品下的评论进行研究，选取30个来自不同IP地区且粉丝数量多的样本账号（见表4-3），并从中选取了100条受众认可度较高（点赞量高、评论量高）的视频作品，以及作品下方的3308条用户评论进行关键词和情感分析。

3. 样本概况

如表4-3所示，由于粉丝量级不同代表账号所处的生命周期不同，样本中有"大表哥Vlog""康仔农人""麦小登"等拥有千万级粉丝的头部账号，有"杨某佩""娜娜的小日子""农村华欢子和凯丽"等百万级账号，还有"小六开心种菜""王某某回四川""农人小小"等十万级的账号以及"云南王某某""小学炉长 老饭盒"等十万级以下的账号，样本整体具备不同层级的代表性。

在创作者的地域位置分布方面，"东阿黑驴王子"等创作者所在区域属于

---

① 观研报告网.中国短视频行业现状深度分析与投资前景预测报告（2022—2029年）[EB/OL]. https://www.chinabaogao.com/baogao/202412/606374.html.

华北,"八零彪子"等创作者所在区域属于东北,"石村小月"等创作者所在区域属于华东,"龚某丽"等创作者所在区域属于华中,"石头与金莲"等创作者所在区域属于华南,"农村小胖的一家!"等创作者所在区域属于西南,样本创作者覆盖了全国六大地理区,具备了不同分区的一定典型性和代表性,以期保证研究样本的完整和全面。①

表 4-3 账号样本总体特征

账号名称	作者年龄	粉丝量级	所属地区	橱窗商品	直播记录
杨某佩	33 岁	400 万	浙江	无	有
石村小月	25 岁	900 万	浙江	有	无
农村小胖的一家!	29 岁	15 万	云南	无	有
云南王某某	26 岁	1 万	云南	无	无
阿达西朋友	25 岁	30 万	新疆	无	无
新农人疆楠	33 岁	6 万	新疆	无	有
夫妻时光	28 岁	57 万	四川	有	无
钟某波	28 岁	30 万	四川	无	无
农村媳妇菲利斯	90 后	70 万	陕西	无	无
小六开心种菜	32 岁	10 万	山东	有	无
东阿黑驴王子	29 岁	60 万	山东	无	无
小学炉长 老饭盒	31 岁	4 万	辽宁	有	无
大表哥 Vlog	90 后	2000 万	江西	无	有
大陈	27 岁	30 万	江西	有	有
乡妹朱朱	30 岁	600 万	江西	有	无
黄某琴	35 岁	600 万	湖南	有	有
八零彪子	34 岁	100 万	黑龙江	无	无
王某某回四川	80 后	10 万	黑龙江	无	无

---

① 范欣萌. 抖音三农短视频内容生产与运营研究[D]. 呼和浩特:内蒙古大学,2022:42-43.

续表

账号名称	作者年龄	粉丝量级	所属地区	橱窗商品	直播记录
农村欢子和凯丽	32 岁	100 万	河南	有	无
娜娜的小日子	36 岁	180 万	河南	有	无
龚某丽	26 岁	90 万	河南	有	有
农村小闹	33 岁	300 万	河北	有	无
麦小登	90 后	1300 万	海南	无	无
念乡人周某	90 后	1200 万	贵州	有	无
乡村小洲	25 岁	20 万	贵州	无	无
红牛哥回村	29 岁	90 万	贵州	无	无
农村小小	27 岁	20 万	广西	无	有
康仔农人	36 岁	2300 万	广西	有	无
张某云和阿玲	27 岁	1100 万	福建	有	无
石头与金莲	27 岁	20 万	福建	无	无

注：以上数据统计时间为 2022 年 1 月 30 日至 2022 年 6 月 30 日。

根据带货情况，在 30 个账号中，有橱窗和直播两种带货渠道共用的"大陈""黄某琴"等账号，也有无带货行为的"阿达西朋友""红牛哥回村"等账号，这些账号的发展路径和变现情况各不相同。总体来看，所选的 30 个样本账号具有一定的典型性和层次性，能够反映出抖音平台"三农"短视频账号的整体内容特点，通过分析其作品下抽选的 3308 条评论，探讨以农村青年为首的受众群体对作品中展现出的乡土文化的认同效果，对后续的分析具有一定的意义。

二、农村青年对乡土文化认同的现状

（一）认知认同层面

为了了解农村青年对乡土文化传播内容的认知情况，本次调查问卷共设置了 3 道相关基础题，主要考察农村青年对乡土文化的整体认知程度。调查结果如表 4-4 所示，农村青年整体对乡土文化概念的认知程度较薄弱，但对乡土文化包含的部分内容有一定程度的了解。

表 4-4　您对"乡土文化"一词的了解情况如何？

选项	频数	比例
听过相关概念，不了解具体内容	302	21.40%
听过相关概念，了解具体内容	109	7.73%
未听过具体概念，了解部分内容	712	50.46%
未听过具体概念，不了解任何内容	288	20.41%

从具体的题目来看，一是农村青年对家乡特色文化的认知调查，在表 4-5 中，1411 名接受调查者中对"您对家乡地区的特色文化的了解程度如何"这一问题的回答中，有 433 位被调查者选择"非常了解"选项，占调查总人数的 30.69%；有 710 位被调查者选择"比较了解"选项，占调查总人数的 50.23%；有 268 位选择"不太了解"选项的被调查者人数，占调查总人数的 18.99%。从调查结果可知，绝大多数被调查者对于家乡地区的特色文化是有一定程度了解的，虽然仍有部分人不太了解，但与上一题相比较，了解程度有着明显的上升趋势。由此可见，大部分农村青年并非不了解乡土文化，而是对"乡土文化"一词概念的理解不够清晰，从而导致了认知模糊。

表 4-5　您对家乡地区的特色文化的了解程度如何？

选项	频数	比例
非常了解	433	30.69%
比较了解	710	50.32%
不太了解	268	18.99%

二是农村青年对乡土文化所包含的内容的认知调查。从表 4-6 调查的结果来看，对于"您认为下列属于'三农'短视频中的乡土文化内容的有哪些"这一问题的回答，有 1276 位调查对象认为"民俗仪式"是乡土文化中的一部分，占比 90.43%；有 1143 位调查对象认为"乡土风光"属于乡土文化范畴，

占比 81.01%；有 872 位调查对象认为"美食制作"也属于乡土文化的一部分，占比 61.80%；仅有 686 位调查对象认为"劳动生产"属于乡土文化，占比 48.82%。由表格数据可以看出，多数调查者均认可乡土风光及民俗仪式属于乡土文化，而对美食制作和劳动生产两类内容认同的人数较少，其中，特别是劳动生产选项，作为多选题目，选择该选项的人数仍未过半。

表 4-6 您认为下列属于"三农"短视频中的乡土文化内容的有哪些？（多选）

选项	频数	比例
乡土风光	1143	81.01%
美食制作	872	61.80%
劳动生产	689	48.82%
民俗仪式	1276	90.43%

三是农村青年对"三农"短视频中乡土文化具体内容的认知范畴的调查。如表 4-7 所示，调查结果表明，在"您认为抖音平台中'李子柒'账号中展现的文化内容是否算乡土文化"这一问题的回答中，除去 473 名未观看过该账号的被调查者外，519 名对象选择了"是"，占比 36.78%，419 名对象选择了"否"，占比 29.70%。总体来看，农村青年对"李子柒"账号内容所体现文化的代表性认知有分歧，两个选项的比例相差较小，大量被调查者仍然认为"李子柒"账号中呈现的内容不属于乡土文化，对乡土文化的认知范畴较窄，对于乡土文化整体内容的了解程度不够全面深入。

表 4-7 您认为抖音平台中"李子柒"账号中展现的内容是否算乡土文化？

选项	频数	比例
是	519	36.78%
否	419	29.70%
没看过该账号	473	33.52%

通过频数分析，能够了解不同特征的农村青年对乡土文化的认知和认同程度的差异情况。同时，通过对样本对象的基本特征和乡土文化认知认同前四项的交叉分析，能够探究不同性别、生活地区、学历的目标人群在人口学属

性上的差异,了解到农村青年对本土文化的理解和接受程度,在性别和地域方面存在显著的差异。

首先,从性别角度来看农村青年对乡土文化的认知情况差异。通过对数据的交叉分析得出,不同性别的农村青年对乡土文化认知的程度不同(见图4-3和图 4-4),男性农村青年在了解家乡的特色文化中的占比高于女性农村青年5%,可以看出男性农村青年在了解乡土文化及自身的文化自信方面略胜一筹。此外,在"认为抖音平台中'李子柒'账号中呈现的内容算乡土文化"选项中,43.49%的女性选择了该项,数据比例明显高于男性,同样在"认为抖音平台中'李子柒'账号中呈现的内容不算乡土文化"选项中,38.18%的男性农村青年选择了该项,占比明显高于女性。

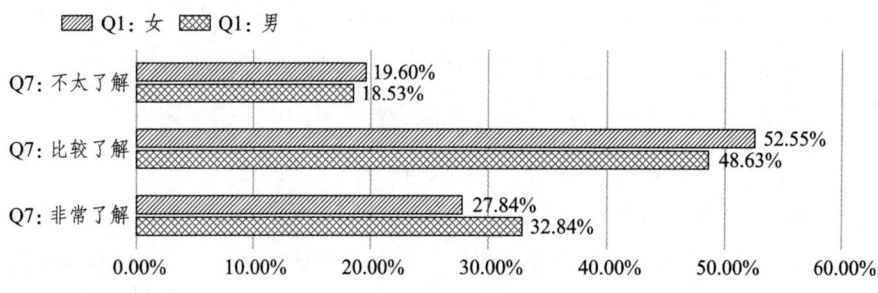

图 4-3 不同性别的农村青年对家乡特色文化的认知情况差异

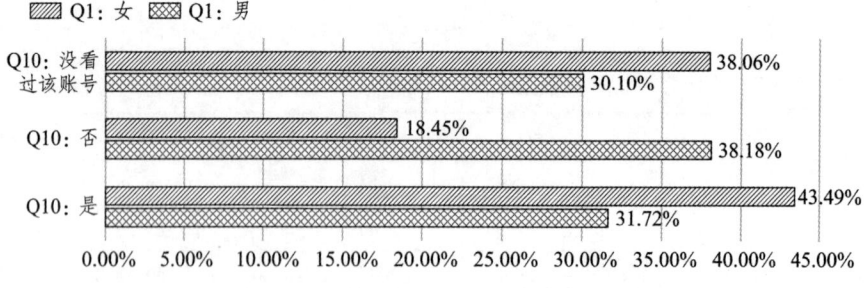

图 4-4 不同性别的农村青年对乡土文化的认知范畴情况差异

其次,从居住地类别上分析农村青年乡土文化认知情况的差异。通过对研究样本数据进行交叉分析发现,不同居住地的农村青年在对"乡土文化"概念的了解和对家乡特色文化的认知、认同上存在显著性差异。通过图 4-5 和图 4-6 可以看出：不同居住地的农村青年对乡土文化的认知具有差异性，其中主要居住在城市的农村青年对"乡土文化"的概念认知情况较居住在农村的青年更为清晰，其中 52.67%居住在城市的农村青年对此概念有一定的了解，而居住在农村的受访者对该概念有一定了解的占 48.49%，两者存在一定差异。居住在农村的受访者选择"听过相关概念，了解具体内容"的人数最少，仅为 3.53%；居住在城市的受访者选择"未听过具体概念，不了解任何内容"的人数最少，占比 7.29%。而在"您对家乡地区的特色文化的了解程度如何"一题中，居住在农村的受访者有 37.41%选择了"非常了解"，居住在城市的受访者仅有 22.04%选择了该项。同样，居住在农村的受访者仅 18.01%选择了"不太了解"，数据比例明显低于居住在城市受访者的 25.28%。

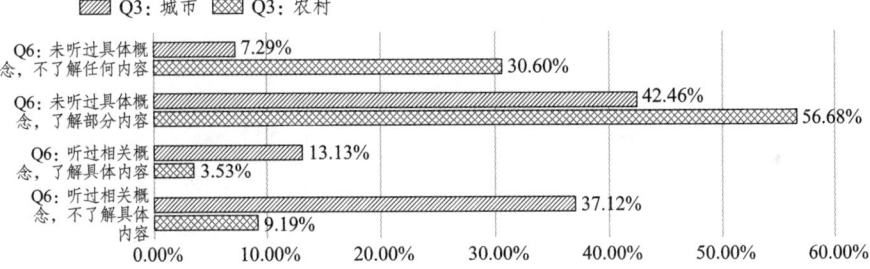

图 4-5　不同居住地的农村青年对"乡土文化"一词的认知认同差异

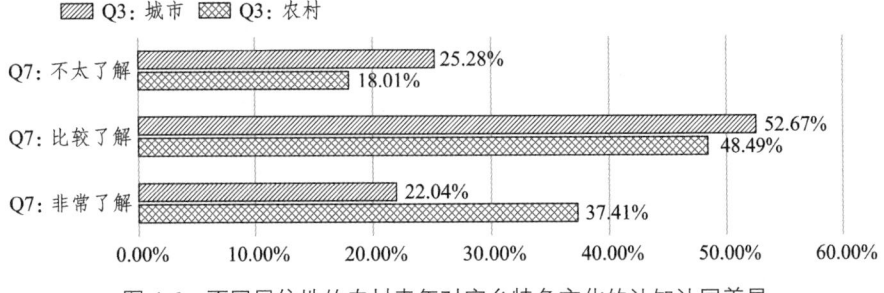

图 4-6　不同居住地的农村青年对家乡特色文化的认知认同差异

综上可知：首先，大部分农村青年对乡土文化有一定的认知认同，他们知道部分乡土文化的相关内容，但对于"乡土文化"一词的具体概念、内涵和范畴等存在认知偏差。整体来看，具有农村生活经验的青年群体的认知认同情况较为良好。其次，从交叉分析的数据图表可以看出，农村青年的性别和居住地对他们的"乡土文化"认知、认同水平有明显的影响。男性受访者对家乡特色文化的认知情况优于女性受访者，居住在城市的农村群体对"乡土文化"概念有更加清晰的认知，而居住在农村的受访者对家乡特色文化的认知情况明显高于居住于城市的受访者，这表明不同性别和生活环境对于培养乡土文化的认知、认同具有重要作用。

（二）情感认同层面

本次问卷设置了四个相关问题，以期深入了解他们对乡土文化的态度和情感。

一是农村青年对观看视频平台中乡土文化的情感调查。如表4-8所示，对于"您对抖音平台上宣传地区乡土文化的'三农'短视频感兴趣吗"的回答，12.26%的受访者表示对此"非常感兴趣"，45.00%的受访者选择了"比较感兴趣"，24.45%的受访者选择了"感觉一般"，仅15.24%和3.05%的受访者表示完全"不感兴趣"和"很不感兴趣"。根据频数和比例可以看出，超过一半的受访者对于蕴含着乡土文化的"三农"短视频内容"非常感兴趣"或"比较感兴趣"，"感觉一般"的受访者也占总数的两成多，只有18.29%的受访者对该内容"不感兴趣"或者"很不感兴趣"。

表4-8　您对抖音上宣传地区乡土文化的"三农"短视频感兴趣吗？

选项	频数	比例
非常感兴趣	173	12.26%
比较感兴趣	635	45.00%
感觉一般	345	24.45%
不感兴趣	215	15.24%
很不感兴趣	43	3.05%

二是农村青年对乡土文化传播的情感调查。如表4-9所示，关于"您会对家乡地区文化在抖音平台上的火热传播感到自豪吗"的调查中，选择"非常自

豪"的受访者占 46.56%，选择"比较自豪"的受访者占 34.30%，认为"感觉一般"的受访者占 12.47%，认为"不自豪"的受访者占 5.88%，认为"很不自豪"的受访者占 0.78%。通过数据对比可以看出，绝大多数农村青年对乡土文化的传播成就表示认可并感到自豪，仍有超一成的受访者对之没有明显感觉，只有极少数的受访者表示"不自豪"或"很不自豪"。

表 4-9 您会对家乡地区文化在抖音平台上的火热传播感到自豪吗？

选项	频数	比例
非常自豪	657	46.56%
比较自豪	484	34.30%
感觉一般	176	12.47%
不自豪	83	5.88%
很不自豪	11	0.78%

三是农村青年对观看"三农"短视频中乡土文化相关内容时的情感认同调查。如表 4-10 所示，在对"当您观看抖音平台中'三农'短视频的乡土文化相关内容时，您常会觉得？"进行回答时，33.10%的受访者表示"感同身受"，68.89%的受访者表示内心"怀念家乡"，53.15%的受访者表示"充满趣味"，16.87%的受访者表示"内容乏味"，15.02%的受访者表示"内容尴尬"。根据数据可以看出，大多数受访者都能通过"三农"短视频中的文化呈现唤醒对家乡的回忆，少部分受访者也存在"感同身受、充满趣味"等正向感受，但是仍存在不少受访者表示观看视频时存在不良感受。

表 4-10 当您观看抖音平台中"三农"短视频的乡土文化相关内容时，您常会觉得？（多选）

选项	频数	比例
感同身受	467	33.10%
怀念家乡	972	68.89%
充满趣味	750	53.15%
内容乏味	238	16.87%
内容尴尬	212	15.02%

四是农村青年对使用短视频平台弘扬乡土文化的基本情感认同调查。根据表 4-11 的数据统计结果，在回答"您对通过抖音等短视频平台弘扬农村地区特色乡土文化持何种态度"这道题时，选择"非常有必要"的受访者占 15.73%，选择"比较有必要"的受访者占 61.73%，选择"无所谓"的受访者占 19.06%，选择"没有必要"的受访者占 2.83%，选择"很没有必要"的受访者占 0.64%。从数据分布情况来看，目前农村青年群体对于通过短视频平台弘扬农村地区特色乡土文化的情感意愿比较强烈，绝大多数受访者认为"非常有必要"或"比较有必要"，少部分受访者认为无所谓，只有极少的受访者认为"很没有必要"。

表 4-11　您对通过抖音等短视频平台弘扬农村地区特色乡土文化持何种态度？

选项	频数	比例
非常有必要	222	15.73%
比较有必要	871	61.73%
无所谓	269	19.06%
没有必要	40	2.83%
很没有必要	9	0.64%

为了进一步分析不同样本特征的农村青年对乡土文化情感认同的差异情况，在进行上述频数分析的基础上采用交叉法进行分析，调查结果显示不同性别、生活地区、学历的农村青年在对乡土文化的情感认同上呈现出一定的差异，但总体上差异不明显。

首先，从生活地区层面分析农村青年对乡土文化情感认同的差异现状。以 Q3 分别与情感认同调查的 4 道题目进行交叉分析，结果显示 Q3 与 Q12、Q3 与 Q13 的两组问题间的数据呈现较为显著的差异。如图 4-7 和图 4-8 所示，不同居住地的农村青年对乡土文化的情感认同存在差异，在"观看'三农'短视频相关内容的感受"一题中，生活地点为城市的受访者对于"怀念家乡"这一选项认同程度明显高于生活地点为农村的受访者，而在"内容尴尬"和"内容乏味"的两个选项上，生活地点为城市的受访者选择此项的比例高于农村居住者。在短视频平台中弘扬乡土文化的情感态度的问题上，从整体来看，居住城市的受访者对于通过短视频弘扬乡土文化的情感认同程度高于居住农村的受访者，22.20%的城市居住受访者认为这是非常有必要的，只有10.71%的农村居住受访者具有同样的想法；26.20%的农村居住受访者认为这是无所谓的，但只有9.89%的居住城市受访者认可此看法。

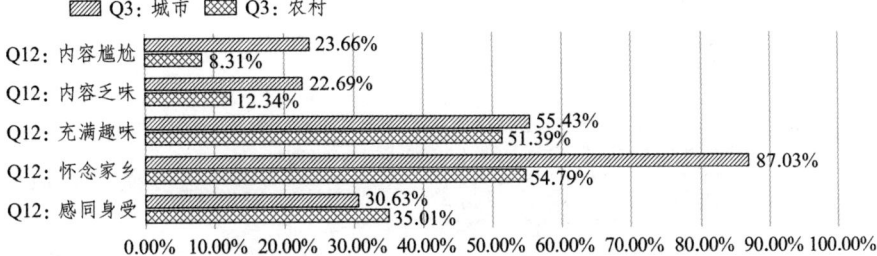

图 4-7　不同居住地的农村青年观看"三农"短视频的情感认同差异

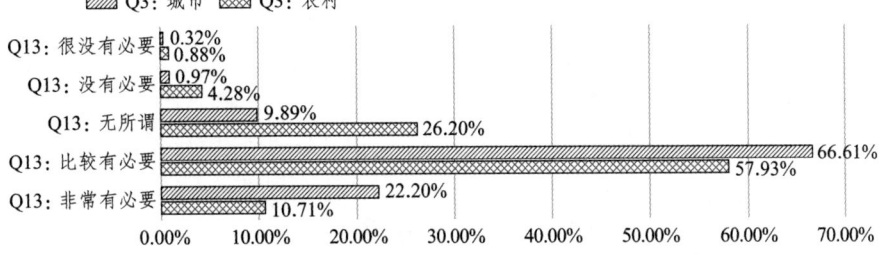

图 4-8　不同居住地的农村青年对通过短视频平台弘扬乡土文化的
情感认同差异

其次，从学历的角度分析农村青年对乡土文化的情感认同现状差异。从交叉分析的数据可知，Q5 与 Q11、Q5 与 Q12 间存在显著性差异，不同学历的受访者对乡土文化的情感认同存在较大差异。如图 4-9 和图 4-10 所示，大专学历的农村青年在"不自豪"和"很不自豪"选项的占比达 16.14%和 1.75%，都处于最高占比，文化的情感认同程度最低。在对于家乡文化在短视频平台走红的情感态度上，90.80%的大学学历受访者都选择了"怀念家乡"，占比位居第一，69.74%的大专以下学历受访者选择了"充满趣味"，位居其次，在"内容尴尬"和"内容乏味"这两个选项中,不同学历的受访者并未表现出显著差异,情感认知情况大致相近。

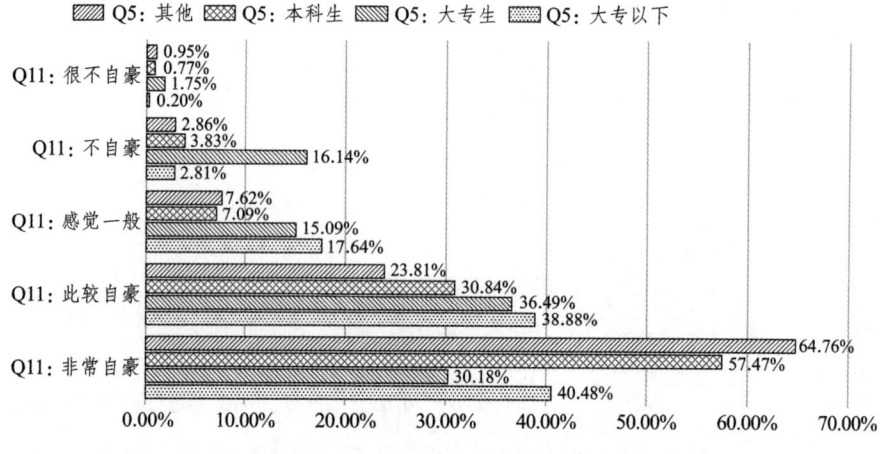

图 4-9　不同学历的农村青年对于家乡文化在短视频平台走红的情感认同差异

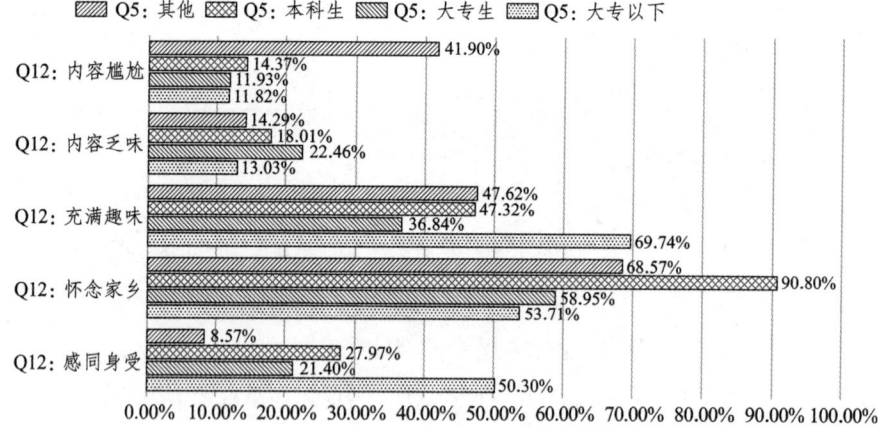

图 4-10　不同学历的农村青年对通过短视频平台弘扬乡土文化的情感认同情况差异

从上述图表中可以看出,大部分农村青年对乡土文化传播的"三农"短视频持有兴趣,对家乡文化在短视频平台传播表示自豪。同时,多数农村青年都会在观看乡土文化内容时产生怀念家乡的情感,在弘扬乡土文化方面，大多数农村青年认为非常有必要或比较有必要，总体情感认同情况较为客观。

从交叉分析得到的数据结果看，不同生活地区和学历的农村青年在对乡土文化的情感认同上存在差异，居住在农村的青年对"三农"短视频中乡土文化呈现的细节的情感认同程度高于城市居住者。此外，大专学历的农村青年对家乡文化在短视频平台走红表现出较低的认同度。

（三）行为认同层面

农村青年对乡土文化传播的行为认同状况，在一定程度上反映了他们对乡土文化传播的主动程度，本次调查问卷共设置了 4 道相关题目考察农村青年行为认同的现状。

一是农村青年对乡土文化相关的"三农"短视频的消费行为分析。如表 4-12 所示，在调查"您在抖音观看'三农'短视频过程中进行'点赞''评论'及'分享'的频率如何"这一问题时，17.36%的受访者选择了"极少"，34.16%的受访者选择了"偶尔"，43.30%的受访者选择了"经常"，选择"频繁"的受访者最少，只占到总体人数的 4.96%。可以看出，多数农村青年在观看"三农"短视频的过程中均有一定的行为认同，整体行为认同程度较高。

表 4-12　您在抖音观看"三农"短视频过程中进行"点赞""评论"及"分享"的频率如何？

选项	频数	比例
极少	245	17.36%
偶尔	482	34.16%
经常	611	43.30%
频繁	70	4.96%

二是有关农村青年主动传播乡土文化行为的调查。在调查"您是否有过主动在网络上发布农村生活相关视频的经历"这一问题时，如表 4-13 所示，40.47%的受访者选择了"从未发布过"，52.02%的受访者选择了"随手记录，发布过

5条以下"，4.61%的受访者选择了"发布过5条以上，但目前已经停止发布"，2.91%的受访者选择了"经常发布，账号处于活跃状态"。农村青年对于主动传播乡土文化的行为意愿较低，绝大部分农村青年的视频发布数量都在5条以下，仅有极少数的农村青年有或有过频繁发布相关视频的意愿。

表4-13 您是否有过主动在网络上发布农村生活相关视频的经历？

选项	频数	比例
从未发布过	571	40.47%
随手记录，发布过5条以下	734	52.02%
发布过5条以上，但目前已经停止发布	65	4.61%
经常发布，账号处于活跃状态	41	2.91%

三是有关农村青年主动搜索乡土文化相关视频内容的行为认同情况分析。在"您在抖音等短视频软件中会主动搜索与'三农'相关的内容吗"的提问中，如表4-14所示，仅6.17%和13.61%的受访者会较高频率进行主动搜索，43.59%的受访者选择了"偶尔"，36.64%的受访者选择了"从不"。由此可见，大部分农村青年在使用短视频媒介进行信息消费时主动搜索意愿较低，只有少数人会主动进行"三农"相关内容的获取。

表4-14 您在抖音等短视频软件中会主动搜索与"三农"相关的内容吗？

选项	频数	比例
频繁	87	6.17%
经常	192	13.61%
偶尔	615	43.59%
从不	517	36.64%

四是有关农村青年围绕乡土文化进行创业的行为认同程度调查。对于"您考虑过围绕家乡特色文化（乡土文化）在家乡创业/返乡创业吗"这一问题，如表4-15所示，选择"正在创业"的受访者占3.33%，选择"正在考虑"的受访者占比24.88%，选择"暂时不考虑"的受访者占71.79%。数据分布情况

显示，农村青年对乡土文化的行为认同在创业方面并不理想，比例最高的选项是"暂时不考虑"，只有极少数农村青年选择回到家乡创业。

表 4-15　您考虑过围绕家乡特色文化（乡土文化）在家乡创业/返乡创业吗？

选项	频数	比例
正在创业	47	3.33%
正在考虑	351	24.88%
暂时不考虑	1013	71.79%

将问卷中具有不同样本特征的人群与农村青年乡土文化的行为认同测试题进行交叉分析，如图 4-11 所示，农村青年因生活地点不同、媒介使用频繁程度不同，不同群体在乡土文化的行为认同上存在差异。

通过对研究数据进行交叉分析可知，农村青年的短视频媒介使用程度对其乡土文化的行为认同存在显著影响。根据图 4-11 可知，在 Q17 这道题中，在日常生活中使用短视频频度越高的农村青年，对"三农"短视频进行主动互动的意愿越强烈，行为认同程度越高。

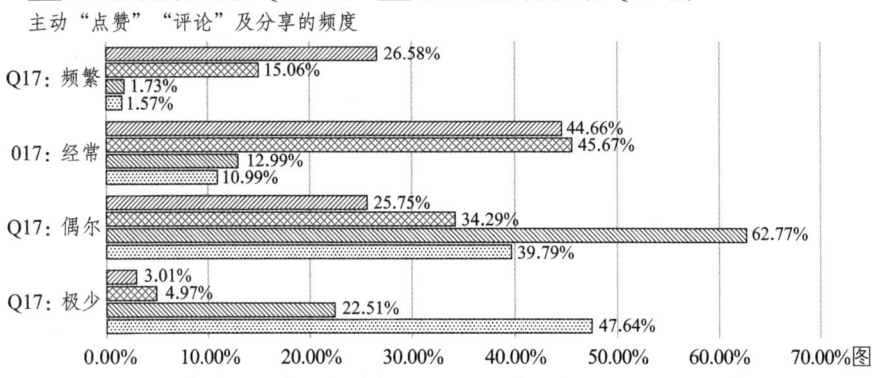

图 4-11　不同媒介使用频度的农村青年对于乡土文化相关短视频内容进行互动的行为认同差异

不同生活地点的农村青年对于 Q18、Q19 问题的回答存在显著性差异，如图 4-12、4-13 所示。在关于 Q18 的问题回答上，62.24% 的生活在城市的受访者从未发布过任何有关视频，高出生活在农村受访者 38.69%。在"经常发布，账号处于活跃状态"和"发布过 5 条以上，但目前已经停止发布"的选项中，生活于农村的受访者的选择比例明显高于城市居住者。在关于 Q19 的问题回答上，选择"正在考虑"围绕乡土文化进行创业的受访者中，生活于城市的农村青年占比 36.47%，居住地为农村的青年占比 15.87%。可以看出，生活在城市的农村青年群体在围绕乡土文化进行创业一题的行为认同方面数据更出色。

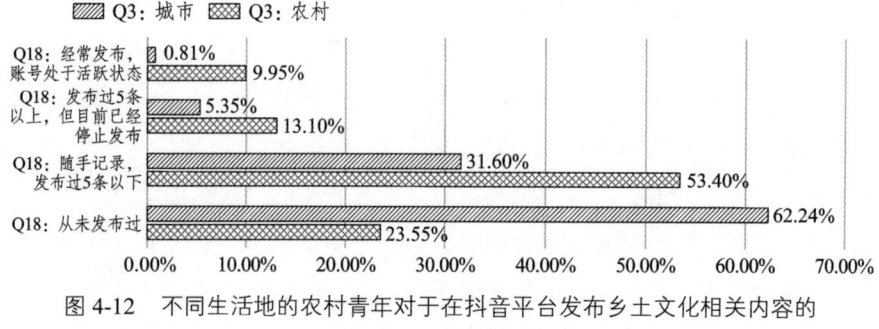

图 4-12　不同生活地的农村青年对于在抖音平台发布乡土文化相关内容的行为认同情况差异

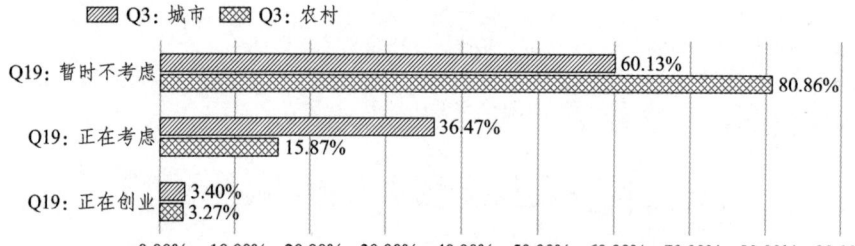

图 4-13　不同生活地的农村青年对于在抖音平台发布乡土文化内容的行为认同差异

通过以上图表可以看出，农村青年对于乡土文化的行为认同程度普遍较低，很多受访者不愿进行主动互动，不愿发布相关文化内容，不愿返乡创业。只有部分在城市生活的农村青年显示出一定的返乡创业意愿，使用短视频媒介频繁的农村青年愿意在观看乡土文化视频时进行更多的主动互动。因此，不同特征的农村青年在行为认同上仍存在着显著差异。

第三节　农村青年对短视频中乡土文化传播认同的问题

一、农村青年对乡土文化认同的问题

（一）认知认同不够全面

调查发现，在乡土文化的概念认知方面，大部分农村青年不是不了解乡土文化，而是对"乡土文化"一词的概念理解得不够清晰，从而导致了认知模糊。在乡土文化具体内容认知方面，多数被调查者认可乡土风光和民俗仪式属于乡土文化，但对于美食制作和劳动生产两类内容的认同人数较少。此外，对于短视频平台中的乡土文化代表性内容，农村青年的看法也存在较大分歧。部分农村青年并不认同视频平台上部分爆火的作品所展示的经过筛选和美化效果后的文化内容。以上情况反映了农村青年对于乡土文化的认知认同还不够全面，部分人只知其一，不知其二，存在认识盲区，这限制了他们对乡土文化的认同。

此外，不同性别和居住地的农村青年对乡土文化的认知认同程度也存在显著差异。从性别来分析，数据分析显示，男性群体在了解家乡乡土文化方面略胜一筹。在"认为李子柒的视频展示内容属于乡土文化"选项的农村青年中，女性群体占比明显高于男性，由此可见，女性群体在认知范畴方面具有更宽的认知广度。从生活地点看，居住在城市的农村青年对"乡土文化"一词的概念认知较清晰，而居住在农村的青年群体对于该概念及具体内容的认知尚有待进一步深化；同时，农村生活的青年群体对于家乡乡土文化的认知程度明显高于居住在城市的农村青年。

（二）情感认同不够稳定

调查显示，大部分农村青年对抖音平台中传播乡土文化的"三农"短视频持有兴趣，对家乡文化在短视频平台的传播感到自豪。在观看乡土文化内容短视频时，多数农村青年会产生怀念家乡的"乡愁"情感。在弘扬乡土文化方面，大多数农村青年认为非常有必要或较有必要，总体情感认同情况较为乐观。

从农村青年乡土文化情感认同层面的调查结果来看，有80.86%的农村青年对自己家乡的乡土文化在网络平台中取得的成就感到自豪，68.89%的农村青年在观看"三农"短视频中有关乡土文化的内容时会产生怀念的感受。然而，在"您对抖音平台对宣传地区乡土文化的'三农'短视频感兴趣吗"这一问题的调查中，自身文化自信的缺失、对乡土文化传播内容的怀疑，导致近半的受访者表示对乡土文化传播内容的兴趣不大。由此可以看出，农村青年对于乡土文化的情感认同存在较强的不稳定性。

此外，不同生活地点的农村青年对乡土文化的情感认同存在差异。从生活地点上来看，对乡土文化内容的情感认同度中，呈现出居住在农村的青年农民的情感认同高于居住在城市的青年农民（新生代农民工）的趋势；在弘扬乡土文化发展的态度上，呈现出居住在城市的青年农民的态度较居住在农村的青年农民更积极的趋势。从学历上看，无论是对乡土文化取得的传播成就还是对乡土文化在短视频平台传播的前景，大学学历农村青年的情感取向和看法态度都比低学历的农村青年要好。特别是居住于城市或是在城市求学的农村青年大学生群体，对于"观看抖音平台中'三农'短视频的乡土文化相关内容时的感受"，明显有一部分人选择了具有负面情绪的"内容乏味"和"内容尴尬"，对于乡土文化在短视频平台中传播内容的情感认同存在明显的消极心态。

（三）具体行为实践不够主动

从农村青年乡土文化行为认同的现状来看，农村青年对乡土文化的认同从认知到态度变化再到具体行动之间仍然有一定的差距。

调查数据显示，农村青年对于主动在抖音平台发布与乡土文化相关内容的行为认同度都较低，绝大多数受访者选择了"发布过5条以下"。虽然在"主动对视频内容进行互动的频度"中，43.30%的农村青年选择了"经常"，但仍有一部分农村青年选择了"极少互动"。农村青年对于"是否愿意返乡创业"的结果也不如人意,选择"正在创业"的受访者仅占 3.33%,"正在考虑"的占 24.88%,选择"暂时不考虑"的占比为 71.79%,明显领先其他两个选项。由此可见,多数农村青年并没有主动更进一步的认同行为,在行为认同层面仍处于观望和等待的态度。

调查数据还显示,不同特征的农村青年在乡土文化行为认同上也具有一定的差异性。其中,城市生活的农村青年对乡土文化行为方面的认同程度普遍略高于农村生活者,36.47%的城市居住者存在以乡土文化为根基进行创业的想法,虽然占比不高,但相较于农村居住者明显具有一定的优势。在媒介使用频度上,行为认同度大体呈现出"媒介使用越频繁,其行为认同的频度越高"的趋势,而使用短视频等频率较低的农村青年,如同处于沉默的螺旋中的"沉默"状态,越发难以主动去实践行为认同。

二、农村青年对乡土文化认同问题的归因

(一)内容同质化与去深度化

在抖音平台海量的"三农"短视频中,高质量的内容和 IP 形象是赢得粉丝青睐的法宝之一。从早期李子柒描绘的田园牧歌式的乡村景象到华农兄弟的原生态养殖的生活日常,再到当下百花齐放的各类"三农"短视频创作者们,这些短视频不仅为创作者赢得了大量粉丝的关注和追捧,而且为他们带来了巨大的商业化利润。因此,越来越多的短视频创作者和专业机构(Multi-Channel Network,MCN)纷纷投身"三农"短视频的生产制作。在选择拍摄题材时,创作者往往困惑于"不知道应该拍些什么内容容易出圈"。如前文所及,在抖音平台传播的"三农"短视频中,多数视频的题材都限于乡土风光、生活美食、劳动生产和民俗仪式四大类型。囿于既有主题的局限性,创作者很难突破创新瓶颈,当其中某一类型主题的内容吸引大批受众注意时,同类型的作者和内容就会如雨后春笋般出现,在内容同质化严重的背景下,受众对题材本身的兴趣逐渐消解,进而演变为一定的审美倦怠,非但不会产生认同

感，甚至还会产生一定的抵触心理。

"三农"题材短视频同质化问题分为两类，其一是单一创作者作品的无限接近性。这个问题的产生的原因主要是拍摄者的生活内容有限，且缺少把握拍摄素材的媒介素养。如对抖音平台中的"东阿黑驴王子"（见表4-16）的10条视频的标题及内容进行分析，从视频描述和内容可以看出，其账号内容几乎都在展示修驴蹄这一场景，并没有突出其个人特色。账号虽有69.6万粉丝，但单视频的互动率相较同量级创作者有明显差异。其二是不同创作者间利用同样"配方"生产的视频导致的内容同质化。"配方"式生产模式源于好莱坞电影制作，指的是在文化内容的生产过程中，对题材、立意、表达方式等因素进行组合或搭配，使其在类型、模式、惯例和类别上都形成套路①，这种生产模式在"三农"短视频制作领域蔓延。

表4-16 "东阿黑驴王子"的视频同质化情况

视频描述	视频内容	发布时间
爱护动物，定期给毛驴修蹄，毛驴通人性非常配合	修驴蹄	2022.11.11
给毛驴做一次美甲需要多长时间呢，大家进来看看吧，过程十分解压	修驴蹄	2022.11.10
爱护动物，定期给毛驴修蹄，孙师傅手法干脆利落，毛驴很听话	修驴蹄	2022.11.10
爱护动物，老手艺师傅给毛驴修蹄，修完毛驴跑得快	修驴蹄	2022.11.09
毛驴也有凶猛的一面，为了争夺配偶权打得很激烈，看最后花落谁家	毛驴互相抢地盘	2022.11.08
爱护动物，定期修蹄，这毛驴有点倔，不停蹬腿	修驴蹄	2022.11.07
毛驴蹄子很大像穿了大头皮鞋，师傅几铲刀修成"三寸金莲"，太痛快了	修驴蹄	2022.11.06
爱护动物，孙师傅给毛驴美甲	修驴蹄	2022.11.06
爱护动物，孙师傅老师傅给毛驴修蹄，看完感觉很解压	修驴蹄	2022.11.05
这头毛驴两个驴蹄都坏了，一个漏蹄，一个空心蹄，修完蹄走路舒服了	修驴蹄	2022.11.04

① 杨旦修. 析论美剧的生产观念、管理体制与运行机制[J]. 中国电视，2012（4）：58-62.

李子柒爆火之后诞生的各类跟风模仿的博主均在尝试以同样具有诗意的"三农"内容再次出圈,甚至有 MCN 机构进行"三农"网红的批量化生产。在我们抽取的 30 个抖音账号样本中,有超过 5 位创作者的作品内容具有明显相同的"配方",这种同质化使得抖音平台中"三农"短视频作品质量参差不齐,高质量内容占比不断缩小。缺乏创新性和独特性的"三农"短视频不仅会让受众感到审美疲乏,而且会降低受众对这类内容的忠诚度,使其影响力大大降低。内容浅薄化的呈现也可能导致受众对乡土文化的了解和认知片面化,对于多元乡土文化的弘扬和振兴产生消极影响。

"深度模式"的逐渐消失使文化内容与主题开始发生转变,其中聚焦小人物的个体生活、缺少对宏观事件的关注和叙述是最明显的表现。从抽取的抖音账号样本来看,30 个账号中,超过一半账号的内容主题定位都围绕处理夫妻、婆媳关系等过程中面临的问题,从而以点带面地折射出农村青年在生活中的困境,表现出个人对美好生活的价值追求,但这也从侧面反映了其对于政治生活的冷漠。受众通过对"三农"短视频中非深度化内容的消费,难以将其文化认同感升华为个人身份和社会发展的高度,难以形成现实社会中真正的凝聚力,更难使家乡发展和乡村振兴形成合力。

抖音平台中"三农"短视频所展示的"去深度化"的文化内容更多具有潮流性的迭代特征。短视频平台的"短、平、快"的特点,使其内容创作可以依赖一定模式化的拍摄脚本,通过平台推送吸引受众的浏览,从而形成一定的潮流,但这样同质化的内容在下一个模板出现之时可能被迅速替换,难以形成完整持久的认同体系。特别是在网络空间的特殊用语方面,凭借具体的符号体系建构的为某个圈层所共知并引起迅速传播的"梗文化"具有强烈的易逝性,这种"梗体系"由于随意、易逝、易变且不连贯的特点,在传播过程中无论是由于时间推移,抑或新浪潮的冲击,都会使受众无法对其中的文化内容产生深刻的讨论和真正的归属感,因而也无法沉淀为更具价值的身份认同和文化认同。

(二)"虚拟化"包装粉饰现实

短视频内容的包装一般意义上是指针对生产内容进行契合市场的美化,

从而提高内容的竞争力和满意度。针对"三农"短视频内容的有效包装可以帮助创作者实现独特 IP 的建构，使其在网络空间的扁平形象立体化，便于受众产生记忆点和认同感。包装是新媒体平台契合市场发展的需求，在不断的竞争中衍生的运营环节，也是短视频市场不断扩大的标志。①在抖音平台的"三农"短视频垂直类作品中，大量创作者在包装之下收获了大量网友的热爱和追捧，成了红极一时的网络达人。随着该垂直类作品的不断下沉，越来越多的现象级"三农"创作者受到媒体的关注，其作品中所传播的乡土文化正在成为被大众媒体和官方平台所认可的正能量文化。无论从历史的传播效果还是传播的目标人群来看，美好和谐的场景更易得到受众的认同。然而，为了迎合大众对乡村的理想化和浪漫化幻想，"三农"短视频创作者在创作时会有意去选择呈现的场景和人物，以此来展示他们的前台，因此，这种正能量文化能否代表传统的乡土文化是存疑的。

对于受众而言，一方面，这种包装后呈现的"桃花源式"的生活与和睦的社会关系，能够让受众在快节奏的紧张的城市环境中得以舒缓和放松，从虚拟的沉浸式观赏中获得替代性满足。另一方面，多数抖音平台中的"三农"短视频再现的乡村生活是片面的、模糊的和夸张化的，粉饰了真实乡村中环境的脏乱和人际关系的复杂的一面，使原汁原味的乡土文化与短视频中呈现的虚拟的乡村环境产生了割裂，阻碍了受众正确的文化认同的建构。

从场景包装来看，诗情画意的场景是最热门的创作题材之一。如表 4-17 所示，对 30 个抖音账号样本中的画面美观度、人物着装风格、劳作内容占比三个维度进行综合分析后显示，绝大多数创作者的作品都有包装过的痕迹。其中包装程度具有过度包装嫌疑的账号占 37%，这些账号的内容对于劳动情景的建构往往一笔带过，与受众熟悉的乡村生活中劳作的辛苦、生活的压力和农民的形象都大相径庭，这种虚拟的环境成为受众逃避现实、释放压力的场所，同时也使受众逐渐放弃了理性思考和判断的能力，将"三农"短视频中的虚拟乡村景观等同于现实乡村，模糊了真实与影像之间的界限，导致存在

---

① 顾萧. 电视栏目包装的理解和运用[J]. 采写编，2021（6）：117-118.

于农村的众多现实问题被弱化。①

表 4-17 "三农"短视频场景包装程度

包装程度	账号数量	总体占比
无包装	6	20%
适量包装	13	43%
过度包装	11	37%

人设的包装是"三农"短视频中过度包装的重要表现。人设是"人物形象设定"的缩写，原本是动画、电影、小说中使用的专业词汇，即对人物角色所进行的外貌、性格、心理特征以及出生和成长背景等的设定，后来逐渐演变为各类明星、网红、主播进行包装的一种基本方法。如在账号样本中"受到婆婆宠爱的媳妇""远嫁的女儿""80年代的老光棍""鱼塘塘主"等，是一种人为策划并编码的符号系统。"人设"也是网络社交媒体时代用户在平台消费时营造的一种"身份"，只是相对于语用身份而言，这种"人设"身份能提高辨识度，但与语用身份相比，"人设"身份更具临时性和不确定性，其建构过程也具有极强的营销性与营利性。②这些符号化的人设顺应了作为消费者的受众的兴趣爱好，满足了他们的娱乐消费需求，账号也以此博取眼球、收获粉丝。③网络平台中，受众只接收其认同的文化内容，这些内容的获取渠道是作为介质的表演者制作的产品，这些表演者所展示的形象、个性、行为等产生的"人设"会由点及面地影响到受众对文化的整体认知。在迎合市场的环境下产生的"人设"中所带的特征，并不一定与真实人物本身的属性相符，以其作为介质而制作的产品所传播的乡土文化也会发生一定的畸变，让受众产生错误的认同。既然选择了隐藏部分现实，创作者就应当规训于朴素的道德标准，将真实的"本我"与"客我"逐渐统一，从而维持包装的稳定和认同的长久，反之则可能出现人设崩塌乃至认同崩塌的风险。

---

① 王菲. 三农短视频对乡土文化的呈现与传播研究[D]. 杭州：浙江工商大学，2022：37-40.
② 林纲，姚梦. 语用身份论视角下的网红"人设"建构分析[J]. 传媒观察，2022（1）：36-43.
③ 王菲. 三农短视频对乡村文化的呈现与传播研究[D]. 杭州：浙江工商大学，2022：77-79.

客观来说，包装对"三农"短视频的广泛传播作出了巨大贡献，使农村生活中的优秀乡土文化获得了更多受众的认同。作为"三农"短视频的创作者，将本真的生活内容加以包装后呈现给受众的出发点是好的，权利也是正当的，但在视频中生活的幸福和丰收的喜悦等美好画面已经遮蔽了乡村的诸多现实问题。在此情景下，受众对"三农"短视频中乡土文化产生的认同仅停留在观赏和兴趣的层面，这种虚拟的现实无法将认同重塑为更高层次的认同，难以产生深度的共鸣。

（三）"内容即商品"的过度商业化

在以往的市场环境下，每一区域形成的空间都有其独立的秩序和职能，各个区域相互独立，消费者可以根据个人需求进入不同的空间之内，通过该空间特有的职能满足其使用需要。在网络平台这一时间和空间界限越发模糊的公共领域之内，传统的空间边界正在被不断消解。[①]尤其在抖音平台中，以兴趣电商为导购模式构建出的"短视频+电商"场景打破了传统的娱乐空间与消费空间的边界，原本作为放松、消遣的视频内容被赋予商品的属性，这种商业化模式为"三农"产品拓展了销路，但过度商业化难免会引起受众的心理不适，阻碍其对"三农"短视频本身传递的乡土文化的认同，产生抵触情绪。

短视频技术的下沉为农村青年提供了一个表达自我的平台，而"三农"创作者的创作意图除去传播本地的乡土文化外，利用视频的流量进行商业变现从而获利是其重要的动机。因此，部分创作者不遗余力地在视频中插入商品的宣传或将带货的商品植入视频中，这种过度商业化的模式成为当下阻碍"三农"短视频发展的重要原因之一。以抖音创作者"乡村小洲"为例，视频主角是小洲本人和他的女朋友这对感情甜蜜的情侣，小洲自称是为了照顾双腿不便的父亲而留在农村生活，视频内容无处不展示着小洲的孝顺与情侣间的和睦，家中无论大事小事都有商有量，因此收获了一批粉丝，粉丝们也在催促二人，希望他们早日结婚。然而，在收到粉丝催促后，他将结婚当天作为其带货

---

① 王一然. 媒介实践视域下短视频内容生产的实践困境及发展策略[J]. 视听, 2021（10）: 130-131.

的第一场直播,将温馨的婚礼变成了商业带货的噱头,引发不少粉丝的反感。其带货商品更是与专业的带货主播无二,并无其家乡或个人特色。此事官宣后,其粉丝量和视频播放量都受到了一定影响。一方面,商业化的行为会消解粉丝对主播的认同;另一方面,平台的推荐算法也可能会降低其内容的推荐系数,阻碍账号发展和内容传播。有粉丝抱怨:"怎么天天都在带货,烦不烦啊,不卖东西就过不下去了吗?"(评论样本第 3037 条)

"内容即商品"问题在"三农"短视频传播领域格外突出,受众在使用平台 App 观看视频的第一秒或许能够看到一棵橘子树,画面中黄澄澄的果实、满园的果树、勤劳的农民等元素结合建构的画面正使其产生文化的认同感,但视频的下一秒就将这些果实装进了"小黄车"①,这种难以预料的商业化行为导致不想购买或频繁刷到此类视频的受众产生强烈的心理不适。在娱乐和消费的共同空间中,过度商业化带来的受众对商品的否定会演化为对创作者的否定,特别是在"三农"短视频内容同质化严重的当下,对创作者的抵抗心理会弥散到整个品类的视频内容中,甚至成为对短视频中乡土文化认同抵抗的诱因。

第四节　优化农村青年对短视频中乡土文化传播认同的策略

中国传统社会是一个乡土社会,其文化是一代又一代人经过长期积淀而形成的,涵盖了生活行为和思维方式等多方面内容。这种文化承载了中国乡村社会发展千年的集体记忆,是构建社会稳定的基础。随着人们对乡土文化理解和认识的加深,乡土文化的影响逐渐扩散至整个村落社会,乡民们自然产生对乡土文化的认同,进而对整个乡村社会产生认同。

相较于父辈群体,农村青年受到现代文化的深刻影响,他们的乡村记忆受到

---

① 抖音平台商品售卖的一种展示形式,会在主播直播的过程中出现在视频右下角。

不断冲刷，对乡村社会的归属感不断弱化。此外，传统的乡村传播方式出现断裂，乡土文化的生存空间受到挤压，导致农村年轻一代对传统乡土文化感到迷茫和陌生。作为传统文化代表的乡土文化的式微趋势不可阻挡，农村青年群体对乡土文化的认同也面临前所未有的挑战。因此，研究农村青年对抖音平台中"三农"短视频呈现的乡土文化的认同问题，是探究乡村文化振兴的重要切入点。

如表4-18和表4-19所示，在对"三农"短视频下评论的100名用户的IP地址及主页视频内容进行分析后发现，尽管该类短视频会辐射部分城市用户并获得一定认可，但根据评论内容及点赞数据显示，多数城市用户的认可及互动行为受其生活经验等限制，多以点赞为主，参与评论的积极性较低，主要的评论者仍以农村用户为主。此外，如表4-19所示，在年龄方面，根据100位用户主页中的年龄标注结果，去掉33位尚未标记年龄的用户后，18~32岁的用户数量占到总量的70%，可见评论以青年群体为主。

表4-18　"三农"短视频评论用户属性

用户种类	数量	总体占比
农村用户	71	71%
城市用户	19	19%
无法判断	10	10%

表4-19　"三农"短视频评论用户年龄

用户年龄	数量	总体占比
18岁以下	6	9%
18~32岁	47	70%
32岁以上	14	21%

综上可见，"三农"短视频下的评论可以代表农村青年群体对于短视频内容的认同程度。以此为依据，针对前文"三农"短视频所面临的危机与挑战进行分析，助力"三农"短视频中乡土文化的传播，以及传播效果提升带来的对乡土文化认同的增强，改善当下农村青年群体对乡土文化的刻板印象，增强

农村青年对于家乡建设的信心,以乡土文化认同为起点,助力乡村振兴的实质性推进。

一、认同主体:强化乡土文化认同主体教育

(一)坚定文化自信

主体意识的觉醒是文化认同生成的重要前提。在城市化发展进程和互联网的普及之下,农村青年群体的主体意识被带有异质性的城市文化不断冲击,在这种冲击中,现代性城市文化观念对乡土文化的传播造成了极大阻碍。但是,不同文化间的交流碰撞是一把双刃剑,在具有强烈对比性的互鉴中,可以通过主体意识的觉醒来缓解他文化的冲击。正如安迪·班尼特(Andy Bennett)所描述的,"他们从日常生活中的社会经济和文化束缚中解放出来,以跨地域的可交流的文化话语为基础,自由自在地结成新的联盟"①。草根主体正是在此过程中觉醒的一代,他们挣脱出了现实出身和地域限制的束缚,在短视频平台中建构了虚拟的数字身份,借助"三农"短视频的方式,通过对自我认同的表达重构话语地位,而他们输出的文化内容无论从层次性或是贴近性来讲,对于大众而言都是具有极强魅力和吸引力的。

从层次性来讲,首先,不同的草根创作者来自不同的空间地域,所属地区的经济发展水平和文化特色都具有明显的差异性。其次,不同创作者所属社会、家庭地位不同,不同地位带来的生活节奏和方式均有所不同。从主体的年龄层面看,不同年代的创作主体看待生活、讲述故事的方式皆带有鲜明的时代特性。这些差异使"三农"短视频为受众构建了动态变化的拟态环境,满足了各类受众不同的使用需求。当这种拟态环境的环境化趋势持续加深时,"超级拟态"的影响将会强烈冲击短视频平台的文化生态,在大数据算法推荐机制下,平台所有用户都将面临无法规避的选择困境与认同挑战。

从接近性来看,草根主体质朴的拍摄内容和简单的拍摄手法,给受众带来

---

① [英]班尼特. 亚文化之后:对于当代青年文化的批判研究[M]. 北京:中国青年出版社,2012:12.

的感受更具真实感和直接性。在创作中他们想到什么拍什么，作品中剧本成分较少，不需特殊的言语对话或故事情景，仅从日常生活入手，直接将原汁原味的乡土文化传达给受众。此外，草根博主还有一个最突出的特点——极其深刻的地域性特征。这些草根博主不像明星博主或专业的视频机构那样具有一定的作品基础、粉丝基础和流量基础，他们属于去标签化的创作代表，为了增强受众的记忆点，他们的作品大多会以某一典型性地域文化为背景，将自己作品的创作方向固定在这一地域上。

根据抖音平台"三农"短视频下的3308条评论进行综合分析，在词云图中出现较多的带有情绪色彩的词语多以"喜欢""幸福""真好"等褒义词为主（见图4-14），可见这种显著的地域性放大了传受二者之间的关系接近感。如有评论写道"酸菜到底啥味馋死我了，以后高低交个东北朋友"（评论样本第2390条）。部分作品内容甚至是受众亲身经历、体验过的事件，这种距离的缩短极大地增强了农村青年对"三农"短视频作品蕴含的乡土文化的认同感，在这种情境中即使是异乡的受众也会在这种拟态环境内产生不自觉的亲密感。

这种异质性的文化交流非但没有阻碍"三农"短视频内容的传播，反而拉近了双方的距离，让作为乡土文化认同主体的农村青年产生爱屋及乌之感，促进了本土文化的认同和传播。因此，坚定文化自信是使农村青年加强文化认同的必由之路。

图4-14 "三农"短视频评论词云图

（二）推动群体认同

随着社会发展，人们的私有时间愈发碎片化，对媒介的使用习惯也发生了较大的变化。因此，受众对于提高时间利用效率从而获得满足的需求变得更加迫切。短视频平台的问世，不仅符合当前的信息传播特点，而且更好地满足了受众在较短的时间内了解信息内容的需求。碎片化的阅读习惯并非新媒体时代才有的产物，在传统媒体时代就已经存在，但在新媒体环境下得到了更加显著的发展。在移动新媒体环境之下，全民陷入碎片化阅读的氛围之中。

在纷繁复杂、多元纷呈的文化环境下，碎片化的内容更容易为受众所喜闻乐见。受众只需要花费十几或几十秒的时间，就能快速地完成信息的传递。短时间内快速流通的信息迫使创作者在内容传递时将信息重点进行提炼，用简化的内容传递重点信息，快速吸引受众眼球，传递信息要素，帮助受众在短时间内最大量地获取所需信息。碎片化传播方式为"三农"短视频的传播开辟了一条新路。在传统方式的信息传播中，冗长的内容、平淡的表述、传播渠道和工具的单一等使得"三农"短视频难以走进大众视野，受众在自主选择情境下受兴趣偏好的限制，很少会主动消费较为小众的"三农"品类内容。碎片化传播"见缝插针"式的传播方式，在受众进行短视频消费的过程中，不断插入其中的间隔和空隙，利用信息的流动性打破了一定文化群体之间的区隔。

从性价比的角度讲，农村青年无须通过消费时间和精力去刻意选择，无须对"三农"短视频内容的接受进行宣誓，表达对乡土文化的认同，因此并不会产生过多的抗拒意识，反而能从这些间隙中获得自我的满足，并对接触到的乡土文化内容产生积极的回应和认同。

范明献提出了一种基于哈罗德·伊尼斯（Harold Adams Innis）与马歇尔·麦克卢汉（Marshall McLuhan）的媒介感知论的乡土文化认同理论，他认为，数字视听媒介具有综合不同传播表现形式、对传播方式感知更加多元的特点，是一类"包容性"的媒介。这种媒介具有更多大众参与性、互动性、私人性、自主性的可能，因而有实现文化价值、扩大文化认同的潜力。

"这样的段子真不错，很暖心，这才是实实在在的现实生活。"

"不羡鸳鸯不羡仙，羡慕表哥每一天。"

"康仔和老小孩是人间真实，多少人向往的生活。"

由部分样本视频下点赞数量最多的评论可见，传播的内容使接受信息的个体形成了初步共识，基于这种共识的累积，可能会使短视频对主流文化的垄断传播造成一定的冲击，从而有利于包括"三农"题材在内的多元乡土文化的传播。因此，在传播过程中，短视频能够聚拢具有相应价值取向的个体，形成群体认同，对乡土文化的认同产生积极的推动作用。

（三）养成"兴趣共同体"

人与人之间的交往行动是社会性关系发生的媒介，地域文化的产生源于某一特定区域内人际的交往行动。哈贝马斯（Jürgen Habermas）区分出了四种行动类型：目的性行动、规范调节的行动、戏剧式行动和交往行动。他认为，交往行动是这四种类型中最为重要的，因为它更能解释当代媒介化社会的现状。交往行动是行动者个人之间以语言为媒介进行的互动，而理解与共识则是交往行动的核心。因此，某一类型的内容或文化特色的传播与否，很大程度上取决于它是否符合行动者间的共同理解和需求，是否契合受众的集体性文化趣味，是否从趣味的角度引发受者的认同。

新一代农村青年群体对短视频等新媒介的高度使用频率，使得承载媒介功能的终端成了青年群体日常生活中最重要的、不可或缺的沟通和交往方式。他们的文化趣味受到互联网发展的影响，面对传统与新型社会关系的矛盾，他们的趣味偏向逐渐远离主流审美文化，热衷于小众亚文化的生产和消费，以兴趣为载体，在网络空间中通过点赞、评论、收藏、转发等形式，重新适应并建立了新型的交往模式。在此模式下，趣味形成的环境是人与人的相互作用的社会环境，且趣味的形成得益于他人的肯定和相互交往中他人给予的定义，趣味的获取和认同成为交往的主要目的。随着文化类型的不断拓展和主流文化的收编,动漫、游戏等典型的亚文化已逐渐无法满足受众的长尾需求。在过往的媒介体验中,乡土这类不受欢迎、受众面狭隘、内容形式单一的小众文化主题,通过不断地发展、垂直和细化,成为填补这一需求的必备之品。

"好想去你家上门,看到你捡的这些菌子我就流口水"

"不会有人半夜快三点钟还在看修驴蹄子吧"

"对于小朋友来说很幼稚,对于大朋友来说刚刚好"

"又到了内陆孩子最喜欢看的节目环节"

……

通过对此类带有强烈情感色彩的评论内容的文字分析可以看出,"三农"短视频内容的呈现是符合大批受众的集体性兴趣的,并获得了大量的兴趣认同。一方面,交往的主体是从兴趣出发进行消费并产生扩散传播的,区别于传统的地缘性和功能性的需求,乡土文化在短视频的传播过程中消解了传统交往过程中宏大的叙事风格,正契合以兴趣为核心的交往需求。受众以获得满足为目标,在进行具有碎片化、混杂性的传播行为过程中,建立"兴趣共同体",为乡土文化的狂欢式的传播与认同建构了重要的分发途径。另一方面,短视频平台的特殊算法机制也为集体性趣味认同的内容传播铺设了基石。在这种机制下,越是符合集体性的趣味且获得集体性认同的内容,越容易通过数据的算法分发、推荐给更多受众,产生不断攀升式的漩涡,不断将更多具有相同使用需求的受众聚集在一起,扩大"兴趣共同体"所涵盖的圈层。从这个意义上说,"三农"短视频中的乡土文化已经成为规训和塑造当代青年人行为方式和思想的重要手段,在全球化的历史语境中,这种超越了地域特殊性的认同行为,延伸了乡土文化传播所产生影响的深度。

二、认同客体:锚定乡土文化内容创作方向

(一)用共情修辞丰富视频细节

"共情"一词最初源于哲学与美学。罗杰斯(Carl Ransom Rogers)认为,

共情指"某个人在感受另一个人的痛苦或愉悦这一过程中,他体验到与之相同的感受并能觉察到原因,但是仍会意识到我只是'好像'痛苦或愉悦"①。此后,诸多学者对共情的概念进行了更加详细的阐释:如完全进入另一个人的内心世界;用新鲜、不带危险的眼光审视并传达自己的感觉;敏感地察觉到他/她的情绪;确认自己是否准确把握了对方的感觉并寻求反馈等。

亚里士多德的修辞学观点认为,修辞是通过形象化的方式(如隐喻、明喻、意象、生动的描述、例证、故事等)生产符号实践②,开展"劝服性话语"的实践活动,并在建立一种劝服话语体系过程中实现对目标受众的涵化。修辞者在特定情境下利用自身的修辞能力作出修辞反应,从无到有地创造出口语、文字、建筑、音乐、舞蹈等不同形式的修辞文本,是一种创造性的制造过程。修辞文本中已经存在修辞者和受众之间的内在关系,这种关系并非仅依附于真实的互动,而是预先存在于修辞文本中。

传播是呈现修辞内容的渠道,也是修辞行为的归宿,每一次修辞的呈现都涉及传播的过程。如图 4-15 所示,共情修辞概念把修辞目的作为修辞行为的起点,致力于实现修辞实践的人本化,即在修辞目的的驱动下,修辞者有意识地进入与受众情感同步和同向的共情状态,能够清楚地识别受众和自身的情感类型及来源,区分受众和自我表征,然后设计并实施相应的修辞策略。③

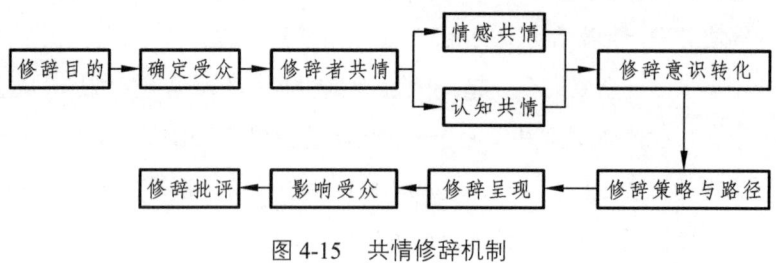

图 4-15　共情修辞机制

---

① ROGERS C R. The necessary and sufficient conditions of therapeutic personality change. Journal of Consulting Psychology, 1957(2): 95-103.
② 修辞者运用其技艺,在具体的劝服情境中,创造性地发掘、选择、组合和塑造一系列承载特定意义(包括逻辑、情感、伦理)的符号(语言、形象、论证、表达方式等),并将这些符号组织成话语,在动态的沟通实践中进行表达和劝服的活动。这个过程既是符号(论据、意义)的生产过程,又是将这些符号付诸劝服实践的过程。
③ 李克,朱虹宇."共情修辞"的学理渊源与机制构建[J]. 当代修辞学, 2021(4): 13.

第四章 纪录片中乡土文化认同的传播实证

"三农"短视频中许多内容是当地居民对于本地乡土文化的呈现，采用拼接式的剪辑方式把时间和空间顺序打乱，在食物与地域之间、人物与故事之间形成多线索交叉的叙事形式。短视频通过内容描述、视觉呈现、声音融合的形式给予受众叠加式的感官刺激，受众一旦开始被短视频中的人物带来的潜移默化的效果所侵染，就会不断地对其内容产生认同感，对其描述的生活方式产生归属感。下面选取两则视频作为样本，其中一个基于情感共情，另一个基于认知共情，分析不同类型的共情修辞在农村青年的乡土文化认同培育路径中的强化作用。如作者"王女士"于 2022 年 11 月 6 日发布了一则点赞次数超过 20 万的作品，内容展示了东北地区制作当地特色年糕的过程。作品中王女士不仅对制作使用的食材"粘大楂子和黏玉米"进行了视频讲解和展示，还通过制作过程介绍了"上气""上尖""撒面子"等专业名词，其中展现出东北人民的热情、勤劳。作者通过对年糕制作精准的词汇使用、专业的手法和过程赢得受众认同的同时，也为后续文化层面的观点输出奠定基调。① 再如作者"乡愁"于 2022 年 10 月 21 日发布了一则点赞次数超过 200 万的作品，视频内容展现了农村妇女处理丰收的南瓜的全过程。原本是枯燥乏味并极为消耗体力的劳动，工作内容本身并不具有令人共情的基础特质，但作者将搬运南瓜、为南瓜削皮等乏味的工作流程简化，仅仅占用整体时间的 1/6，又将南瓜干晾晒过程的镜头拉长，从黄澄澄的南瓜被削成薄片开始，再经历串挂、晾干，最后形成一排整齐的"灯笼"似的镜像，呈现出农村简单生活中的仪式感。随后，作者把南瓜做成南瓜丸子、南瓜干、南瓜粥等多种含有南瓜元素的食品，增加了视频的趣味属性。作者在视频中用"生活平淡，用心就会发光，岁月沉闷，跑步起来就会有风"的句子来描述乡村生活，其使用的"平淡""沉闷"等词汇与大部分人印象中的农村生活状况是一致的，符合大众对农村生活的想象，而"发光""有风"两处比喻将视频中展现的美轮美奂的生活场景塑造得合"情"合"理"，既是比喻又是现实，这种基于情感共享的修辞有助于拉近受众与创作者情感与认知的距离。作者接下来所说的"平淡的生活也有多种美"，其中的"多种美"起到一语双关

---

① 李克, 朱虹宇. 共情修辞视域下的国家外部认同建构[J]. 华东师范大学学报（哲学社会科学版），2022（2）: 118, 176.

的作用,既是对视频内容中所展示的多种南瓜做法的自我褒奖,又是对农村生活和文化同样可以多姿多彩的自我认可。

这些带有积极色彩的修辞表达通过与受众的共情,传达了情感能量,继承了正向情感价值理念,有助于拉近创作者和受众的距离,促进受众对创作者的认同,进而促使其逐渐建构对视频内容所展示乡土文化的认同。从共情的角度出发,相比于直接以纪录片或教学形式输出本土文化,更好的方法是通过理性的传播渠道,以共情的方式来呈现和传播乡土文化。这种方法可以帮助受众更深入地了解乡土文化,同时也能够建立情感连接和认同感。由此,将乡土文化宣扬成一种有趣、吸引人的故事,展现其独特的风格与特点,更有可能让农村青年在消费"三农"短视频的过程中,主动对本土文化产生兴趣和认同感。值得一提的是,如表4-20所示,在受众的属性与认知水平有所参差的情况下,在具有休闲、娱乐属性的短视频平台中,由情感共享促发的共情修辞的使用概率和使用效果都会略大于认知共情修辞,在促进认同方面具有更加明显的效果。

表4-20 "三农"短视频中共情修辞的使用率

共情修辞种类	作品数量	总体占比
认知共情	27	26%
情感共情	61	60%

(二)将集体记忆纳入创作选材

乡村集体记忆是集体记忆中的一种类型,它指在特定地域内,有过长期生产生活经历的群众所形成的对乡村共同体归属感、认同感和文化价值观等方面的总和。这种记忆通过民俗节庆及仪式、生产生活、古建筑等多种载体进行传承。作为"一个特定社会群体之成员共享往事的过程和结果"[①],集体记忆是构筑和塑造群体认同的重要工具和中间媒介。

唤醒集体记忆是使受众对乡土文化产生认同的首要步骤。"三农"短视频不断探索与追寻乡土文化的美好片段,唤醒曾经具有乡村生活经历的人们远去

---

① 莫里斯·哈布瓦赫. 论集体记忆[M]. 毕然,郭金华,译. 上海:上海人民出版社,2022:80-92.

的美好生活的记忆。如某位视频创作者在作品中为了传承乡村"冬吃萝卜夏吃姜"的习俗,以姜制作美食,因小孩不爱吃姜,他会专程寻找新鲜的姜,把姜做成糖姜片喂给小孩子吃,以延续这一集体记忆。再如某位视频创作者的作品中,姐姐在劳作时会带着妹妹,在感到疲惫时,两人会一起唱当地的特色山歌,通过歌曲的力量唤起记忆,振奋精神。"三农"短视频通过不断寻找、重现记忆深处的乡村生活的味道,将乡土文化不断地传承和发展,唤醒受众对原来生活的美好记忆。

通过影像化再现集体记忆,可以让受众看到乡土文化背后所隐藏的深刻含义,同时还可以让不限于农村地区的更多的受众进一步直观深刻地感受这份极具特色的集体记忆。账号"王某某回四川"的创作者在回四川的路途中记录了众多东北与四川两地的特色文化,并展现了两个地区家庭风俗习惯的磨合和交融的过程。在2022年12月初,该账号发布了带公公回到四川乡下共同进行春节前的仪式——杀年猪的视频。杀年猪这一仪式不仅代表了四川地区农民的热情好客,而且增强了受众对于这一特色风俗的理解,使受众在热闹的氛围中感受农民辛勤工作一年后丰收的喜悦,让更多人了解四川当地的饮食文化和风俗习惯。

"三农"短视频作为具有正面、特殊性的一类泛纪实影像,可以通过声音和画面,向受众传递信息。近年来已有多个与乡土文化相关的热点事件登上热搜榜单,如海滩赶海、老年舞团、修驴蹄通等,依靠此类事件的特殊性、新奇性,"三农"短视频得以更好地呈现乡村人民的日常生活,也为共筑集体记忆起到了重要的作用。

集体记忆作为建构文化认同的重要维度,是整合意识形态和进行精神生产的重要方式。可以说,某种程度上没有集体记忆的维系和支撑,就没有全民族共同奋斗的思想基础。受众对文化的认同并非被动式接受,而是积极主动地获取与乡土文化有关的重要信息,这些有关乡村的记忆在受众脑海中埋藏的深度及出现的频度,必然是培育文化主动认同的关键。

(三)从编码至解码加深作品记忆点

罗兰·巴特将索绪尔在语言学中提到的"能指"与"所指"概念应用到符

号学中，提出用双层表意结构来解读大众文化。他认为符号具有直接意指层和含蓄意指层，直接意指层指的是大多数人都会认可的单纯的、基础的、描述的层次，含蓄意指层则指的是符号深层的文化历史意义或意识形态话语。①

当把"三农"短视频看作一种文化样本时，我们认为可以使用二级意指系统去分析视频呈现的文化内容中的符号，并拆解其传播逻辑。首先，"三农"短视频中的物品、行为、语言等表面符号的能指和所指共同构成直接意指层，即"三农"短视频所包含的表面信息。其次，在此基础上加入第二级的所指，形成"三农"短视频的内涵意义，进而使受众在解码这些符号的过程中受其影响，深化认同。"三农"短视频中出现得较为频繁且具有代表性的符号与意象可分为文字符号和内在行为符号两类，并使用二级意指系统对符号进行分析，探析符号背后隐含的文化内涵。②

文字符号作为一种基础符号，在视频标题、视频描述、视频语言中均有所体现。随着"三农"短视频的发展，形形色色的"农妇"形象不断地深入人心。"农妇"一词的构建依赖于农村妇女的概念缩写，而农村妇女原意是指在农村生活的已婚女性，逐渐演变成一个专属称谓。根据巴特的二级意指系统，将"农妇"一词划分为两层，第一层意指是农村妇女的外形（文字符号）与在农村生活的女妇人（人物符号）的符号化过程，其中表示文字为能指，人物为所指。经过发展的"农村妇女"作为一个独立符号而深入人心，已经可以代表一个独立的概念，象征着独立自主、勤劳能干的女性形象等文化要素。第二层意指是"农村妇女"（称谓符号）与"勤劳勇敢的女性形象"（形象符号）的符号化过程，其中称谓符号为能指，形象符号为所指。在第一层意指过程结束后，"农村妇女"作为一个独立的符号出现在所有的"三农"短视频受众面前。视频中呈现的不同的农村妇女们所具有相同的勤劳、顾家、善良等良好品质，随着视频的传播不断与"农村妇女"这一概念相融合，在互联网的背景之下，简化后的"农妇"一词逐渐成为具有明显褒义性

---

① 罗兰·巴特. 符号学原理[M]. 李幼燕, 译. 北京：中国人民大学出版社，2008：3-4.
② 杜明芮. "双十一"的符号化过程研究[J]. 视听，2019（6）：214-215.

质的对农村妇女表示认可的符号。

行为符号作为在短视频中展示的核心内容,其含义的发展更为丰富。比如某位视频创作者的作品中,主角常常穿着一身粉色棉袄出镜,无论是下地干活抑或上街买东西,她始终穿着一身粉色的棉质外套。"棉袄"一词从制作层面看就具有简单、温和的含义,该创作者的作品以温和的"粉色"为基调,以简单的"棉花"布料为材料,结合其自身在视频中的行为以及更多穿着"棉袄"的质朴人物一起出现在"三农"短视频的镜头中,"棉袄"也就逐渐符号化成"质朴、简单"这一所指的代名词。

受众在接收或重复接收到类似的符号信息时,容易对因此涉及的内容产生深刻记忆。此后受众一旦接收到新的信息,且在其对新信息的解码过程中出现了同样的代表性符号,那么受众就可能通过此符号感受过去的记忆点,从而引发相关的回忆。在记忆点足够深刻的情况下,这种回忆的触发甚至会延伸到其他媒介平台的使用过程乃至现实生活中,受众在大脑的重复回放中不断加深对这些符号的理解,深化对其代表文化的认同。

除了回忆和重现的功能之外,利用符号解码、混合重新编码,并不断融合新的价值观念,也是文化认同建构的重要途径。这种方法将符号从原有的文化语境中抽离出来,置于一个平面的、单一的语境下,重新组合成一个新的作品或整体,不仅使历史的纵深感消失了,而且通过对符号组合的深度解构,带来了意义上的转变。在当下的文化语境中,过于严肃或原创的文本创作往往难以得到市场和大众的认可与接受。相比之下,混合仿制的内容通过将经典与前沿、传统与流行、小众与大众相结合,以时空交错的方式呈现,并将彼此不同或相斥的内容黏合在一起,构成了全新的表意系统,这种呈现形式的视频内容在短视频平台中深受受众喜爱。如某位视频创作者的作品中经常以"承包鱼塘"后进行捕捞作为其视频内容,在传统认知中有能力出资承包鱼塘的这类具有"富有"特征的人物,与下池塘亲自捕捞的具有"工人"特征的人很难混为一谈,创作者正是通过混仿的形式将二者放于同一层面、融于同一作品,赋予创作主角双重形象,因此收获受众大量的点赞关注。截至 2022 年 6 月,某位视频创作者的 Vlog 已有超过 2000 万的粉丝,这种看起来怪异、混杂、不遵从体系的表现方式，本质上也是一种符号的去深度化组合。新奇的内容和价值观的编码融合使"三农"短视频中所呈现的乡土文化受众范围不断扩大，独特的展现形式又不断为受众埋下记忆点，在一遍遍的回忆过程中，涵化式地加深了认同。

三、认同环体：优化乡土文化平台传播通路

前文已经指出，环体是指主体与客体之间的关系和相互作用所构成的现实世界，不但包括自然环境，还包括社会环境。这里的环体是指影响农村青年群体对"三农"短视频中乡土文化认同的外部因素，包括城乡传播生态差距、视频平台的算法推荐机制、IP文化的营造等。

（一）弥合城乡传播生态差距

传播生态是指信息在传播过程中所涉及的各个环节和要素。我国的城市文化和乡土文化长期以来缺乏交流对话机会，城乡传播生态的差距主要表现在媒介资源、传播渠道、传播内容等方面。相较于城市地区，农村地区的媒介资源相对匮乏，传播渠道相对单一，传播内容也比较固化。这种传播生态的差距导致了农村青年在接受信息、了解社会状况等方面存在一定的不足，通过弥合城乡传播生态差距，可以让农村青年更好地了解城市文化和社会变迁，从而拓宽视野、提高素质。同时，也可以让城市居民更好地了解乡村文化和传统文化，增强文化自信心。这样的交流和互动能够促进城乡之间的交流和融合，从而更好地传承和弘扬乡土文化。[1]

需要注意的是，要打破城乡文化互相隔绝的状况，不仅需要乡村自身进行改革和调整，而且政府需要积极推进乡村文化传播与新媒体的融合，让新媒体资源更多地流向乡村，并通过建设县级融媒体和智慧乡村等措施，为乡土文化传播提供支持和渠道。融媒体中心是指集新闻采编、制作、发布和传播于

---

[1] 陈燕. 二元结构下乡土文化变迁的差序传播与重构[J]. 新闻界, 2017（9）：44-48.

一体的新型传媒组织形式，县级融媒体中心的建设可以充分利用新媒体技术，通过整合多种媒体渠道，打造多元化的传播平台，为农村青年提供更加丰富、便捷、个性化的信息服务。县级融媒体中心可以为乡土文化相关的短视频传播提供强大的支撑，从而更好地传达乡土文化的内涵和精髓。通过融媒体中心的建设，可以充分发挥新媒体技术的优势，将"三农"短视频传播到更广泛的受众群体中，提高受众对乡土文化的认同和理解。同时，县级融媒体中心还可以凝聚同地区的"三农"短视频创作者，对优质的文化内容进行集体推广，对新农人进行定向帮扶。

目前，"三农"短视频中乡土文化的相关内容大多停留在饮食、农耕等较为基础的文化表现上，对于深层次的文化内涵、精神底蕴、价值观念等内容提及较少。通过"融媒体+短视频"联盟的形式建立共享文化信息资源库，可以使县级融媒体中心获得更丰富的传播资源和更广阔的传播渠道，保证乡土文化在县级融媒体矩阵中的传播，而短视频平台的创作者往往是扎根在农村，对于农村的现实生活状况有着更深了解的群体。两者合作共建文化信息资源库，县级融媒体中心不仅可以为"三农"短视频的创作者提供更多的创作思路和推广渠道，使其获得技术方面的扶持，提高审美水平，而且为乡土文化的传播提供了更多样的呈现渠道和手法，提高了农村青年受众在消费有关信息短视频时的观看体验，增强认同度。

（二）细化视频平台推荐及审核机制

如今，农民群体越来越频繁地使用抖音、快手等短视频平台，这使得他们有了更多表达的渠道和契机去进入公共领域。抖音平台中受关注度较高的"三农"短视频创作者正在逐渐摆脱精英意见领袖的束缚，有更多的自由和机会展现自己在媒体上的新形象。然而，这种发展也带来了一些问题，比如创作者素质参差不齐、创作的作品质量低、内容缺乏深度等。因此，短视频平台必须承担起把关的责任，通过优化内容筛选和推送机制，减少完全依赖算法的推流形式，完善内容打分机制，不以点赞数、评论量作为内容推送的唯一标准，并加强平台的内容筛选功能。为了严格筛查和合理选推"三农"短视频内容，短视频平台应该减少凸显乡村负面形象的作品推送，并加大对制作精良、有深度的创作者的流量支持。同时，积极寻找乡土文化与城市文化的结合点，发起相关话题或热点挑战赛，如"乡村振兴""乡村手艺人""乡村非物质文化遗产"等，以培养创作者的创作兴趣和热情，并引导乡村用户参与到社会议题的讨论中去，整合并集中推广优秀的乡土文化。

从推荐层面来看，目前包括抖音在内的各短视频平台对视频的评价标准主要依靠"互动率""播放量""完播率"等数据作为衡量视频内容优质与否的重要指标，但这些指标仅能反映视频吸引的流量大小，并不能完全代表视频内体现的乡土文化的质量。因此，短视频平台应该建立包括用户兴趣标签、相关视频推荐、频道和标签分类、用户反馈和评价在内的更加综合、科学、客观的评价体系，对视频内容进行准确评估。采用以用户反馈为基础的二次推荐机制，进一步衡量短视频的质量，这种双重推荐机制可以使优质且高质量的视频有更多的机会得到呈现和传播，从而扩大所包含的文化传播覆盖范围。

从审核层面看，目前主流的短视频平台已经设立了相应的内容审核机制。后续的审核方案可以从审核标准细化、审核流程细化和审核人员和工具细化三个方面进行再次优化。首先，平台可以建立详细的审核标准，以确保每一个上传的短视频都符合审核标准。针对乡土文化内容，平台应重点关注文化传承和保护，强调乡土文化的传承和保护意义，鼓励上传有关传统文化、乡土历史和民俗风情等内容的视频；禁止借用乡土文化的名义上传色情、暴力、恐怖、反动等有害信息和低俗、煽情等内容，避免受众对乡土文化的本质产生误读。其次，平台需要建立审核流程，以确保每一个上传的"三农"短视频都能够得到充分的审核，审核流程可以通过技术手段对视频进行初步筛选，过滤掉低质量、低清晰度、低分辨率的视频；经过技术审核的视频需要由审核人员进行人工审核，对视频内容进行细致的审查，以确保其符合审核标准。最后，平台需要招聘有经验的审核人员，并为他们提供相应的培训和专业的审核工具，以确保审核质量。审核工具可以包括：通过图像和语音识别技术来快速识别和过滤低质量、低清晰度的视频识别技术；通过平台提供的举报功能，举报违规视频的用户举报机制；通过分析视频的观看数据和用户反馈，以优化审核流程和提高审核质量的数据分析工具等。

总之，建立更加科学、客观、综合的评价体系对于短视频平台而言十分必要，这样可以更加准确地评估短视频的质量，使更为优质的短视频能够被更广泛的包括农村青年在内的广大受众所看到，帮助其建立对乡土文化的进一步认同。

（三）营造 IP 文化

随着城市化的飞速发展和乡村人口的不断流失，农耕文明这一悠久的历史遗产逐渐边缘化。审美水平很大程度上与生活环境、生活质量息息相关，而乡村审美失范问题的暴露折射出乡村精神文明建设的缺位。然而，乡土文化并非小众文化或亚文化，它有着深厚的历史积淀，可以作为发展创作的源泉，并且有难以数计的创作者，展现出蓬勃发展的生命力。因此，在短视频领域传播乡土文化，农村青年群体和新生代农民工承担着城乡文化桥梁的重要角色。农村青年通过自己的努力和影响，可以吸引更多的建设者回归到乡村中来，唤起更多青年一代对乡村建设的责任心，同时也可以唤醒更多人对乡土文化的认同感和归属感，形成良好的文化建设和乡村建设的同步循环。因此，我们应该认识到乡土文化的重要性，并积极探索和创新乡土文化的传承方式和传播途径，让乡土文化在短视频领域得到更好的呈现和传播，为乡村振兴注入新的动力。

在传统文化领域中，IP 一般泛指具有知识产权的内容标签。随着互联网和各种新媒体的发展，IP 的内涵逐渐被泛化，从一个人、一件物，到一个地区、一个城市，再到一种精神和一类文化，都可以被打造为 IP。通过"三农"短视频的传播，我们可以消除乡村思想落后、固执保守、生活贫困的弱者标签，让受众看到乡村的戏曲、年画、剪纸、杂技等民间艺术所展现的强大生命力，重新树立起勤劳致富、热情好客、多才多艺的新时代美丽新农村的区域 IP 形象。短视频平台可以成为推动乡土文化传承和发展的有效工具，同时也可以带动乡村的经济发展和文化繁荣。通过短视频平台的呈现和传播，乡土文化的 IP 形象将得到更广泛的认同和传播，成为区域文化和乡土文化的重要代表。

从个人 IP 的角度看，随着越来越多的新农人自媒体账号进入"三农"短视频领域，其内容及内容中乡土文化的呈现不断趋于同质化。想要实现更好的乡土文化的认同效果，"三农"短视频的创作者们应该向其他类目学习，建立具有个人特长的细分领域，找准具有自身文化特色的内容定位，并打造具有鲜明记忆点的新农人文化 IP。如打造具有代表性的乡村明星形象，塑造富有故事性的 IP 形象，创造具有品牌效应的 IP 形象等。

IP 形象本身具有强烈的文化认同性。在当代文化消费市场中，受众对于 IP 形象的喜爱源于其所代表的文化符号和价值观。在"三农"短视频中，营造具有乡土文化特色的 IP 形象，可以让农村青年更好地认同和接受其中所传达的乡土文化信息。值得一提的是，IP 形象的营造需要与乡土文化的特点相结合，在营造 IP 形象时，需要考虑到当地或自身家乡的历史、地理、生态、风俗等方面的特点。只有与乡土文化做到充分融合的 IP 形象，才能更好地被农村青年以及更多的受众所接受和认同。

文化是国家最深层次的力量之一，因为它携带着国家历史的沉淀和民族来路的标记。当下的农村青年面临着机遇与挑战并存的外部环境，面对着繁荣国家、振兴民族的时代责任，以及实现个人价值和梦想的现实需求。乡土文化作为帮助农村地区发展的宝贵财富和重要动力，应该得到重视。在全媒体传播时代，想要构建民族共有的精神家园，增强文化共同体意识，促进乡村振兴发展，离不开广大农村青年自身乡土文化认同的建构和乡土文化自信的建立。

随着工业化、城市化进程的加快，乡土文化在多元文化的渗透与冲击下渐渐式微。农村青年作为支撑乡村社会发展的动力和纽带，正处于文化素养和文化认同养成的关键时期。通过抖音平台"三农"短视频传播乡土文化的分析，对农村青年进行乡土文化认同的培养和指引，能有效地帮助农村青年增强文化认同和家乡归属感，为乡村振兴助力。

Chapter 5

第五章 研究结论与展望

第一节 研究结论

本研究从作为纪实影像的纪录片中的乡土文化传播入题,讨论不同创作主体的纪实影像的传播魅力,作为"三农"题材纪实影像的创作者应有三重使命:第一,让受众看见你所见;第二,让受众去想你所想;第三,让受众跟随你的行动去行动,即通过影像的方式将乡土文化的魅力呈现出来,引导受众去观察和思考,并积极去践行传承。也就是说,在"后影像时代",要充分发挥纪实影像在参与乡村文化振兴中的积极作用。本书采用文本分析法、案例分析法、比较分析法、调查问卷法等多种研究方法,对近年不同主体创作生产的纪录片文本进行了详细解读和量化分析,获得了以下的研究结论和启示。

在社会转型与乡村振兴的大背景下,乡土文化在现阶段的价值越来越受到社会各方的重视。乡土文化是树立文化自信,再造传统文化不可或缺的一部分。推动优秀乡土文化在现阶段的传播,不仅是"三农"题材纪录片本身应有的功能,而且是时代赋予创作者的责任,以及此类纪录片创作的重要任务。"三农"题材纪录片中呈现的乡土文化可以唤起受众对于乡村的文化记忆,纪录媒介中呈现的乡土文化正在重塑乡村形象,对于乡村文化建设和乡村振兴的国家战略起到积极的推动作用,其中所蕴含的优秀传统文化在现阶段的传承和发展可以助力乡风文明建设，有利于文明乡风、良好家风、淳朴民风的形成。

现阶段"三农"题材纪录片所呈现的乡土文化整体上是充满朝气的，传承自悠久的中华文明，在乡村文化振兴中发挥着重要的精神引领作用。"三农"题材纪录片创作者运用纪实的创作手法，艺术化地再现了现阶段的中国乡村形象和其所蕴含的乡土文化，极大地满足了受众对现实乡村的"乡愁"情感需求，也为美丽乡村建设和乡村文化振兴助力喝彩。"三农"题材纪录片中也存在部分真实景观被遮蔽的现象，这是呈现主流价值过程中艺术化处理的要求，也是更好地适应正面宣传和政治引导的需要，其创作者也在积极地探索更好的表达方式，力求还原一个真实自然而又奋发向上的乡土中国乡村形象。

身处百年未有之大变局之际，相较于西方文化，广大发展中国家的文化影响力正呈上升趋势。纪录片创作者们在把握时代大势、讲好中国故事、传播本民族文化、提高我国在国际文化领域的影响力等方面的探索，是我国乡土文化挖掘和传播的一个新生长点。历史经验告诉我们，传统文化类的纪实影像容易被国际社会所接受，如李子柒短视频的海外传播就是例证。这需要纪录片创作主体积极探索并加快构建中国特色的纪实影像叙事和话语体系，帮助更多的受众建构起对乡土文化的清晰认知，包括乡土文化从过去到现在，从陌生到熟悉，从未知到已知的演变。同时，机构制作主体和独立制作人主体对"三农"题材纪录片中乡土文化内容的深挖、形式的创新，能够唤起和增强海内外受众的代入感、新鲜感，激发他们渴望了解中华文化的欲望，通过"乡愁"纪录片打造乡土中国的文化名片。本书通过对这两类创作主体所创作的"乡愁"纪录片作品及其传播效果研究发现：

"乡愁"传播可以促进乡村文化振兴。纪录片中的"乡愁"传播能够为乡村文化振兴注入精神力量，有效加强受众的向心力，增强受众的文化自信，提高受众的文化认同感。在文化传承方面，乡愁对于传统文化的传播能够实现乡土文化的留存，促进乡土文化的发展。乡愁传播能让受众觉醒乡土意识，使其主动挖掘乡土文化的深层意涵，为传承和发扬乡土文化而不懈努力，从而为乡村文化振兴助力。

"乡愁"传播可以促进乡村人才振兴。自古以来,乡愁都是离家游子所共有的情感。乡愁能让更多离乡入城者感受到家乡的美好以及家乡对他们的需要,激发他们对于家乡发展的责任意识,从而促使他们返回家乡,共同建设美好家园,推动乡村发展。乡村承载着农村居民和乡村在外游子的集体记忆,他们能从中获得自我认同、身份认同和文化认同,进而对生养自己的故土产生极深的情感。乡愁传播能够聚焦更多社会人才的目光,吸引他们参与到乡村振兴的伟大实践中来。

"乡愁"传播可以促进乡村产业振兴。当大量社会人才流入乡村之后,他们会为乡村的发展带来丰厚的发展资金、高效的管理方法、高超的生产技术等,以此来建设乡村产业,打造优质乡村品牌,从而推动乡村产业振兴。

"乡愁"传播可以促进乡村生态振兴。乡村振兴离不开良好的生态环境,可以说,生态兴,则乡村兴。乡愁传播能够在人们心中树立尊重自然、保护自然的生态意识,使其在乡村发展过程中保持高度的环保自觉性,共同打造美丽乡村。

作为乡村振兴重要主体的农村青年群体对乡土文化认同状况如何,是本研究关心的重要问题之一。调查发现,"三农"题材纪录片(短视频)对于农村青年群体的吸引力有限。"三农"短视频中乡土文化的讨论在社交媒体平台并不多见,而且乡土文化题材短视频在各平台的播放量也不尽如人意,这是纪实影像创作未来需要注意的问题。想让乡土文化的传播覆盖面更广,就要唤起"乡愁",也要赢得"关注",更要塑造"认同"。在城市化持续发展和乡村振兴深入推进的双重背景下,乡村形象时刻在发生变化,纪实影像创作者不仅要复现过去辉煌灿烂的乡土文化,而且要记录下现在蓬勃发展中的乡土文化,同时以优质的内容鼓励和吸引更多的年轻人投入到新农村建设实践中去,共建共享中国式现代化语境下的新农村。

青年群体是社会建设的接班人和未来社会发展的希望,当代青年面临着机遇与挑战并存的外部环境,肩负着繁荣国家、振兴民族的时代责任,还有实现个人价值和梦想的需求。乡土文化作为帮助农村地区发展的宝贵财富和重要动力,理应得到重视、传承和发展。在数字媒体时代,想要构建各民族共有的精神家园，增强中华民族共同体意识，促进乡村振兴全面发展，离不开广大农村青年自身乡土文化认同的建构和乡土文化自信的建立。

在与城市文化和外来文化等多元文化交流互动的过程中，乡土文化传播正面临诸多的挑战。农村青年作为乡村社会发展的支柱和乡土文化传承的纽带，正处于文化素养和文化认同养成的关键时期。从抖音平台"三农"短视频的轻量化的传播形式和休闲娱乐的传播动机入手，对农村青年进行乡土文化认同引导和培育，能有效地帮助农村青年增强家乡归属感和乡土文化认同感。本研究通过对农村青年在抖音平台"三农"短视频中乡土文化的认同情况进行实证调查发现，农村青年对于抖音平台"三农"短视频中的乡土文化存在较高的认知认同、情感认同和行为认同的意愿，其中，文化认知认同程度最高，而文化行为认同相对偏低。为了实现农村青年群体乡土文化认同的系统化和立体化发展，必须关注该群体对乡土文化存在的认知不全面、情感不稳定、践行不主动等状况，要着力解决阻碍乡土文化认同产生的内容单一、同质化严重、包装程度过重、商业化程度严重等问题。要培育农村青年对乡土文化传播的认同，必须从传播系统的角度进行综合培育优化，既要关注乡土文化认同过程中的主体、客体、环体因素，又要充分考虑认知、情感、行为认同等内在组成部分。由此，需要强化乡土文化认同主体教育，锚定乡土文化内容创作方向，优化乡土文化平台传播通路。

研究认为，立足于新时代我国乡村振兴战略发展的要求，提升农村青年对于乡土文化的认同具有重大意义，需要各方不遗余力地、不断地探索与实践。以抖音为代表的数字媒体平台的迅速崛起，为乡土文化的传播提供了更多元的平台，也为培育农村青年的乡土文化认同提供了新的载体。提升乡土文化认同的培育策略必须结合媒介发展的变化趋势，结合培育对象的信息需求和传播特点，从多个维度进行综合分析思考，探索符合当下社会实际的乡土文化认同培育新模式。研究还认为，农村青年群体的细分较为复杂，生活工作环境、个人受教育等情况差异较大，对乡土文化的认同问题也较复杂，要解决这些问题还需要有更加深厚的理论基础作为铺垫，更加细化的调研数据作为分析依据。

第二节　研究展望

　　本研究对"纪录片中乡土文化的呈现与传播"问题进行了研究，在研究对象上进行了一定的创新，将研究对象"纪录片"泛化成"一套三"的组合：专业机构和独立制作人创作的纪录片，这些纪实影像具有较为明显的精英化色彩；主流媒体（包括央视）创作的纪录片，这些纪实影像具有明显主流意识形态色彩；普通大众创作的乡村题材或"三农"题材的短视频，这些泛纪实影像具有明显的草根色彩。这个研究对象的设置看似分散，实则并非如此，研究选择的具体分析对象是共同遵循"记录真实、真实记录"原则的纪实影像，异中有同，影像文本的真实性是其主要特征。这种创新探索也可能会引起一些争议。

　　本研究还存在一些不足之处：除了研究对象的集中性以外，研究样本选择上也有不严谨之处，抖音平台的"三农"短视频的抽样框偏大，因此可能产生一定的疑义。在研究农村青年对抖音平台中乡土文化的认同时，关于其问题、原因以及认同路径等分析也有可能存在以偏概全的嫌疑，对此，我们将对后续研究予以完善，开展更为深入细致的分析。

　　"乡愁"热的再度兴起与大环境变化密不可分。现阶段的"乡愁"文化虽然有十分积极的一面，但也要注意其消极的一面。现阶段纪录片进行的乡愁传播，意在发挥乡愁的积极效用，帮助乡村社会发展乡愁经济，延续并传承乡土文化，但也要警惕"大乡愁"中的"乡愁""城愁"情绪对城乡文化融合的消极影响。一是要充分发挥乡愁载体的文化和经济作用，帮助乡村社会取得更好更快的发展，二是要防止乡土文化进一步弱化，以免农民失去主体性的风险；三是要防范乡村社会过度商业化，从而导致乡村文化的持续衰落。这些趋势都要引起我们的时刻警惕。

参考文献

一、著作类

[1] 阿斯特莉特·埃尔. 文化记忆理论读本[M]. 余传玲, 译. 北京: 北京大学出版社, 2012.

[2] 扬·阿斯曼. 文化记忆: 早期高级文化中的文字、回忆和政治身份[M]. 金寿福, 黄晓晨, 译. 北京: 北京大学出版社, 2015.

[3] 巴赫金. 巴赫金全集（第四卷）[M]. 李兆林, 夏忠宪, 等, 译. 石家庄: 河北教育出版社, 1998.

[4] 吉尔·德勒兹. 电影2: 时间-影像[M]. 谢强, 蔡若明, 马月, 译. 长沙: 湖南美术出版社, 2004.

[5] 克里斯蒂安·麦茨. 电影表意泛论[M]. 崔君衍, 译. 北京: 商务印书馆, 2018.

[6] 罗兰·巴特. 符号学原理[M]. 李幼燕, 译. 北京: 中国人民大学出版社, 2008.

[7] 罗兰·巴特. 叙事作品结构分析导论[M]. 张寅德, 译. 北京: 北京大学出版社, 1989.

[8] 莫里斯·哈布瓦赫. 论集体记忆[M]. 毕然, 郭金华, 译. 上海: 上海人民出版社, 2022.

[9] 热拉尔·热耐特. 叙事话语 新叙事话语[M]. 王文融, 译. 北京: 中国社会科学出版社, 1990.

[10] 马歇尔·麦克卢汉. 理解媒介: 论人的延伸[M]. 何道宽, 译. 北京: 译林出版社, 2011.

[11] 欧文·戈夫曼. 日常生活中的自我呈现[M]. 冯钢, 译. 北京: 北京大学出版社, 2020.

[12] J.D. 万斯. 乡下人的悲歌[M]. 刘晓同, 庄逸抒, 译. 南京: 江苏凤凰文艺出版社, 2017.

[13] 哈罗德·伊尼斯. 传播的偏向[M]. 何道宽, 译. 北京: 中国人民大学出版社, 2003.

[14] 亨廷顿. 文明冲突与世界秩序的重建[M]. 台北: 联经出版事业公司, 1997.

[15] 斯图亚特·霍尔, 托尼·杰斐逊. 通过仪式抵抗: 战后英国的青年亚文化[M]. 孟登迎, 胡疆锋, 王蕙, 译. 北京: 中国青年出版社, 2015.

[16] 施坚雅. 中国农村的市场和社会结构[M]. 史建云, 徐秀丽, 译. 北京: 中国社会科学出版社, 1998.

[17] 曼纽尔·卡斯特. 认同的力量[M]. 夏铸九, 译. 北京: 社会科学文献出版社, 2003.

[18] 安迪·班尼特, 基思·哈恩—哈里斯. 亚文化之后: 对于当代青年文化的批判研究[M]. 中国青年政治学院青年文化译介小组, 译. 北京: 中国青年出版社, 2012.

[19] 汤林森. 文化帝国主义[M]. 冯建三, 译. 上海: 上海人民出版社, 1999.

[20] 爱德华·泰勒. 原始文化[M]. 连树声, 译. 上海: 上海文艺出版社, 1992.

[21] 安东尼·吉登斯. 现代性的后果[M]. 田禾, 译. 上海: 译林出版社, 2000.

[22] 安东尼·吉登斯. 现代性与自我认同[M]. 赵旭东, 方文, 译. 上海: 三联书店, 1998.

[23] 费孝通. 文化与文化自觉[M]. 北京: 群言出版社, 2010.

[24] 费孝通. 乡土中国[M]. 上海: 上海人民出版社, 2006.

[25] 傅修延. 文本学——文本主义文论系统研究[M]. 北京: 北京大学出版社, 2004.

[26] 韩飞. 中国纪录片的话语变迁与功能演进[M]. 北京: 社会科学文献出版社, 2021.

[27] 何苏六. 纪录片创作[M]. 北京: 中国传媒大学出版社, 2015.

[28] 何苏六. 中国电视纪录片史论[M]. 北京: 中国传媒大学出版社, 2005.

[29] 贺雪峰. 新乡土中国[M]. 北京：北京大学出版社，2013.

[30] 胡亚敏. 叙述学[M]. 武汉：华中师范大学出版社，2004.

[31] 亢宁梅. 乡愁与现代性的冲突与重构[M]. 上海：上海三联书店，2021.

[32] 克利福德·格尔兹. 文化的诠释[M]. 韩莉，译. 南京：译林出版社，2014.

[33] 梁漱溟. 乡村建设理论[M]. 上海：上海人民出版社，2006.

[34] 陆扬. 日常生活审美化批判[M]. 上海：复旦大学出版社，2012.

[35] 吕新雨. 书写与遮蔽[M]. 南宁：广西大学出版社，2008.

[36] 马克思，恩格斯. 马克思恩格斯全集：第 34 卷[M]. 北京：人民出版社，1972.

[37] 聂欣如. 纪录片研究[M]. 上海：复旦大学出版社，2010.

[38] 任裕海. 全球化、身份认同与超文化能力[M]. 南京：南京大学出版社，2015.

[39] 斯维特兰娜·博伊姆. 怀旧的未来[M]. 杨德友，译. 南京：译林出版社，2010.

[40] 吴艾玲. 西方电影艺术修辞学[M]. 北京：中国电影出版社，2014.

[41] 习近平. 论把握新发展阶段、贯彻新发展理念、构建新发展格局[M]. 北京：中央文献出版社，2021.

[42] 衣俊卿. 文化哲学十五讲[M]. 北京：北京大学出版社，2004.

[43] 赵化勇. 中央电视台发展史 1958—1997[M]. 北京：中国广播电视出版社，2008.

[44] 中共中央马克思恩格斯列宁斯大林著作编译局. 马克思恩格斯全集（第 42 卷）[M]. 北京：人民出版社，1979.

[45] 钟敬文. 民俗学概论[M]. 北京：高等教育出版社，2010.

二、期刊类

[1] 安德明. 对象化的乡愁：中国传统民俗志中的"家乡"观念与表达策略[J]. 民间文化论坛，2015（2）：5-10.

[2] 曾庆江. 精神守望中的价值重构——大型纪录片《记住乡愁》意义探寻[J]. 电视研究, 2017（12）: 65-66, 69.

[3] 丁富生, 崔荣华. 长三角城市历史文化遗产保护现状及策略思考[J]. 南通大学学报（社会科学版）, 2016（4）: 30-37.

[4] 高玉敏. 现阶段乡村文化振兴的内涵与推进路径[J]. 河北师范大学学报（哲学社会科学版）, 2022（4）: 69-75.

[5] 耿红霞. 浅析音乐纪录片《时光的旋律》（第二季）的声画蒙太奇叙事手法[J]. 当代电视, 2020（6）: 87-90.

[6] 郭讲用. 记住乡愁: 儒家文化电视传播中的价值重构[J]. 当代传播, 2016（3）: 34-36.

[7] 郭讲用. 纪录频道对中华文化的海外传播研究[J]. 当代传播, 2018（1）: 72-74.

[8] 韩凝玉, 胡燕. 基于吉祥文化的乡愁表达: 以吉兆、吉图和吉字为例[J]. 贵州社会科学, 2020（11）: 101-106.

[9] 金大伟, 施学云. 乡土想象困境下乡土情结的变化与表达——世纪之初乡土叙事转型的表征[J]. 安徽农业大学学报（社会科学版）, 2018（6）: 95-101.

[10] 具香美, 周海宁. 基于共情理论探讨现象级短视频《后浪》的情感舆论场域[J]. 东南传播, 2021（1）: 123-126.

[11] 李保森. 乡愁的文化建构——纪录片《记住乡愁》的文化解读[J]. 电视研究, 2017（5）: 72-74.

[12] 林超琴. 新制度经济学视域下新生代农民工个人发展: 困境与出路[J]. 山东农业工程学院学报, 2021（2）: 20-26.

[13] 陆邵明. 本土视野下的记忆场所保护探索[J]. 中国名城, 2020（7）: 4-9.

[14] 倪沫. 纪录片《记住乡愁》对乡村图景的重构[J]. 电视研究, 2016（11）: 53-56.

[15] 齐虎, 肖婉青. 乡土题材纪录片的叙事主题与策略探析[J]. 电影文学, 2019（19）: 43-46.

[16] 秦瑜明, 高鹏宇. 形式主义美学的遗响——蒙太奇美学极致追求与纪录

片先锋探索间的爱森斯坦[J]. 当代电影, 2018（11）：86-90.

[17] 邱星, 董帅兵. 现阶段的乡愁与乡村振兴[J]. 西北农林科技大学学报（社会科学版）, 2022（3）：11-22.

[18] 宋红娟. 两种情感概念：涂尔干与柏格森的情感理论比较——兼论二者对情感人类学的启示[J]. 北方民族大学学报（哲学社会科学版）, 2015（1）：112-116.

[19] 宋颖. 从纪录片《记住乡愁》看乡村影像的本土化表达[J]. 河南教育学院学报（哲学社会科学版）, 2018（1）：36-42.

[20] 苏喜庆. 城愁与乡愁——21世纪初文学空间的变奏镜像[J]. 当代文坛, 2017（4）：78-81.

[21] 万可歆. 现代乡愁的文化表达——村落乡愁与都市乡愁的对比研究[J]. 中国民族博览, 2018（5）：19-20.

[22] 汪芳, 孙瑞敏. 传统村落的集体记忆研究——对纪录片《记住乡愁》进行内容分析为例[J]. 地理研究, 2015（12）：2368-2380.

[23] 王萍. "原乡"视域下新导演电影作品中的空间建构[J]. 西南民族大学学报（人文社科版）, 2019（9）：154-159.

[24] 王文东, 何斌. 从回望到审思：我国电影中的"原乡"问题透视[J]. 电影评介, 2020（21）：39-42.

[25] 王欣, 陈竹. 突围现阶段乡愁困境的美丽乡村建设理念[J]. 中学政治教学参考, 2018（33）：89-90.

[26] 吴雁, 林燕琳. 南派纪录片的乡愁叙事研究[J]. 东南传播, 2019（12）：134-136.

[27] 吴月. 集体记忆的味觉书写——美食短视频建构城市记忆研究[J]. 东南传播, 2022（2）：128-131.

[28] 夏咏梅. 乡愁与社会主义核心价值观培育和践行研究[J]. 成都大学学报（社会科学版）, 2019（6）：1-6.

[29] 杨吉华. "乡愁"的审美表达与"中国"历史流变的文学书写[J]. 深圳大学学报（人文社会科学版）, 2018（6）：141-148.

[30] 余宏. 建构、转化和分享：个体记忆社会化的叙事建构研究[J]. 大理大学学报，2022（5）：51-57.

[31] 张兵娟，夏语檬. 乡土中国的家礼文化传播与认同建构——以纪录片《记住乡愁》为例[J]. 郑州大学学报（哲学社会科学版），2017(6): 141-144，157.

[32] 张国涛，汪怡慧. "为时代中国存像"：央视纪录频道的十年探索与实践[J]. 现代传播（中国传媒大学学报），2021（4）：116-120.

[33] 张帅. 乡愁中国的问题意识与文化自觉——乡愁中国与新型城镇化建设论坛述评[J]. 民俗研究，2014（2）：156-159.

[34] 张梓轩，田源. 从国际市场进入模式看文化走出去——基于央视纪录频道国际合作制片的研究[J]. 现代传播（中国传媒大学学报），2017（5）：115-118.

[35] 张宗伟，高美. 现阶段中国"三农"题材纪录片创作观察[J]. 中国电视，2019（12）：83-87.

[36] 佐斌，温芳芳. 当代中国人的文化认同[J]. 中国科学院院刊，2017（2）：175-187.

三、英文文献

[1] FISHER S. The psychological effects of leaving home: homesickness, health and obsessional thoughts [J]. Move Psychol Change, 1990 (5): 153-170.

[2] WILDSCHUT T, SEDIKIDES C, ARNDT J, et al. Nostalgia: content, triggers, functions[J]. Journal of Personality and Social Psychology, 2006 (91): 975-993.

[3] ERLL A. Memory in culture[M]. Basingstoke: Palgrave Macmillan, 2011a.

[4] PEIRCE C S. collected papers of Charles Sanders Peirce. Vol. 6[M]. BURKS A W (ed). Cambridge: Harvard University Press, 1958.

[5] WORCMAN K. Social memory technology[M]. Abingdon: Taylor and Francis, 2016.

附 录

附录一　2017—2022 "三农"题材纪录片样本名录

序号	作品	出品方	上映时间
1	《希望的田野：拉林河畔》	黑龙江广播电视台	2017 年
2	《了不起的村落（第一季）》	黎振亚	2017 年
3	《扶贫周记》系列	中央电视台	2017 年
4	《村晚》	郭东升	2017 年
5	《瀚海绿洲》	中央电视台	2017 年
6	《记住乡愁》（第三季）	中央电视台	2017 年
7	《小岗纪事》	中央电视台	2017 年
8	《湘西》	湖南广播电视台	2017 年
9	《辉煌中国》	中央电视台	2017 年
10	《四十年，四十村》	湖南广播电视台	2018 年
11	《出山记》	焦波	2018 年
12	《云上的村落》	中央电视台	2018 年
13	《土家打喜》	长阳民族民间传统文化保护中心	2018 年
14	《山路弯弯》	郭东升	2018 年
15	《川流不息》	焦波	2018 年
16	《致富经之 90 后小伙麦田称雄》	中央电视台	2018 年
17	《我要上村晚》	河南华之杰文化传播有限公司	2018 年
18	《山里山外》	李琦	2018 年
19	《中国乡村变迁记》	中国农业影视中心	2018 年

续表

序号	作品	出品方	上映时间
20	《乡村振兴看中国》	屈哲	2018年
21	《记住乡愁》第四季	中央电视台	2018年
22	《村里达人2》	张一泓	2018年
23	《了不起的村落2》	黎振亚	2018年
24	《边村》	北京星河公益基金会	2018年
25	《我的村是国宝》	强文兵	2018年
26	《田野上的大学》	张同道	2019年
27	《骄傲的村庄》	河南卫视	2019年
28	《不负青春不负村》	湖南卫视	2019年
29	《决战美丽乡村》	湖南卫视	2019年
30	《寻味中国》	中央电视台	2019年
31	《淘宝村》	焦波、孙超、李梦龙	2019年
32	《春去冬来》	刘飞方	2019年
33	《记住乡愁》（第五季）	中央电视台	2019年
34	《做客中国》	Anuar Arroyo	2019年
35	《中国村落》	夏燕平	2019年
36	《稻米之路》	中央广播电视总台	2019年
37	《同饮一江水》	中央广播电视总台	2020年
38	《2020 我们的脱贫故事》	中央广播电视总台	2020年
39	《扶贫村里的年轻人》	湖南卫视	2020年
40	《盛夏有晴天》	湖南卫视	2020年
41	《第一书记》	四川广播电视台	2020年
42	《寻蜜人生》	李筱龙	2020年
43	《公阳乡的春天》	中央广播电视总台	2020年
44	《社火中国年》	周莉芬、寒冰	2020年

续表

序号	作 品	出品方	上映时间
45	《在乡村》	中央广播电视总台	2020 年
46	《追山人》	何苦	2022 年
47	《脱贫大决战》	中国农业电影电视中心	2020 年
48	《记住乡愁》(第六季)	中央广播电视总台	2020 年
49	《瓜熟蒂落》	中央广播电视总台	2020 年
50	《石榴花开》	湖南卫视	2020 年
51	《故乡的风景》	中央广播电视总台	2020 年
52	《寻路乡村中国》	中央广播电视总台	2020 年
53	《承诺》	中央广播电视总台	2020 年
54	《我的扶贫年》	中央广播电视总台	2020 年
55	《闪耀的平凡·青春接力》	湖南卫视	2021 年
56	《最是一年春好处》	湖南卫视	2021 年
57	《乡间一年》	中央广播电视总台	2021 年
58	《太行·王屋》	中央广播电视总台	2021 年
59	《冬景胜春华》	湖南卫视	2021 年
60	《希望的田野·乌苏里的新歌》	中央广播电视总台	2021 年
61	《记住乡愁》(第七季)	中央广播电视总台	2021 年
62	《黄河人家》	中央广播电视总台	2021 年
63	《落地生根(第一季)》	柴红芳	2021 年
64	《果味乡村》	湖南卫视	2021 年
65	《摆脱贫困》	中央广播电视总台	2021 年
66	《硕果秋歌》	湖南卫视	2021 年
67	《端牢中国饭碗》	中央广播电视总台	2022 年
68	《我们村》	福建壹方维度传媒有限公司	2022 年
69	《美美乡村》	浙江蓝巨星国际传媒有限公司	2022 年

续表

序号	作 品	出品方	上映时间
70	《村庄十年》	中央广播电视总台	2022年
71	《记住乡愁》	中央广播电视总台	2022年
72	《土地我们的故事》	中国农业电影电视中心	2022年
73	《采棉时节》	中央新闻纪录电影制片厂	2022年
74	《蔬菜改变生活》	中央广播电视总台	2022年
75	《稻香澎湃》	大连新闻传媒集团	2022年
76	《种子种子》	中央广播电视总台财经节目中心	2022年
77	《万物之生》	咪咕视讯科技有限公司	2022年

附录二 专业纪录频道主要纪录片名录

序号	纪录片名称	导演（制作单位）	上映时间
1	《话说长江》	戴维宇	1983
2	《话说运河》	戴维宇	1986
3	《最后的山神》	孙曾田	1992
4	《远在北京的家》	陈晓卿	1993
5	《神鹿啊，我们的神鹿》	孙曾田	1996
6	《三节草》	梁碧波	1997
7	《沙与海》	康健宁、高国栋	1998
8	《北京弹匠》	朱明传	2000
9	《最后的马帮》	郝跃骏	2000
10	《回家三部曲：山有多高》	汤湘竹	2002
11	《故宫》	周兵、徐欢	2005
12	《迁徙的人》	孙曾田	2007
13	《归途列车》	范立欣	2009

续表

序号	纪录片名称	导演（制作单位）	上映时间
14	《美丽乡愁》	央视纪录频道	2012
15	《舌尖上的中国》（第一季）	央视纪录频道	2012
16	《留住手艺》	央视中文国际频道	2012
17	《乡村里的中国》	焦波	2013
18	《犴达罕》	顾桃	2013
19	《舌尖上的中国 第二季》	央视纪录频道	2014
20	《味道中山》	宋璋	2014
21	《美丽乡村》	央视纪录频道	2015
22	《记住乡愁》（第一季）	央视纪录频道	2015
23	《乡愁》	央视科教频道	2015
24	《梦回古村》	袁建荣、张维	2015
25	《爷爷奶奶的村庄》	雷钊	2015
26	《记住乡愁》（第二季）	央视纪录频道	2016
27	《过年（第二季）》	央视纪录频道	2016
28	《寻味顺德》	刘硕、费牗明	2016
29	《废城记》	曾茜	2016
30	《返乡》	段建国、张健、曹军	2016
31	《再北京》	申伟	2016
32	《回家过年》	央视纪录频道	2017
33	《了不起的村落》	黎振亚	2017
34	《记住乡愁》（第三季）	央视中文国际频道	2017
35	《小城记忆》	王智	2017
36	《舌尖上的中国（第三季）》	央视纪录频道	2018
37	《记住乡愁》（第四季）》	央视中文国际频道	2018
38	《四个春天》	陆庆屹	2019
39	《记住乡愁》（第五季）	央视中文国际频道	2019

续表

序号	纪录片名称	导演（制作单位）	上映时间
40	《故乡的风景》	央视纪录频道	2020
41	《记住乡愁》（第六季）	央视中文国际频道	2020
42	《在乡村》	央视纪录频道	2020
43	《大地情书》	胡峰	2020
44	《乡间一年》	央视纪录频道	2021
45	《村庄故事》	央视新闻频道	2021
46	《土地 我们的故事》	央视农业农村频道	2021
47	《记住乡愁》（第七季）	央视中文国际频道	2021
48	《村庄十年》	央视农业农村频道	2022
49	《记住乡愁》（第八季）	央视中文国际频道	2022
50	《记住乡愁》（第九季）	央视中文国际频道	2023

附录三 关于抖音平台"三农"短视频中乡土文化认同调查问卷

亲爱的朋友：

您好！为了解农村青年对抖音平台"三农"短视频中乡土文化的认同状况，进一步优化农村青年对乡土文化认同的培育路径，特制定此份问卷。本次调查以匿名方式进行，所有数据资料仅用于学术研究，不做他用，您的回答将会得到严格保密，请您放心填写。衷心感谢您的支持和帮助，祝您生活愉快，工作开心！

1. 您的性别是什么？

    A. 男　　　　　　　　B. 女

2. 您是否有过农村生活经历？

    A. 是　　　　　　　　B. 否

3. 您目前主要居住在哪里？

    A. 农村　　　　　　　B. 城市

4. 您的学历是什么？

    A. 大专以下　　　　B. 大专生

    C. 本科生　　　　　D. 其他

5. 您的年龄属于哪个范围？

    A. 18 岁以下　　　　B. 18~25 岁

    C. 25~35 岁　　　　D. 35 岁以上

6. 您对"乡土文化"一词的了解情况如何？

    A. 听过相关概念，不了解具体内容

    B. 听过相关概念，了解具体内容

    C. 未听过具体概念，了解部分内容

    D. 未听过具体概念，不了解任何内容

7. 您对家乡地区的特色文化的了解程度如何？

    A. 非常了解　　　　B. 比较了解　　　　C. 不太了解

8. 您认为下列属于"三农"短视频中的乡土文化内容的有哪些？（多选）

    A. 乡土风光　　　　B. 美食制作

    C. 劳动生产　　　　D. 民俗仪式

9. 您对抖音平台上宣传地区乡土文化的"三农"短视频感兴趣吗？

    A. 非常感兴趣　　　B. 比较感兴趣　　　C. 感觉一般

    D. 不感兴趣　　　　E. 很不感兴趣

10. 您认为抖音平台中"李子柒"账号中展现的文化内容是否算乡土文化？

    A. 是　　　　　　　B. 否　　　　　　　C. 没看过该账号

11. 您会对家乡地区文化在抖音平台上的火热传播感到自豪吗？

    A. 非常自豪　　　　B. 比较自豪　　　　C. 感觉一般

    D. 不自豪　　　　　E. 很不自豪

12. 当您观看抖音平台中"三农"短视频的乡土文化相关内容时，您常会觉得？（多选）

    A. 感同身受　　　　B. 怀念家乡　　　　C. 充满趣味

    D. 内容乏味　　　　E. 内容尴尬

13. 您对通过抖音等短视频平台弘扬农村地区特色乡土文化持何种态度？您认为怎样？

  A. 非常有必要 B. 比较有必要 C. 无所谓

  D. 没有必要 E. 很没有必要

14. 您认为，乡土文化中的哪些文化内容最有价值？

  A. 自然文化 B. 精神文化

  C. 制度文化 D. 行为文化

15. 在您看来，乡土文化的传承和弘扬对于农村地区的发展是否具有积极的影响？

  A. 非常 B. 比较 C. 一般

  D. 没有 E. 很没有

16. 在您看来，您在抖音所观看的"三农"短视频中的乡土文化，对您自身的生活是否有帮助？

  A. 非常 B. 比较 C. 一般

  D. 没有 E. 绝没有

17. 您在抖音观看"三农"短视频过程中进行"点赞""评论"及"分享"的频率如何？

  A. 极少 B. 偶尔

  C. 经常 D. 频繁

18. 您是否有过主动在网络上发布农村生活相关视频的经历？

  A. 从未发布过

  B. 随手记录，发布过5条以下

  C. 发布过5条以上，但目前已经停止发布

  D. 经常发布，账号处于活跃状态

19. 您考虑过围绕家乡特色文化（乡土文化）在家乡创业/返乡创业吗？

  A. 正在创业 B. 正在考虑 C. 暂时不考虑

20. 您认为能够促使您再返乡创业主要原因是？（多选）

  A. 热爱家乡 B. 经济收益 C. 帮助亲人/乡民

D. 人脉广泛　　　　　E. 其他

21. 您认为您的家乡是否重视乡土文化的宣传和教育？

　　A. 十分重视　　　　B. 比较重视

　　C. 不太重视　　　　D. 不重视

22. 请问您在使用短视频软件的频度如何？

　　A. 极少　　　　　　B. 偶尔

　　C. 经常　　　　　　D. 频繁

23. 您在抖音等短视频软件中会主动搜索与"三农"相关的内容吗？

　　A. 频繁　　　　　　B. 经常

　　C. 偶尔　　　　　　D. 从不

24. 您对通过短视频平台提升农村青年乡土文化认同水平有哪些好建议吗？

_____

_____

_____

后 记

本书稿是南京林业大学人文社科专著出版资助项目（A 类）专项基金资助（南林社科〔2021〕5 号）的成果，也是本人在乡村传播研究领域的持续深耕与细化，在书稿即将付梓之际有许多感谢要表达。

首先，感谢"南京林业大学人文社科专著出版资助基金项目"的资助，如果没有该项基金的资助，本书稿难以顺利面世；感谢南京林业大学张晓琴副校长在百忙中关心书稿写作及修改的进展并给出坚定的鼓励与支持；感谢南京林业大学人文社科处高晓琴处长，以及社科处的诸位老师，你们给予的优质服务和无私帮助，是本书稿得以出版的重要保障。

其次，感谢南京林业大学人文社会科学学院的各位领导和办公室的同事，你们提供的优渥的办公环境和完善的服务，为本书稿的完成提供了实实在在的帮助。

再次，感谢我的研究团队和所指导的研究生。当我把选题构想与研究生交流时，宋树稳、贺毅、于娇博表达了积极参与的兴趣，我们在办公室一起讨论文本框架设计、分工进行文献梳理、分头调研的情景历历在目。本书中，贺毅、宋树稳、于娇博分别参与第二章、第三章、第四章的资料搜集和整理，团队成员冯广圣教授也对书稿提出了宝贵修改意见，在此一并表示感谢！可以说，这本书稿是团队共同合作的结晶！

最后，感谢西南交通大学出版社，你们提供的优质出版平台与服务是本书稿得以问世的根本保证，没有贵社给予的出版机会，本书稿仍然停留在规划中，你们团队提供的专业服务使拙作增色许多。

当然，也要感谢那些参考文献的作者和接受访谈的人们，没有你们提供的学术滋养和访谈实录，此学术构想仍将停滞在谋划之中。

带着以上的感谢与感动，我将继续努力前行，不枉诸位对我的期待。

冯菊香

二〇二四年八月于南京